钟 基——编著

诸子锦言录

一

中华书局

图书在版编目(CIP)数据

诸子锦言录/钟基编著. —北京:中华书局,2020.11
(2024.2 重印)
ISBN 978-7-101-14821-3

Ⅰ.诸… Ⅱ.钟… Ⅲ.①格言-汇编-中国-古代②警句-汇
编-中国-古代 Ⅳ.H136.3

中国版本图书馆 CIP 数据核字(2020)第 196022 号

书　　　名	诸子锦言录(全四册)
编 著 者	钟　基
责 任 编 辑	熊瑞敏　周梓翔　胡香玉
责 任 印 制	陈丽娜
出 版 发 行	中华书局
	(北京市丰台区太平桥西里 38 号　100073)
	http://www.zhbc.com.cn
	E-mail:zhbc@zhbc.com.cn
印　　　刷	三河市中晟雅豪印务有限公司
版　　　次	2020 年 11 月第 1 版
	2024 年 2 月第 4 次印刷
规　　　格	开本/920×1250 毫米　1/32
	印张 82⅞　插页 8　字数 1200 千字
印　　　数	17001-20000 册
国 际 书 号	ISBN 978-7-101-14821-3
定　　　价	198.00 元

出版说明

　　诸子类著作是中华优秀传统文化的重要组成部分,其中蕴含着丰富的思想智慧,在治国理政、为人处世、修身养性等诸多方面,对于当代仍有重要的借鉴意义。

　　诸子类著作数量众多,篇幅巨大,全面通读颇为不易。因此,古人就有汇编诸子精要语句的著作,以便更精准快速地汲取诸子的思想精华,唐代马总的《意林》、清代李宝洤的《诸子文粹》就是这类著作的代表。

　　为了满足广大读者快速精准地汲取诸子思想精华的需要,我们组织编写了这部《诸子锦言录》。所谓"诸子"即以先秦汉魏诸子为代表的子学著作,"锦言"即体现诸子思想精华的佳言妙语。全书收录先秦至隋代的诸子类著作近百种,对每种著作都有简要介绍,选文近八千条,均依据权威版本选录原文,并加以注释翻译,末附主题分类索引。

　　本书收录的诸子类著作近百种,基本是隋代以前的著作,故大体依《隋书·经籍志》的分类和顺序排列,分为儒家、道家、法家、名家、墨家、纵横家、杂家、农家、小说家、兵家、医家、道教等十二类,不见于《隋书·经籍志》的,则参考《汉书·艺文志》等书的分类及排序,列入相应类别,少量也根据我们自己的理解做了调整。

　　每种书开篇都有简要介绍,概述文献的基本情况及主要内容。由于文献的情况各有不同,故我们的介绍也不求格式一致。

　　本书选录的原文,凡属中华书局"中华经典名著全本全注全译"丛书(简称"三全")已经出版的,一般以三全本为底本;三全本尚未出版者,则一般以中华书局已经出版的古籍整理本为底本,少量也采用其他版本。

　　选录原文的过程中,我们做了少量必要的文字处理,如选文开头常有"故""且"之类的连词,在没有上下文的情况下,不便理解,我们适当做了删除。诸子类著作中,有不少语意相同甚至文字完全一致的内容。对这些重复出现的文句,我们没有完全删除,一方面是有些文句出现的时代先后难于判断,另一方面这样也方便读者了解诸子之间思想沿袭关联的痕迹。

为了帮助读者理解选文,我们做了翻译和必要的注释。我们还编制了主题分类索引,将选文分到不同的主题之下,括注出处,标明册数页码,置于书末,以便读者能够较快地找到涉及相关主题的选文。当然,书中的诸子思想不免有其历史局限性,这就需要读者在学习借鉴时灵活辩证地加以理解运用了。

参与本书编写的人员(按姓名音序排列):

陈广忠　陈桐生　陈　曦　方向东　方　勇　高华平

韩　敬　何　欣　胡香玉　黄克剑　李怀宗　李　山

梁满仓　林　琳　刘治立　陆　玖　马世年　马天祥

邱　锋　饶尚宽　石定枟　石　磊　石声汉　孙启治

孙雪霞　谭光万　檀作文　唐宇辰　王国轩　王天海

王秀梅　肖　航　熊瑞敏　徐湘霖　许富宏　杨寄林

姚春鹏　叶蓓卿　张　景　张松辉　章伟文　郑晓峰

周梓翔

我们致力于为广大读者提供一本内容可靠、使用方便的诸子精要语句读本。但限于水平,我们的工作中一定存在不少不足,敬祈读者方家不吝赐教,以便我们进一步修订完善。

中华书局编辑部

2020 年 10 月

目 录

目 录

儒家

孔子家语

  《孔子家语》，又名《孔氏家语》，或简称《家语》，编者不详。它是关于孔子及其弟子言行的资料汇集，内容广泛，涉及孔子世系、从政、周游、入周考察、问礼老子、与国君问对、与弟子问答，以及关于礼乐制度、历史、自然的论述，还记载了七十二弟子的事迹，是研究孔子及儒家的必备书，对于研究古代社会、政治、经济、典章制度等亦有重要价值。

  《汉书·艺文志》著录《孔子家语》二十七卷，而流传至今的是三国时魏王肃所注的十卷本《孔子家语》，共四十四篇。后世也因此多怀疑《孔子家语》是王肃伪造的，不过二十世纪七十年代两座西汉墓出土的竹简中有与《孔子家语》相近的内容，证明其书内容确实源自先秦，并非全是王肃伪造。

  本书选文据中华书局三全本《孔子家语》。

相鲁

有文事者必有武备，有武事者必有文备。

【译文】

举行和平盟会一定要有武力作为后盾，而进行军事活动也一定要有和平外交的准备。

始诛

君子祸至不惧，福至不喜。

【译文】

君子祸患来临不恐惧，幸运降临也不表现出欢喜。

王言解

虽有国之良马，不以其道服乘之[①]，不可以取道里[②]。虽有博地众民，不以其道治之，不可以致霸王。

———

①服乘：使用，指驾车或骑乘。

②道里：在道路上行进。

【译文】

即使有一国之内最好的马，如果不能按照正确的方法来使用骑乘，它就不可能在道路上奔跑。一个国家即使有广阔的土地和众多的百姓，如果国君不用正确的方法来治理，也不可能成为霸主或成就王业。

上敬老则下益孝，上尊齿则下益悌^①，上乐施则下益宽，上亲贤则下择友，上好德则下不隐，上恶贪则下耻争，上廉让则下耻节，此之谓七教。七教者，治民之本也。

——

①悌：敬爱兄长。

【译文】

居上位的人尊敬老人，那么下层百姓会更加遵行孝道；居上位的人尊敬比自己年长的人，下层百姓会更加敬爱兄长；居上位的人乐善好施，下层百姓会更加宽厚；居上位的人亲近贤人，百姓就会择良友而交；居上位的人注重道德修养，百姓就不会隐瞒自己的观点；居上位的人憎恶贪婪的行为，百姓就会以争利为耻；居上位的人讲廉洁谦让，百姓就会以不讲气节德操为耻，这就是所说的七种教化。这七教，是治理民众的根本。

至礼不让而天下治，至赏不费而天下士悦，至乐无声而天下民和。

【译文】

最高的礼节是不谦让而天下得到治理，最高的奖赏是不耗费财物而天下的士人都很高兴，最美妙的音乐是没有声音而使百姓和睦。

仁者莫大乎爱人，智者莫大乎知贤，贤政者莫大乎官能。

【译文】

仁慈者没有比爱护人民更重要的事，有智者没有比知道贤人更重要的事，善于执政的君主没有比选拔贤能的官吏更重要的事。

大婚解

古之政，爱人为大。

【译文】

古人治理政事，爱人最为重要。

敬也者，敬身为大。

【译文】

敬这件事，敬重自身最为重要。

夫其行己不过乎物，谓之成身。

【译文】

自己做任何事都合乎常理不越过界限，就可以说成就自身了。

仁人不过乎物，孝子不过乎亲。

【译文】

仁人不能逾越事物的自然法则，孝子不能超越亲情的规范。

儒行解

言必诚信，行必忠正。

【译文】

讲话一定诚信，行为必定中正。

见利不亏其义，见死不更其守。

【译文】

见利不会忘义,见死不改操守。

儒有可亲而不可劫,可近而不可迫,可杀而不可辱。

【译文】

儒者可以亲近而不可以胁迫,可以接近而不可以威逼,可以杀头而不可侮辱。

儒有博学而不穷,笃行而不倦,幽居而不淫^①,上通而不困。

———

①幽居:独处。淫:放纵。

【译文】

儒者广博地学习而无休止,专意实行而不倦怠,独处时不放纵自己,通达于上时不离道义。

苟利国家,不求富贵。

【译文】

只要有利于国家,不贪图个人的富贵。

不临深而为高,不加少而为多。

【译文】

不在地位低下的人面前显示自己高明,不把少的功劳夸大为多。

同己不与,异己不非。

【译文】

不和志向相同的人结党,也不诋毁和自己政见不同的人。

强毅以与人,博学以知服①。

———

①服:旧注:"服,力行也。"

【译文】

待人接物刚强坚毅,广博地学习而又知所当行。

儒有合志同方,营道同术,并立则乐,相下不厌。

【译文】

儒者交朋友,要志趣相合,方向一致,营求道艺,路数相同,地位相等就都高兴,地位互有上下彼此也不厌弃。

儒有不陨获于贫贱①,不充诎于富贵②。

———

①陨获:丧失志气。

②充诎(qū):自满而失去节制。

【译文】

儒者不因贫贱而灰心丧气,不因富贵而得意忘形。

五仪解

智不务多,必审其所知;言不务多,必审其所谓;行不务多,必审其所由。

【译文】

智慧不一定要非常多，但一定要审查自己具有的知识是否正确；话不一定要说得很多，但一定要审查说得是否确当；路不一定要走得很多，但一定要明白所走的路是不是正道。

富贵不足以益，贫贱不足以损。

【译文】

富贵不能对自己有所补益，贫贱不能对自己有所损害。

所谓君子者，言必忠信而心不怨，仁义在身而色无伐^①，思虑通明而辞不专。

———

①色无伐：脸上没有自夸的神色。伐，自夸。

【译文】

所谓君子，说出的话一定忠信而内心没有怨恨，身有仁义的美德而没有自夸的表情，考虑问题明智通达而言辞委婉。

笃行信道，自强不息。

【译文】

遵循仁义之道努力实现自己的理想，自强不息。

言足以法于天下而不伤于身，道足化于百姓而不伤于本。

【译文】

言论可以让天下人效法而不会招来灾祸，道德足以感化百姓而不会给自己带来伤害。

弓调而后求劲焉,马服而后求良焉,士必悫而后求智能者①。

———

①悫(què):谨慎诚实。

【译文】

比如弓箭,弓弦调好以后箭射出去才会有力;又如选马,经过使用才能选到好马;选拔人才,必须要求诚实谨慎,然后再看他的聪明才智。

君子之恶恶道不甚,则好善道亦不甚。

【译文】

如果君子不是十分厌恶恶行,那么他也就不会非常喜好善行。

夫君子成人之善,不成人之恶。

【译文】

君子喜欢成人之善,不成人之恶。

存亡祸福,皆己而已。

【译文】

国家的存亡祸福都是由人自己决定的。

灾妖不胜善政,寤梦不胜善行。

【译文】

灾祸胜不过良好的政治,梦兆也胜不过善良的行为。

若夫智士仁人,将身有节①,动静以义,喜怒以时,无害其性,虽得寿焉,不亦可乎?

———

①将身：立身行事。

【译文】

至于那些智士仁人，立身行事有自己的准则，动静合乎道义，喜怒适时，不戕害自己的天性，他们能够长寿，不是应该的吗？

致思

思仁恕则树德，加严暴则树怨。

【译文】

心怀仁义宽恕就能树立恩德，而施行严刑暴政就会结下仇怨。

道虽贵，必有时而后重，有势而后行。

【译文】

道虽然很重要，但也必须有一定的时机才会被人看重，有一定的有利条件才能流行。

春秋致其时而万物皆及，王者致其道而万民皆治。

【译文】

春夏秋冬按时变换，万物就能正常生长；做君王的按照正确的方法治理，万民就会安定。

泽施于百姓，则富可也。

【译文】

如果你的恩泽能施予百姓，你就可以过上富裕的生活了。

夫树欲静而风不停，子欲养而亲不待。

【译文】

树欲静而风不停，子欲养而亲不待。

往而不来者年也，不可再见者亲也。

【译文】

过去了而不能返回的，是岁月；不能再见到的，是父母。

君子不可以不学，其容不可以不饬[①]。

————

①饬：一本作"饰"，指修饰，打扮。

【译文】

君子不能不学习，容貌不能不修饰。

夫远而有光者，饬也；近而愈明者，学也。

【译文】

远看而有光彩的，是修饰的结果；近看更加耀眼的，是学习的功效。

三恕

君子少思其长则务学，老思其死则务教，有思其穷则务施。

【译文】

君子年少时想到长大以后的事就要努力学习，年老了想到死后的事就要好好教导儿孙，富有时想到穷困就要致力于施舍。

制无度量,则事不成;其政晓察,则民不保^①。

——

①其政晓察,则民不保:王肃注:"保,安也。政太晓了分察,则民不安矣。"

【译文】

如果制度没有限度,事情就做不成;如果制度定得太细,民众就不能安宁。

刚折者不终^①,径易者则数伤^②,浩倨者则不亲^③,就利者则无不弊^④。

——

①刚折者不终:王肃注:"刚则折矣,不终其性命矣。"

②径易者则数伤:王肃注:"径,轻也。志轻则数伤于义矣。"

③浩倨者则不亲:王肃注:"浩倨,简略不恭。如是则不亲矣。"

④就利者则无不弊:王肃注:"言好利者不可久也。"

【译文】

太刚直的人不会善终,简捷平易的人会多次受到伤害,简略傲慢的人无人亲近,追逐利益的人没有不失败的。

从轻勿为先,从重勿为后^①,见像而勿强^②,陈道而勿怫^③。

——

①从轻勿为先,从重勿为后:王肃注:"赴忧患,从劳苦,轻者宜为后,重者宜为先,养世者也。"

②见像而勿强:王肃注:"像,法也。见法而已,不以强世也。"

③陈道而勿怫(bèi):王肃注:"怫,诡也。陈道而已,不与世相诡违

也。"即所论道不违背世间通行的道理。怫，通"悖"，违反。

【译文】

做容易的事时不抢在前头，做繁重的事时不躲在后面，见到榜样不勉强去学，讲论的道不违背世间情理。

夫物恶有满而不覆哉？

【译文】

哪有东西盈满了不倒的呢！

聪明睿智，守之以愚；功被天下，守之以让；勇力振世，守之以怯①；富有四海，守之以谦。

———

①怯：原作"法"，据《四部丛刊》本改。

【译文】

聪明睿智的人，用愚朴来保守成业；功盖天下的人，用谦让来保守成业；勇力震世的人，用怯懦来保守成业；富有四海的人，用谦卑来保守成业。

智者使人知己，仁者使人爱己。

【译文】

有智慧的人让别人了解自己，仁德的人让别人热爱自己。

智者知人，仁者爱人。

【译文】

有智慧的人理解别人，仁德的人热爱别人。

智者自知，仁者自爱。

【译文】

有智慧的人有自知之明，仁德的人自尊自爱。

父有争子，不陷无礼；士有争友，不行不义。

【译文】

父亲有直言敢谏的儿子，就不会陷入无礼行为之中；读书人有直言敢谏的朋友，就不会做不合道义的事。

奋于言者华①，奋于行者伐②。

————

①奋于言者华：夸夸其谈的人华而不实。王肃注："自矜奋于言者，华而无实。"

②奋于行者伐：爱自我表现的人常常自夸。王肃注："自矜奋行者，是自伐。"

【译文】

夸夸其谈的人华而不实，喜欢表现自己的人常常会自吹自擂。

君子知之曰智，言之要也；不能曰不能，行之至也。言要则智，行至则仁。

【译文】

君子知道就说知道，这是说话的原则；做不到就说做不到，这是行动的准则。说话有原则就是智慧，行动按准则就是仁德。

好生

君子以心导耳目,立义以为勇;小人以耳目导心,不逊以为勇^①。

———

①逊:谦恭,顺从。

【译文】

君子用心来引导自己的耳目,把树立义作为勇敢;小人以耳目来引导心,把不谦恭作为勇敢。

君子有三患^①:未之闻,患不得闻;既闻之,患弗得学;既得学之,患弗能行。

———

①患:担忧,忧虑。

【译文】

君子有三种担心:没有听到时,担心听不到;听到以后,担心学不到;学了以后,担心不能实行。

有其德而无其言,君子耻之;有其言而无其行^①,君子耻之。

———

①有其言而无其行:"而"下原有"以"字,据《四部丛刊》本删。

【译文】

有德行而没有相应的言论,君子感到耻辱;有言论而没有行动,君子感到耻辱。

君子而强气^①，则不得其死；小人而强气，则刑戮荐臻^②。

———

①强气：意气用事，执拗己见。

②刑戮：杀身。荐臻：重至，再来。

【译文】

君子桀骜不驯，意气用事，就会不得善终；小人桀骜不驯，意气用事，杀身之祸就会接连到来。

观周

夫明镜所以察形，往古者所以知今。

【译文】

明亮的镜子可以照出形貌，往昔的事情可以用来了解现在。

弟子行

好学则智，恤孤则惠，恭则近礼，勤则有继。

【译文】

好学就有智慧，同情孤寡就是仁爱，恭敬就近于礼，勤劳就有收获。

满而不盈，实而如虚，过之如不及。

【译文】

完满却不自我满足，渊博却如同虚空，超过却如同赶不上。

贵之不喜，贱之不怒；苟利于民矣，廉于行己；其事上也，以佑其下。

【译文】

富贵了他也不欣喜,贫贱了他也不恼怒;假如对民众有利,他宁愿行为俭约;他侍奉君王,是为了帮助下面的百姓。

欲能则学,欲知则问,欲善则详①,欲给则豫②。

————

①欲善则详:王肃注:"欲善其事,当详慎也。"详,审慎,详审。

②欲给(jǐ)则豫:王肃注:"事欲给而不碍,则莫若于豫。"给,丰足,充裕。豫,事先准备。

【译文】

想要有才能就要学习,想要知道就要问别人,想要把事情做好就要仔细审慎,想要富足就要先有储备。

贤君

恭则远于患,敬则人爱之,忠则和于众,信则人任之。

【译文】

恭顺就能远离祸患,端肃人们就会爱你,忠心就能使大家和睦相处,诚信别人就会任用你。

政之急者,莫大乎使民富且寿也。

【译文】

治理国家最急迫的事,没有比让民众富裕和长寿更重要的了。

省力役，薄赋敛，则民富矣；敦礼教，远罪疾，则民寿矣。

【译文】

减少劳役，减轻赋税，民众就会富裕；敦行礼仪教化，远离罪恶疾病，民众就会长寿。

爱人者则人爱之，恶人者则人恶之。

【译文】

爱别人的人别人也会爱他，厌恶别人的人别人也会厌恶他。

辩政

治官莫若平，临财莫如廉，廉平之守，不可改也。

【译文】

作为官吏最重要的是公正，面对财物最重要的是廉洁，廉洁公正的操守是不能改变的。

匿人之善，斯谓蔽贤；扬人之恶，斯为小人。

【译文】

隐匿别人的优点，这叫蔽贤；宣扬别人的缺点，这是小人。

言人之善，若己有之；言人之恶，若己受之。

【译文】

谈到别人的优点，如同自己有这些优点；谈到别人的缺点，如同自己有这些缺点。

六本

夫自损者必有益之，自益者必有决之^①。

①决：缺，损失。王肃注："《易》损卦，次得益，益次夬。夬，决也。损而不已必益，故受之以益；益而不已必决，故受之以夬。"

【译文】

自己减少的必定会有增加，自己增加的必定会有减少。

夫学者损其自多，以虚受人，故能成其满博也。

【译文】

学习的人，减损自己本来就多的东西，用虚心的态度接受别人的指教，所以才能成就完满和广博啊！

天道成而必变，凡持满而能久者，未尝有也。

【译文】

按照规律，事物完成后必定还会变化，完满而能保持长久，是不曾有的。

调其盈虚，不令自满，所以能久也。

【译文】

调节盈满和虚空，不自我满足，所以能够长久。

不知其子视其父，不知其人视其友，不知其君视其所使，不知其地视其草木。

【译文】

不了解他的儿子,就看看他的父亲;不了解他本人的为人,就看看他的朋友;不了解君主,就看看他任命的大臣;不了解土地,就看看地上生长的草木。

与善人居,如入芝兰之室,久而不闻其香,即与之化矣;与不善人居,如入鲍鱼之肆,久而不闻其臭,亦与之化矣①。

————

①"与善人居"八句:为曾子语,见《大戴礼记·曾子疾病》篇。《家语》误作孔子语。芝兰之室,有芝兰等香草的屋子,比喻美好的环境。鲍鱼之肆,卖咸鱼的店铺,比喻环境恶劣。

【译文】

与善人相处,就像进入有香草的屋子,时间长了闻不到香味,说明已与香气融合一起了;与不善的人相处,就如同进入咸鱼铺子,时间长了闻不到臭味,这是被臭味同化了。

君子遗人以财,不若善言。

【译文】

君子赠人钱财,不如赠人好话。

夫君子居必择处,游必择方,仕必择君。

【译文】

君子居住一定要选择地方,出游要选择方向,做官要选择国君。

以富贵而下人①,何人不尊②? 以富贵而爱人,何人不亲?

——

①下人：以谦恭态度待人。

②何人不尊："尊"字原本无，有小字"阙"，据《四部丛刊》本补。

【译文】

身处富贵而待人谦恭，谁会不尊敬你呢？身处富贵而和人友爱，谁会不亲近你呢？

发言不逆，可谓知言矣；言而众向之^①，可谓知时矣。

——

①向：响应，赞同。

【译文】

说出话没人反对，可以说懂得该说什么话；说话时众人都拥护，可以说知道说话的时机。

舟非水不行，水入舟则没^①；君非民不治，民犯上则倾。

——

①没：沉没。

【译文】

船没有水就不能行驶，水进入船中船就会沉没；国君离开百姓就不能治理，民众犯上作乱国家就会灭亡。

颜回

鸟穷则啄，兽穷则攫^①，人穷则诈，马穷则佚。

——

①攫：用爪子抓。

【译文】

鸟急了会啄人，兽急了会抓人，人走投无路则会诈骗，马筋疲力尽则会逃走。

爱近仁，度近智^①，为己不重^②，为人不轻，君子也夫。

——

①度近智：王肃注："度事而行，近于智也。"

②不重：此指不看重自己。

【译文】

能爱人就接近于仁了，度事而行就接近智了，对自己不要太看重，对别人不能轻视，这样的人就可以说是君子了。

一言而有益于智，莫如豫^①；一言而有益于仁，莫如恕^②。

——

①豫：事先准备。

②恕：推己及人。

【译文】

一个字而有益于智的，没有比得上"豫"字；一个字而有益于仁的，没有比得上"恕"字。

君子以行言，小人以舌言。

【译文】

君子用自己的行动说话，小人用自己的舌头说话。

君子之于朋友也，心必有非焉，而弗能谓^①，吾不知其仁人也。不忘久德，不思久怨，仁矣夫。

——

①弗能谓：不能说。

【译文】

君子对待朋友，心里已然认为对方有做得不对的地方，却不对朋友说，我不认为这个人是仁人。不忘记朋友从前对自己的恩德，不记着以前对朋友的怨恨，这才是仁德之人啊。

言人之恶，非所以美己；言人之枉，非所以正己。故君子攻其恶，无攻人之恶。

【译文】

谈论别人的缺点，并不能美化自己；谈论别人的错误，并不能使自己正确。所以君子要批评自己的缺点，不要批评别人的缺点。

子路初见

木受绳则直，人受谏则圣。

【译文】

木料用墨绳来矫正就能笔直，人接受劝谏就能圣明。

不强不达^①，不劳无功，不忠无亲，不信无复，不恭失礼。

——

①不强不达：不努力坚持就达不到目的。王肃注："人不能以强力，则不能自达。"

【译文】

不持续努力就达不到目的,不劳动就没有收获,不忠诚就没人亲近,不讲信用别人就不再信任你,不恭敬就会失礼。

知而弗为,莫如勿知;亲而弗信,莫如勿亲。

【译文】

知道了不去做,不如不知道;亲近他又不信任他,不如不亲近。

乐之方至,乐而勿骄;患之将至,思而勿忧。

【译文】

快乐的事到来时,要乐而不骄;灾难将要到来时,要有思想准备而不忧愁。

攻其所不能①,补其所不备。

———

①攻:学习。

【译文】

学习自己不会做的事情,弥补自己不具备的才能。

毋以其所不能疑人,毋以其所能骄人。

【译文】

不要因为自己不能做就怀疑别人,不要用自己能干的事情向别人炫耀。

终日言,无遗己忧;终日行,不遗己患。

【译文】

终日说话,不要给自己留下忧虑;终日做事,不要给自己留下祸患。

在厄

芝兰生于深林,不以无人而不芳;君子修道立德,不为穷困而败节。

【译文】

芝兰生长在深林之中,不因为无人欣赏而不芳香;君子修养身心培养道德,不因为穷困而改变节操。

居下而无忧者,则思不远;处身而常逸者,则志不广。

【译文】

居于下位而无所忧虑的人,是思虑不远;安身处世总想安逸的人,是志向不大。

入官

言之善者,在所日闻①;行之善者,在所能为。

———

①言之善者,在所日闻:王肃注:"日闻善言,可行于今日也。"

【译文】

能说出美好的语言,在于每天能听取别人的意见;能有美好的行为,在于能亲身去做。

劳于取人，佚于治事。

【译文】

选拔人才辛苦一些，治理政事时就轻松一些。

世举则民亲之，政均则民无怨。

【译文】

国家安定民众就会爱戴国君，政策公平合理民众就无怨言。

水至清则无鱼，人至察则无徒。

【译文】

水太清就没有鱼了，人太明察就没有追随者了。

君子欲言之见信也，莫善乎先虚其内^①；欲政之速行也，莫善乎以身先之；欲民之速服也，莫善乎以道御之。

——

①莫善乎先虚其内：王肃注："虚其内，谓直道而行，无情欲也。"即摒除私心。

【译文】

君子要想使自己的话被别人相信，最好的办法是摒除私心；要想政治措施迅速推行，最好的办法是身体力行；要想使民众迅速服从，最好的办法是以正确之道来治理国家。

执辔

过失，人之情莫不有焉。过而改之，是为不过。

【译文】

过错和失误,是人之常情,人不可能没有过失。有了过错而能改正,就不为过。

郊问

万物本于天,人本乎祖。

【译文】

万物都来源于天,人又来源于其祖先。

屈节解

君子之行己,期于必达于己。可以屈则屈,可以伸则伸。

【译文】

君子所做的事,期望必须达到自己的目标。需要委屈的时候就委屈,需要伸展的时候就伸展。

受屈而不毁其节,志达而不犯于义。

【译文】

受了委屈也不能失掉气节,志向实现了也不侵害道义。

公孙尼子

《公孙尼子》,《汉书·艺文志》儒家类著录二十八篇,公孙尼撰,班固注云:"七十子弟子。"则公孙尼为孔子的再传弟子,大约生活在战国初年。杨树达认为,公孙尼即《韩非子·显学》所谓"孔子死后,儒分为八"中的"公孙氏之儒"。王充《论衡·本性》记载,公孙尼与宓子、漆雕开曾论及性情问题,认为性有善有恶。《隋书·音乐志》记载,沈约谓"《乐记》取自《公孙尼子》",则其对音乐理论也颇有研究。《汉书·艺文志》杂家类还著录《公孙尼》一篇,一般认为也是公孙尼的著作。

《公孙尼子》,《隋书》及两《唐书》均著录为一卷,宋以后失传。清马国翰辑有一卷,收入《玉函山房辑佚书》。又唐马总《意林》卷二录有《公孙文子》六条,一般认为即《公孙尼子》。

本书选文据中华书局《新编诸子集成续编·意林校释》。

君子行善必有报，小人行不善必有报。

【译文】

君子做好事必定会有回报，小人做坏事也必定会有报应。

荀
子

　　荀子,名况,字卿,战国后期赵国人,著名思想家、哲学家,是一位兼采儒、道、墨、法等诸家思想的集大成者。《荀子》一书绝大部分章节出自荀子本人,少数由其学生或门人编纂而成。

　　《荀子》提出"性恶说",反对"性善论",认为人的善行都是后天努力的结果,进而要求人们不断学习以完善自身;主张"隆礼""重法",认为"礼"是治国治民之本,"法"是约束人们行为必不可少的手段;批判与摒弃孔、孟"死生有命、富贵在天"以及老、庄的消极无为思想,提出"制天命而用之"的主张。《荀子》思想博大深邃,对后世影响深远,时至今日,其中许多思想对修身育人、治国理民都有重要的借鉴价值。

　　本书选文据中华书局三全本《荀子》。

劝学

君子曰:学不可以已。

【译文】

君子说:学习是没有止境的。

青,取之于蓝而青于蓝^①;冰,水为之而寒于水。

———

①蓝:蓼(liǎo)蓝草,其叶可以做蓝色染料。

【译文】

靛青是从蓼蓝中提炼出来的,但比蓼蓝还青;冰是由水凝固而成的,但比水更寒冷。

木受绳则直^①,金就砺则利^②,君子博学而日参省乎己^③,则知明而行无过矣。

———

①绳:木工用来取直的墨线。

②砺:粗磨刀石。

③参:通"三"。省(xǐng):察。

【译文】

木材打上墨线加工后才能变直,金属在磨刀石上磨过才锋利,君子广博地学习而又每天多次反省自己,那就智慧明达而且行为也没有过错了。

不登高山,不知天之高也;不临深溪,不知地之厚也。

【译文】

不登上高山,不知道天有多高;不亲临深渊,不知道大地有多厚。

神莫大于化道,福莫长于无祸。

【译文】

没有比与道融合更高的精神境界了,没有比无灾无祸更长久的幸福了。

吾尝终日而思矣,不如须臾之所学也;吾尝跂而望矣^①,不如登高之博见也。

———

①跂(qǐ):踮起脚跟。

【译文】

我曾经整天苦思冥想,却不如片刻学习收获大;我曾经踮起脚跟向远方望,却不如登上高处看得广。

登高而招,臂非加长也,而见者远;顺风而呼,声非加疾也,而闻者彰。假舆马者,非利足也,而致千里;假舟楫者^①,非能水也,而绝江河^②。君子生非异也^③,善假于物也。

———

①楫(jí):船桨。

②绝:渡。

③生:本性。

【译文】

登上高处招手,手臂没有加长,但远方的人看得见;顺着风呼唤,声音没有增强,但人听到得很清楚。利用车马远行的人,并不是善于行走,却能到达千里之遥;利用船桨渡河的人,并不是善于游泳,却能横渡江河。君子的本性与别人没有什么不同,只是善于利用外物罢了。

蓬生麻中,不扶而直。

【译文】

蓬蒿生长在麻中,不需要扶持就自然挺直。

兰槐之根是为芷①,其渐之滫②,君子不近,庶人不服,其质非不美也,所渐者然也。

————

①兰槐:一种香草,又名"白芷(zhǐ)",开白花,味香。古人称其苗为"兰",根为"芷"。

②渐:渍。滫(xiǔ):溺,尿。

【译文】

兰槐的根叫做芷,把它浸泡在尿中,君子不会接近它,百姓也不会佩带它,不是它的本质不好,而是被浸泡在尿中的缘故。

君子居必择乡,游必就士,所以防邪僻而近中正也。

【译文】

君子居住一定要选择好乡里,出游一定要结交贤士,这是为了防止走上邪僻而接近中正之道。

物类之起,必有所始;荣辱之来,必象其德。

【译文】

各类事物的兴起,必定有它的起因;荣誉和耻辱的到来,必定与人的品德相一致。

怠慢忘身，祸灾乃作。
【译文】
懈怠散漫而忘掉自身，灾祸就发生了。

强自取柱^①，柔自取束。

①柱：通"祝"，折断。
【译文】
刚强的东西容易折断，柔弱的东西容易受约束。

邪秽在身，怨之所构。
【译文】
邪恶污秽集于一身，就会招致怨恨。

草木畴生^①，禽兽群焉，物各从其类也。

①畴：同"俦"，类。
【译文】
草木丛生，禽兽群居，万物总是与它们的同类生活在一起。

言有召祸也，行有招辱也，君子慎其所立乎！
【译文】
说话有时招来祸患，行为有时招来耻辱，君子一定要谨慎自己的立身处世啊!

积土成山,风雨兴焉;积水成渊,蛟龙生焉;积善成德,而神明自得,圣心备焉。

【译文】

堆积泥土成为高山,风雨就会在那里兴起;汇积水流成为深渊,蛟龙就会在那里生长;积累善行养成高尚的品德,就会通于神明,圣人的精神境界也就具备了。

不积跬步①,无以至千里;不积小流,无以成江海。

———

①跬(kuǐ):半步。

【译文】

不从一步半步开始积累,就不能到达千里;不聚积起小的水流,就不能汇成江海。

骐骥一跃①,不能十步;驽马十驾②,功在不舍。锲而舍之,朽木不折;锲而不舍,金石可镂。

———

①骐骥:骏马。

②驽(nú):劣马。驾:一天的行程。

【译文】

千里马一跃,不能超过十步;劣马跑上十天也能到达千里,它的成功在于不放弃。用刀刻东西,如果一会儿就停止,就是朽木也不能刻断;如果不停地刻下去,那么金石也能刻透。

蟥无爪牙之利①，筋骨之强，上食埃土，下饮黄泉，用心一也；蟹六跪而二螯②，非蛇蟺之穴无可寄托者③，用心躁也。

①蟥(yǐn)：蚯蚓。后作"蚓"。

②六：疑当作"八"（卢文弨说）。跪：脚。螯：螃蟹身前如同钳形的大爪。

③蟺(shàn)：通"鳝"。

【译文】

蚯蚓没有锐利的爪牙和强壮的筋骨，但上能吃到泥土，下能喝到泉水，这是因为它用心专一的缘故；螃蟹有八只足和两只螯，但如果没有蛇、鳝的洞穴就没有地方藏身，这是因为它用心浮躁的缘故。

无冥冥之志者①，无昭昭之明②；无惛惛之事者，无赫赫之功。

①冥冥：昏暗不明。这里形容专心致志。下文"惛惛(hūn)"意同。

②昭昭：显著。

【译文】

没有专心致志的精神，就不会有显著的成就；没有埋头苦干的行动，就不会有显赫的功绩。

目不能两视而明，耳不能两听而聪。

【译文】

眼睛不能同时看两种东西而看得明白，耳朵不能同时听两种声音而听得清楚。

声无小而不闻,行无隐而不形。

【译文】

声音再细小也没有听不见的,行动再隐蔽也没有不表现出来的。

真积力久则入,学至乎没而后止也①。

———

①没:通"殁",死。

【译文】

日积月累、坚持不懈,就会深入下去,学到死然后才能停止。

学数有终①,若其义则不可须臾舍也。

———

①数:指学习的顺序。

【译文】

学习的顺序是有终点的,但从学习的意义来说一刻也不能停止。

君子之学也,入乎耳,箸乎心①,布乎四体,形乎动静,端而言②,蝡而动③,一可以为法则。

———

①箸:同"著",明。

②端:通"喘",微言。

③蝡:同"蠕"。

【译文】

君子学习,进入耳里,记在心中,灌注到全身,表现在行动上,他细微的一言一行,一举一动,都可以成为别人效法的榜样。

君子之学也，以美其身；小人之学也，以为禽犊①。

——

①禽犊：家禽和小牛，古时用来做馈赠礼物。

【译文】

君子学习，是用来完善自己的身心；小人学习，是将学问当成礼物来取悦别人。

不问而告谓之傲①，问一而告二谓之啍②。傲，非也；啍，非也。

——

①傲：急躁。

②啍（zàn）：唠叨，啰嗦。

【译文】

别人没有问就告诉人家叫做急躁，别人问一个问题却告诉人家两个问题叫做唠叨。急躁，不对；唠叨，也不对。

学莫便乎近其人。

【译文】

学习没有比接近贤师更方便的了。

方其人之习君子之说①，则尊以遍矣②，周于世矣。

——

①方：通"仿"，仿效。

②以：而。

【译文】

效仿良师学习君子的学说,则品德高尚,知识渊博,通达世事。

学之经莫速乎好其人①。

——

①经:通"径"。

【译文】

学习的途径没有比喜欢贤师更迅速有效的了。

礼恭而后可与言道之方,辞顺而后可与言道之理,色从而后可与言道之致。

【译文】

恭敬有礼然后才可以与他谈论大道的方向,言辞和顺然后才可以与他谈论大道的原理,态度谦逊然后才可以与他谈论大道的奥妙。

未可与言而言谓之傲,可与言而不言谓之隐,不观气色而言谓之瞽①。故君子不傲,不隐,不瞽,谨顺其身。

——

①瞽(gǔ):瞎,盲目。

【译文】

还不能与他谈论却谈了叫做急躁,应该同他谈论却不谈叫做隐瞒,不看对方脸色而谈叫做盲目。所以君子不急躁,不隐瞒,不盲目,谨慎地顺从对方来行事。

百发失一,不足谓善射;千里跬步不至,不足谓善御;伦类不通^①,仁义不一,不足谓善学。

———

①伦类:人伦道德之理。

【译文】

射出一百支箭,有一次没有射中,就不能叫做善于射箭;赶着车马走了一千里路,只差半步没有赶到,就不能叫做善于驾车;礼法不能融会贯通,仁义不能始终如一,就不能叫做善于学习。

学也者,固学一之也。一出焉,一入焉,涂巷之人也^①。

———

①涂:同“途”。

【译文】

学习,本来就应专心致志,坚持如一。一会儿不学,一会儿学,那是街头巷尾中的普通人。

君子知夫不全不粹之不足以为美也,故诵数以贯之,思索以通之,为其人以处之,除其害者以持养之,使目非是无欲见也,使耳非是无欲闻也,使口非是无欲言也,使心非是无欲虑也。

【译文】

君子知道学习不全面不纯粹不能算作完美,所以反复诵读以求贯通,用心思索以求理解,设身处地地去领会它,除掉自身有害的东西来保养它,使眼睛与它无关的不去看,使耳朵与它无关的不去听,使嘴巴与它无关的不去说,使心里与它无关的不去考虑。

天见其明①,地见其光②,君子贵其全也。

——

①见:同"现",显现。

②光:通"广"。

【译文】

天显现出它的光明,地显现出它的广阔,君子贵在德行的完美。

修身

见善,修然必以自存也①;见不善,愀然必以自省也②。善在身,介然必以自好也③;不善在身,菑然必以自恶也④。

——

①修然:整饬的样子。存:察。

②愀(qiǎo)然:忧虑恐惧的样子。

③介然:意志坚定的样子。

④菑(zāi)然:灾害在身的样子。菑,同"灾"。

【译文】

看见好的行为,一定要认真检查自身是否具有;看见不好的行为,一定要心怀忧惧地反省自己。好的品行在身,一定要意志坚定地珍惜自己;不好的品行在身,一定要像受到灾害似的痛恨自己。

非我而当者,吾师也;是我而当者,吾友也;谄谀我者,吾贼也。故君子隆师而亲友,以致恶其贼。

【译文】

批评我而又批评得中肯的人,就是我的老师;肯定我而又肯定得恰当的人,就是我的朋友;阿谀奉承我的人,就是陷害我的贼人。所以,君子尊敬老师、亲近朋友,而极度憎恨贼人。

人无礼则不生,事无礼则不成,国家无礼则不宁。

【译文】

人不遵循礼就不能生存,做事不遵循礼就不能成功,国家不遵循礼就不得安宁。

是是、非非谓之知,非是、是非谓之愚。

【译文】

以是为是、以非为非叫做明智,以非为是、以是为非叫做愚蠢。

多闻曰博,少闻曰浅;多见曰闲,少见曰陋。

【译文】

听过的多叫做渊博,听过的少叫做浅薄;见识多叫做广博,见识少叫做鄙陋。

凡治气养心之术,莫径由礼,莫要得师,莫神一好。

【译文】

大凡理气养心的方法,没有比遵守礼义更直接的了,没有比得到贤师更重要的了,没有比专心致志更神妙的了。

志意修则骄富贵,道义重则轻王公,内省而外物轻矣。

【译文】

志向美好就蔑视富贵,以道义为重就轻视王公,注重内在修养就会看轻外物。

君子役物,小人役于物。
【译文】
君子役使外物,小人为外物所役使。

身劳而心安,为之;利少而义多,为之。
【译文】
身体辛劳而心安理得,就去做;利益少而道义多,就去做。

良农不为水旱不耕,良贾不为折阅不市①,士君子不为贫穷怠乎道。

———
①折(shé)阅:亏损。阅,卖。

【译文】
好的农民不会因为水旱灾害就不耕种,好的商人不会因为折本而不做买卖,士人与君子不会因为贫穷就懈怠道义。

体恭敬而心忠信,术礼义而情爱人,横行天下,虽困四夷,人莫不贵。
【译文】
外貌恭敬而内心诚实,遵循礼义而性情仁爱,这样的人走遍天下,即使穷困潦倒在四边少数民族地区,人们也尊敬他。

劳苦之事则争先,饶乐之事则能让,端悫诚信①,拘守而详,横行天下,虽困四夷,人莫不任。

———

①端悫(què):正直诚谨。

【译文】

劳苦的事争着干,享乐的事让给别人,忠厚诚实,谨守礼法而明察事理,这样的人走遍天下,即使困厄在四边少数民族地区,人们也信任他。

行而供冀①,非渍淖也②;行而俯项,非击戾也③;偶视而先俯,非恐惧也。然夫士欲独修其身,不以得罪于比俗之人也。

———

①供:通"恭"。冀:当为"翼"字(杨倞说),敬。

②渍淖(zì nào):陷在烂泥里。

③击戾:抵触。

【译文】

行走时小心翼翼,并不是害怕陷在烂泥里;行走时低着头,并不是害怕碰到东西;两人对视先低下头,并不是惧怕对方。那么士子只是想独自修养自己的身心,不是害怕得罪世俗中的人。

夫骥一日而千里,驽马十驾则亦及之矣。

【译文】

骏马一天能跑千里路,劣马跑十天也能到达。

跬步而不休①,跛鳖千里;累土而不辍,丘山崇成②;厌其源,开其渎③,江河可竭;一进一退,一左一右,六骥不致。

——

①跬（kuǐ）：半步。

②崇：终。

③渎：水沟，小渠。

【译文】

半步半步地走下去，瘸腿的乌龟也能走一千里；不停地堆积泥土，山丘终能堆成；堵塞水源，挖开渠道，长江、黄河也会枯竭；一会儿前进，一会儿后退，一会儿向左，一会儿向右，就是六匹骏马拉车也不能到达终点。

道虽迩①，不行不至；事虽小，不为不成。

——

①迩：近。

【译文】

道路虽近，但不走就不能到达；事情虽小，但不做就不能成功。

好法而行，士也；笃志而体，君子也；齐明而不竭，圣人也。

【译文】

爱好礼法且能实行的，是士；意志坚强且身体力行的，是君子；思虑敏锐而又永不枯竭的，是圣人。

礼然而然，则是情安礼也；师云而云，则是知若师也。

【译文】

礼是这样就这样做，就是性情安于礼；老师怎样说就怎样说，就是智慧有如老师。

不是师法而好自用,譬之是犹以盲辨色,以聋辨声也,舍乱妄无为也。

【译文】

不遵从老师和礼法而喜欢自以为是,就好比让盲人来辨别颜色,让聋人来分辨声音,除了昏乱妄为之外什么也做不了了。

端悫顺弟①,则可谓善少者矣;加好学逊敏焉,则有钧无上②,可以为君子者矣。

———

①弟:同"悌",尊敬兄长。

②钧:通"均",相同。

【译文】

忠厚诚实而又顺从兄长,就可以称为好少年;再加上好学、谦逊、敏捷,那就只有和他相等的而没有超过他的,便可以成为君子了。

老老而壮者归焉,不穷穷而通者积焉,行乎冥冥而施乎无报,而贤不肖一焉。

【译文】

爱护老人那么青壮年也会归顺,不使穷困的人走投无路那么显达的人也会聚集过来,偷偷地做好事而又不求回报,那么贤能的人和无能的人便都会来归附。

君子之求利也略,其远害也早,其避辱也惧,其行道理也勇。

【译文】

君子对于追求利益是淡泊的，对于远离祸害是有预见的，他谨慎地避开灾祸，勇敢地奉行道义。

君子贫穷而志广，富贵而体恭，安燕而血气不惰^①，劳勌而容貌不枯^②，怒不过夺，喜不过予。

———

①安燕：安逸。

②勌（juàn）：同"倦"。

【译文】

君子贫穷但志向远大，富贵但体貌恭敬，安逸但精神不懈怠，劳倦但容貌端正，愤怒也不过分地惩罚别人，高兴也不过分地奖赏别人。

不苟

君子行不贵苟难，说不贵苟察，名不贵苟传，唯其当之为贵。

【译文】

君子做事不以苟且难能为可贵，辩说不以苟且明察为可贵，名声不以苟且流传为可贵，只有符合礼义才是可贵。

君子易知而难狎^①，易惧而难胁，畏患而不避义死，欲利而不为所非，交亲而不比^②，言辩而不辞。荡荡乎，其有以殊于世也。

──────

①知：交接。狎（xiá）：没有礼貌地亲近。

②比：结党。

【译文】

君子容易结交却不可亵渎，容易恐惧却不可胁迫，害怕祸患却甘愿为正义而死，想得到利益却不做不正确的事情，与人亲密交往却不结党营私，言谈善辩却不玩弄辞藻。胸怀坦荡啊，他和世俗是不同的。

君子能则宽容易直以开道人①，不能则恭敬缚绌以畏事人②；小人能则倨傲僻违以骄溢人，不能则妒嫉怨诽以倾覆人。

──────

①道：同"导"。

②缚（zǔn）：通"撙"，抑制。绌：通"黜"。

【译文】

君子有才能就宽容大度、诚心诚意地开导别人，没有才能就恭敬谦逊地小心对待别人；小人有才能就傲慢邪僻地凌辱别人，没有才能就妒嫉诽谤来倾轧别人。

君子能则人荣学焉，不能则人乐告之；小人能则人贱学焉，不能则人羞告之。

【译文】

君子有才能，那么人们以向他学习为光荣，没有才能人们也乐意告诉他；小人有才能，那么别人以向他学习为耻辱，没有才能人们也羞于告诉他。

君子宽而不僈^①，廉而不刿^②，辩而不争，察而不激，寡立而不胜^③，坚强而不暴，柔从而不流，恭敬谨慎而容，夫是之谓至文。

——

①僈（màn）：怠惰，懈怠。

②廉：棱角。刿（guì）：以刀伤人。

③寡：当为"直"字（王念孙说）。

【译文】

君子宽容却不懈怠，方正却不伤害别人，善辩却不争吵，明察却不偏激，为人正直却不盛气凌人，坚定刚强却不凶暴，宽柔和顺却不随波逐流，恭敬谨慎却从容不迫，这就是最好的礼义了。

君子大心则天而道，小心则畏义而节；知则明通而类，愚则端悫而法；见由则恭而止^①，见闭则敬而齐；喜则和而理，忧则静而理；通则文而明，穷则约而详。

——

①由：任用，使用。

【译文】

君子往大的方面用心就会敬重上天而遵循天道，往小的方面用心就会畏惧道义而有所节制；聪明就会明智睿达而触类旁通，愚钝就会端正诚恳而遵守礼法；被任用就会恭敬而有礼，不被任用就会肃敬而庄重；高兴时就会平和而守理，忧愁时就会冷静而理智；显达时就会文雅而明智，穷困时就会简约而安详。

人污而修之者，非案污而修之之谓也^①，去污而易之以修。

————
①案：通"按"，按照。

【译文】

人的品行有污秽需要整治，并不是在污秽的基础上去整治它，而是去掉污秽换上美好的品行。

君子养心莫善于诚，致诚则无它事矣。

【译文】

君子修养身心没有比真诚更好的了，做到真诚就不用从事其他的事情了。

诚心守仁则形，形则神，神则能化矣；诚心行义则理，理则明，明则能变矣。

【译文】

真心实意地坚守仁爱，仁爱就会表现在行动上，表现在行动上就显得神明，显得神明就会化育万物；真心实意地奉行道义，做事就会有条理，有条理就明白易知，明白易知就能使人改变。

天不言而人推高焉，地不言而人推厚焉，四时不言而百姓期焉。

【译文】

上天不说话而人们都仰慕它高远，大地不说话而人们都仰慕它深厚，四季不说话而人们知道它们的变化。

君子至德，嘿然而喻①，未施而亲，不怒而威。

——

①嘿：同"默"，不说话。

【译文】

君子有了至高的德行，虽然默不作声人们也会明白，没有布施恩惠人们也来亲近，不用发怒也有威严。

天地为大矣，不诚则不能化万物；圣人为知矣，不诚则不能化万民；父子为亲矣，不诚则疏；君上为尊矣，不诚则卑。

【译文】

天地算是大的了，不真诚就不能化育万物；圣人算是聪明的了，不真诚就不能感化万民；父子算是亲密的了，不真诚就会疏远；君主算是尊贵的了，不真诚就不会受到尊敬。

君子位尊而志恭，心小而道大，所听视者近而所闻见者远。

【译文】

君子地位尊贵而态度谦恭，心虽小但志向远大，所听到、所看到的很近但见多识广。

庸言必信之，庸行必慎之，畏法流俗而不敢以其所独甚①，若是，则可谓悫士矣②。

——

①甚：当为"是"字（王念孙说）。

②悫（què）士：质朴诚实之士。

【译文】

日常的言论必定诚实可信,日常的行为必定谨慎小心,不敢效法流俗,也不敢自以为是,像这样,就可以称为忠厚之士。

公生明,偏生暗,端悫生通,诈伪生塞,诚信生神,夸诞生惑。

【译文】

公正产生光明,偏私产生黑暗,端正忠厚产生通达,奸诈虚伪产生闭塞,真诚可信产生神明,虚夸妄诞产生惑乱。

见其可欲也,则必前后虑其可恶也者;见其可利也,则必前后虑其可害也者;而兼权之,孰计之①,然后定其欲恶取舍。

———

①孰:同“熟”。

【译文】

看见自己喜欢的东西,就一定要前前后后考虑它可恶的一面;看见有利可图的事情,就一定要思前想后考虑它有害的一面;一定要两方面权衡,深思熟虑,然后再决定喜欢还是厌恶、获取还是舍弃。

凡人之患,偏伤之也。见其可欲也,则不虑其可恶也者;见其可利也,则不顾其可害也者。

【译文】

大凡人们的祸患,往往都是片面性伤害了他们。看见喜欢的东西,就不考虑它可恶的一面;看见有利可图的事情,就不考虑它有害的一面。

悁者，贪也；信而不见敬者，好刿行也⑥。此小人之所务而君子之所不为也。

---

①忮(zhì)：忌恨。

②訾(zǐ)：诋毁。

③俞：通"愈"，更加。

④豢(huàn)：比喻收买利用。

⑤刿(guì)：刺伤。

⑥刿(zhuān)：同"专"。

【译文】

逞一时的痛快而导致死亡的，是因为忿怒；善于明察而遭到残害的，是因为忌恨；知识渊博而处境困窘的，是因为诋毁；希望名声清白反而越来越坏的，是由于说话不当；用酒肉结交朋友而交情反而越来越淡的，是由于以利相交；善于辩论却不被人称说的，是由于争论；行为正直却不为人赏识的，是由于好胜；为人方正却不受人尊重的，是由于伤人；勇敢却不被人畏惧的，是由于贪婪；守信用却不被人尊敬的，是由于喜好独断专行。这些都是小人所做的而君子是不会做的。

斗者，忘其身者也，忘其亲者也，忘其君者也。行其少顷之怒而丧终身之躯，然且为之，是忘其身也；家室立残，亲戚不免乎刑戮，然且为之，是忘其亲也；君上之所恶也，刑法之所大禁也，然且为之，是忘其君也。

【译文】

争斗的人，忘掉了自己的身体，忘掉了自己的亲人，忘掉了自己的君主。发泄一时的忿怒，而丧失了一生的生命，然而还是去做，这是忘记了自己的身体;家庭立刻被摧残,亲戚也难免受到杀害,然而还是去做,这是忘记了自己的亲人;争斗是君主所厌恶的,刑法所严厉禁止的,然而还是去做,这是忘记了自己的君主。

义之所在,不倾于权,不顾其利,举国而与之不为改视,重死持义而不桡①,是士君子之勇也。

————

①桡(náo):屈从。

【译文】

合乎道义的事情,不屈从于权势,不考虑自己的利益,把整个国家给他也不改变做法,重视生命但为了坚持正义而永不屈服,这是士君子的勇敢。

自知者不怨人,知命者不怨天,怨人者穷,怨天者无志。

【译文】

有自知之明的人不埋怨别人,知道命运的人不埋怨上天,埋怨别人的人就会困窘,埋怨上天的人没有见识。

失之己,反之人,岂不迂乎哉!

【译文】

失误在自己,却反过来责难别人,难道不是很愚蠢吗!

先义而后利者荣,先利而后义者辱;荣者常通,辱者常穷;通者常制人,穷者常制于人,是荣辱之大分也。

【译文】

以道义为先而以利益为后的就光荣,以利益为先而以道义为后的就耻辱;光荣的人常常显达,耻辱的人常常穷困;显达的人常常统治别人,穷困的人常常被人统治,这是光荣和耻辱的根本区别。

材悫者常安利①,荡悍者常危害;安利者常乐易,危害者常忧险;乐易者常寿长,忧险者常夭折,是安危利害之常体也。

———

①悫(què):朴实,诚实。

【译文】

材性纯朴的人常常安全受益,放荡凶悍的人常常危险受害;安全受益的人常常欢乐平和,危险受害的人常常忧愁不安;欢乐平和的人常常长寿,忧愁不安的人常常夭折,这是安危利害的一般情形。

志行修,临官治,上则能顺上,下则能保其职,是士大夫之所以取田邑也。

【译文】

志向和行为美好,为官善于治理,对上能顺从国君,对下能坚守自己的职位,这是士大夫取得田地封邑的原因。

孝弟原悫①,鞠录疾力②,以敦比其事业而不敢怠傲③,是庶人之所以取暖衣饱食,长生久视④,以免于刑戮也。

———

①弟:同"悌",尊敬兄长。原:同"愿",诚实。

②鞠(qū)录:劳碌的意思。鞠,通"劬"。

③敦：治。比：通"庀"（pǐ），治理。

④久视：长久存在，长寿。

【译文】

孝顺父母，尊敬兄长，忠厚诚实，勤劳努力，来从事他的事业而不敢懈怠轻慢，这是老百姓穿得暖吃得饱，健康长寿，避免刑法杀戮的原因。

君子者，信矣，而亦欲人之信己也；忠矣，而亦欲人之亲己也；修正治辨矣^①，而亦欲人之善己也。

①治辨：即"治办"，处理事务合宜。

【译文】

君子，对人诚实，也愿意别人相信自己；对人忠诚，也愿意别人亲近自己；品行正直，办事得当，也愿意别人善待自己。

人之生固小人，无师无法则唯利之见耳。

【译文】

人的本性本来就是小人，如果没有老师的教导、没有礼法的约束，就会只看到利益。

短绠不可以汲深井之泉^①，知不几者不可与及圣人之言。

①绠（gěng）：汲水用的绳子。

【译文】

短绳不能汲取深井中的泉水，知识达不到的人不能和他谈论圣人的言论。

仁人在上,则农以力尽田,贾以察尽财,百工以巧尽械器,士大夫以上至于公侯,莫不以仁厚知能尽官职,夫是之谓至平。

【译文】

仁人处在上位,农民就会竭力种好庄稼,商人就会运用自己的精明取得财富,各行各业的工匠就会利用自己的技巧制造器械,士大夫以上直到王公侯伯,没有不以仁义忠厚才智来尽职尽责的,这就叫做大治。

斩而齐①,枉而顺,不同而一。

———
①斩:通"儳(chán)",不齐。

【译文】

有不齐才能有齐,有不直才能归于顺,有不同才能有统一。

非相

相形不如论心,论心不如择术。形不胜心,心不胜术。术正而心顺之,则形相虽恶而心术善,无害为君子也;形相虽善而心术恶,无害为小人也。

【译文】

观察人的相貌不如研究他的思想,研究他的思想不如辨别他的行为。相貌比不上思想,思想比不上行为。行为正确,思想就会顺从它,那么相貌虽丑但思想行为美好,不会妨害他成为君子;相貌虽好而思想行为恶劣,也妨害不了他成为小人。

长短、小大、善恶形相,非吉凶也。

【译文】

高矮、大小,相貌的美丑,和吉凶没有关系。

事不揣长,不揳大^①,不权轻重,亦将志乎尔。

①揳(xié):同"絜",度量,估计。

【译文】

评价他人不用揣摩他的高矮,不用估计他的大小,不用权衡他的轻重,只要看他的志向就可以了。

人有三必穷:为上则不能爱下,为下则好非其上,是人之一必穷也。乡则不若^①,偝则谩之^②,是人之二必穷也。知行浅薄,曲直有以相县矣^③,然而仁人不能推,知士不能明^④,是人之三必穷也。

①乡:通"向"。

②偝:同"背"。

③有:通"又"。县(xuán):差距,远。

④明:尊。

【译文】

人有三种必然穷困的事:作为上级却不爱护下级,作为下级却喜欢非议上级,这是第一种必然穷困。当面不顺从,背后又谩骂人家,这是第二种必然穷困。智能品行浅薄,辨别是非的能力又和别人相差很远,然而对于仁人不推崇,对于智士也不尊重,这是第三种必然穷困。

饥而欲食,寒而欲暖,劳而欲息,好利而恶害,是人之所生而有也,是无待而然者也。

【译文】

饥饿了想吃,寒冷了想暖和,劳累了想休息,喜欢利益而厌恶祸患,是人生下来就有的,是无所依恃就会这样的。

欲观千岁则数今日,欲知亿万则审一二。

【译文】

想要了解千年的历史就要观察现在,想要知道亿万就要详审一二。

以近知远,以一知万,以微知明。

【译文】

由近知道远,由一知道万,由隐微知道显明。

赠人以言,重于金石珠玉;观人以言^①,美于黼黻、文章^②;听人以言,乐于钟鼓琴瑟。

———

①观:当为"劝"字(王念孙说)。

②黼黻(fǔ fú):古代礼服上所绣的花纹。

【译文】

以善言赠送别人,比金石珠玉还贵重;以善言勉励别人,比礼服上色彩斑斓的花纹还美丽;把善言讲给别人听,比钟鼓、琴瑟还悦耳动听。

君子之度己则以绳,接人则用抴^①。度己以绳,故足以为天下法则矣;接人用抴,故能宽容,因求以成天下之大事矣^②。

①枻(yì):通"枻",短桨。这里指船。

②求:当为"众"字之误(王念孙说)。

【译文】

君子正己要像工匠用绳墨取直一样严格要求自己,待人要像船工驾船迎客一样热情耐心。正己像用绳墨一样严格要求自己,所以足以成为天下人效法的榜样;待人像用船接客一样耐心热情,所以能宽容大度,依靠众人成就天下大业。

君子贤而能容罢①,知而能容愚,博而能容浅,粹而能容杂,夫是之谓兼术。

①罢(pí):弱,无能。

【译文】

君子贤能又能容纳无能的人,聪明又能容纳愚蠢的人,博学又能容纳浅陋的人,纯粹又能容纳驳杂的人,这就叫做兼容并包之法。

谈说之术:矜庄以莅之,端诚以处之,坚强以持之,分别以喻之①,譬称以明之,欣欢芬芗以送之②,宝之珍之,贵之神之,如是则说常无不受。

①分别:应与下文的"譬称"互换(王念孙说)。

②芬芗(xiāng):和气。芗,香。

【译文】

谈说的方法是:严肃庄重地面对他,端正诚恳地对待他,坚定刚强地扶持他,用比喻的方法来启发他,用分析的方法来开导他,要和颜悦色地对待他,使自己的谈论显得宝贵、珍重、神奇,如果能这样,那么劝说就不会不被接受。

言而非仁之中也,则其言不若其默也,其辩不若其呐也^①;言而仁之中也,则好言者上矣,不好言者下也。

———

①呐(nè):同"讷",说话迟钝。

【译文】

言谈不合仁义之道,那么他开口说话还不如沉默寡言,能言善辩还不如木讷迟钝;言谈合于仁义之道,那么善于谈论的就是上等,不善于谈论的就是下等。

先虑之,早谋之,斯须之言而足听,文而致实^①,博而党正^②,是士君子之辩者也。

———

①致实:诚实。致,通"质",信。
②党:通"谠",正直。

【译文】

事先考虑,早做打算,语言简短而动听,既有文采又很信实,既渊博又雅正,这是士君子的辩论。

非十二子

信信,信也;疑疑,亦信也。贵贤,仁也;贱不肖,亦仁也。

言而当,知也;默而当,亦知也。

【译文】

相信可信的,是诚实;怀疑可疑的,也是诚实。尊重贤能,是仁爱;鄙视不贤的人,也是仁爱。说话恰当,是明智;沉默得当,也是明智。

多言而类,圣人也;少言而法,君子也;多少无法而流湎然①,虽辩,小人也。

———

①流湎:沉湎。

【译文】

说话多而合乎礼义,是圣人;说话少而合乎法度,是君子;说多说少不合法度而沉湎其中,即使善辩,也是小人。

高上尊贵不以骄人,聪明圣知不以穷人,齐给速通不争先人①,刚毅勇敢不以伤人;不知则问,不能则学,虽能必让,然后为德。

———

①齐(jì)给:敏捷。齐,通"齌",敏捷,快速。

【译文】

不因身居要职、地位显贵而傲视别人,不因聪明睿智而刁难别人,不因才思敏捷、反应迅速而与人争先,不因刚毅勇猛而伤害别人;不懂就问,不会就学,即使有才能也保持谦让,这样才算有德行。

遇君则修臣下之义,遇乡则修长幼之义,遇长则修子弟之义,遇友则修礼节辞让之义,遇贱而少者则修告导宽容之义。

【译文】

面对君王就要奉行臣下的义务,面对乡亲就要讲究长幼的辈分,面对长辈就要实行子弟之道,面对朋友就要讲究礼节谦让,面对地位卑贱而年纪又小的就要实行教导宽容之道。

无不爱也,无不敬也,无与人争也,恢然如天地之苞万物①,如是则贤者贵之,不肖者亲之。

———

①恢然:广大的样子。苞:通"包"。

【译文】

对人无所不爱,无所不敬,不与人争斗,心胸宽阔得就像天地包容万物一样,如果这样,贤能的人就会尊重你,邪僻者也会亲近你。

君子能为可贵,不能使人必贵己;能为可信,不能使人必信己;能为可用,不能使人必用己。

【译文】

君子能够做到让人尊重,但不能使人一定尊重自己;能够做到让人信任,但不能使人一定信任自己;能够做到被人任用,但不能使人一定任用自己。

君子耻不修,不耻见污;耻不信,不耻不见信;耻不能,不耻不见用。

【译文】

君子以品行不好为羞耻,不以被人污辱为耻;以不讲信用为羞耻,不以不被信任为耻;以没有才能为羞耻,不以不被任用为耻。

不诱于誉,不恐于诽,率道而行①,端然正己,不为物倾侧②,夫是之谓诚君子。

①率:循。

②倾侧:倾斜。

【译文】

不被名誉所诱惑,不被诽谤所吓倒,按照道义行事,严肃地端正自己,不为外物所动摇,像这样才是真正的君子。

佚而不惰①,劳而不僈②,宗原应变,曲得其宜,如是,然后圣人也。

①佚:安逸。

②僈:懈怠,怠惰。

【译文】

安逸而不懒惰,辛劳而不懈怠,遵守原则而又随机应变,各方面都处理得恰到好处,像这样,然后才能成为圣人。

仲尼

贵而不为夸,信而不处谦①,任重而不敢专,财利至则善而不及也,必将尽辞让之义然后受,福事至则和而理,祸事至则静而理,富则施广,贫则用节,可贵可贱也,可富可贫也,可杀而不可使为奸也,是持宠处位终身不厌之术也。

———

①谦:通"嫌",嫌疑。

【译文】

富贵了也不奢侈,得到信任也要避免嫌疑,承担重任时也不敢独断专行,财利来临时,而自己的善行还不足以得到它,就一定要尽谦让之礼才接受,吉事来临时就要平和地对待它,祸事来临时就要冷静地处理它,富裕了就要广施恩惠,贫穷了就要节俭费用,要做到可以富贵也可以卑贱,可以富裕也可以贫穷,可以被杀头却不可以迫使去做奸邪的事,这是保住尊崇,守住职位,终身不被厌弃的方法。

知者之举事也,满则虑嗛①,平则虑险,安则虑危,曲重其豫,犹恐及其祸,是以百举而不陷也。

———

①嗛(qiàn):通"歉",不足。

【译文】

聪明的人行事,盈满了就要考虑到不足,顺利时就要考虑到艰险,安全时就要考虑到危险,周全地做好防范,还担心遭到祸患,所以做什么事也不会有失误了。

位尊则必危,任重则必废,擅宠则必辱,可立而待也,可炊而傹也①。是何也?则堕之者众而持之者寡矣。

———

①傹(jìng):同"竟"。

【译文】

职位高了就必然危险，权力大了就必然被罢免，独受宠幸就必定会遭受耻辱，这种结果站立片刻就可到来，做一顿饭的工夫就完成了。这是为什么呢？就是因为毁坏他的人多而扶持他的人少！

君子时诎则诎^①，时伸则伸也。

————

①诎：屈从，屈服。

【译文】

君子在时势要求屈从时就屈从，要求大显身手时就要大显身手。

儒效

凡事行，有益于理者立之，无益于理者废之，夫是之谓中事。凡知说，有益于理者为之，无益于理者舍之，夫是之谓中说。

【译文】

大凡行事，有益于理的就做它，无益于理的就废止，这就叫做正确地处理事情。大凡研习学说，有益于理的就学习它，无益于理的就舍弃它，这就叫做正确地对待学说。

彼学者，行之，曰士也；敦慕焉，君子也；知之，圣人也。

【译文】

那些学习的人，将学到的东西付诸行动，就叫做士；勤勉努力，就是君子；通晓它，就是圣人。

争之则失，让之则至，遵道则积①，夸诞则虚。

①遵道：当为"遵遁"（王念孙说），即"逡巡"，谦虚退让。下同。

【译文】

争夺就会失去，礼让就会得到，谦虚就会积累，夸耀吹嘘就会落空。

君子务修其内而让之于外，务积德于身而处之以遵道，如是，则贵名起如日月，天下应之如雷霆。

【译文】

君子一定要加强内在的修养，行为上要谦让；一定要积累德行而又谦虚，像这样，那么尊贵的名声就会像日月一样升起，天下人就会如雷霆般地响应。

能小而事大，辟之是犹力之少而任重也①，舍粹折无适也②。

①辟：通"譬"。

②粹折：破碎断折。粹，通"碎"。

【译文】

能力小却想做大事，就像力气小而挑重担，除了骨碎腰折，没有别的下场了。

明主谲德而序位①，所以为不乱也；忠臣诚能然后敢受职，所以为不穷也。

①谲：通"决"。

【译文】

　　贤明的君主评定德行来安排官位,这样就不会产生混乱;忠诚的臣子确实有能力然后才敢接受官位,就是为了防止陷于困境。

　　井井兮其有理也,严严兮其能敬己也,分分兮其有终始也①,猒猒兮其能长久也②,乐乐兮其执道不殆也,炤炤兮其用知之明也③,修修兮其用统类之行也,绥绥兮其有文章也,熙熙兮其乐人之臧也,隐隐兮其恐人之不当也,如是,则可谓圣人矣。

　　①分分:当作"介介"(王念孙说),坚固的样子。
　　②猒猒(yān):安静的样子。
　　③炤炤:同"照照"。

【译文】

　　整整齐齐啊是那样有条理,威严庄重啊是那样严格要求自己,坚定不移啊是那样有始有终,安安静静啊是那样长久不息,高高兴兴啊是那样不懈地坚守着道义,明明白白啊做事多么英明,端端正正啊严格地执行法度,从从容容啊行为是那样合乎礼义,和和乐乐啊是那样喜欢别人的美德,忧心忡忡啊是那样害怕别人行为不当,像这样,就可以叫做圣人了。

　　不学问,无正义,以富利为隆,是俗人者也。

【译文】

　　不学习,没有正义感,把财富和利益作为一生的追求,这是俗人。

　　知之曰知之,不知曰不知,内不自以诬,外不自以欺,以是尊贤畏法而不敢怠傲,是雅儒者也。

【译文】

知道就说知道,不知道就说不知道,对内不自我欺骗,对外不欺骗别人,依照这样尊敬贤人畏惧法制而不敢懈怠骄傲,这就是雅儒。

不闻不若闻之,闻之不若见之,见之不若知之,知之不若行之,学至于行之而止矣。

【译文】

没有听到不如听到,听到不如看到,看到不如了解,了解它不如实践,学习到了实践就终止了。

闻之而不见,虽博必谬;见之而不知,虽识必妄;知之而不行,虽敦必困①。

————

①敦:厚,丰富。

【译文】

听到却没有看到,即使听到得很广博,也一定会有错误;看到了却不了解,即使记住了,也必然虚妄;了解了却不去实践,即使知识丰富,也必然困惑。

性也者,吾所不能为也,然而可化也;情也者,非吾所有也,然而可为也。

【译文】

本性,不是人为造成的,然而可以转化它;积习,不是我们固有的,然而可以养成。

习俗移志,安久移质。

【译文】

行为习惯会改变人的意志,安于习俗时间长了就会改变人的气质。

积土而为山,积水而为海,旦暮积谓之岁,至高谓之天,至下谓之地,宇中六指谓之极①,涂之人百姓积善而全尽谓之圣人。

――

①六指:指上下四方。

【译文】

堆积泥土就会成为高山,积聚水流就会成为大海,一天天积累起来就叫做年,最高的就叫做天,最低的就叫做地,宇宙中六个方向就叫做极,普通百姓积累善行达到了完美就叫做圣人。

求之而后得,为之而后成,积之而后高,尽之而后圣。

【译文】

追求以后才能得到,努力之后才能成功,不断积累才能提高,达到完善然后才能成为圣人。

人知谨注错①,慎习俗,大积靡,则为君子矣;纵性情而不足问学,则为小人矣。

――

①注错:即"注措",安排措置。

【译文】

人们知道举止谨慎,小心地对待风俗习惯,重视积累磨炼,就会成为君子；放纵情性而不好好学习，就会成为小人。

志忍私然后能公，行忍情性然后能修，知而好问然后能才。

【译文】

思想上能克服私心然后能为公，行为上能克服本性然后才美好，聪明而又喜欢请教然后有才能。

王制

贤能不待次而举，罢不能不待须而废①。

———

①罢(pí)：软弱。

【译文】

贤能的人不必按照等级次序进行提拔，软弱无能的人可立即罢免。

贤不肖不杂则英杰至，是非不乱则国家治。

【译文】

贤能的人和不贤能的人不掺杂在一起，那么英雄豪杰就会到来；是与非不混乱，那么国家就会治理好。

凡听，威严猛厉而不好假道人①，则下畏恐而不亲，周闭而不竭，若是，则大事殆乎弛，小事殆乎遂②。和解调通，好假道人而无所凝止之，则奸言并至，尝试之说锋起，若是，则听大事烦，是又伤之也。

——

①假:宽容。

②遂:通"坠"。

【译文】

凡是处理政事,如果过分威严猛厉而不喜欢宽容引导,那么下面的人就会畏惧害怕而不亲近,就会隐瞒实情而不全讲出来,像这样,那么大事就会废弛,小事就会落空。如果凡事随和,喜欢宽容而没有节制,那么邪恶的言论就会一块到来,尝试性的学说就会蜂拥而起,像这样,听到得太多,事情就会烦琐,这对事情也会有损害。

公平者,职之衡也;中和者,听之绳也。

【译文】

公平是职权的尺度,中和是处理政事的准绳。

有法者以法行,无法者以类举,听之尽也;偏党而无经,听之辟也①。

——

①辟:斜僻,偏邪。

【译文】

有法令规定的就依法行使,没有法令规定的就用类推的方法处理,这是处理政事的最好方法;偏袒同党而没有准则,这是处理政事的邪路。

选贤良,举笃敬,兴孝弟①,收孤寡,补贫穷,如是,则庶人安政矣。

①弟:同"悌",尊敬兄长。

【译文】

选用贤良的人,提拔忠厚老实的人,提倡孝悌,收养孤儿寡妇,救济贫穷的人,像这样,那么百姓就安于政治了。

君者,舟也;庶人者,水也。水则载舟,水则覆舟。

【译文】

君主,就像船;百姓,就像水。水能浮起船,水也能倾覆船。

君人者欲安则莫若平政爱民矣,欲荣则莫若隆礼敬士矣,欲立功名则莫若尚贤使能矣,是君人者之大节也。

【译文】

处在君位上的人要想安定没有比政治平和、爱护人民更好的了,要想荣耀没有比遵循礼义、尊敬士人更好的了,要想建立功名没有比崇尚贤良任用能人更好的了,这是做好君主的重要方面。

修礼者王,为政者强,取民者安,聚敛者亡。

【译文】

实行礼义的国家就能统一天下,善理政事的国家就强大,得到民心的国家就安定,聚敛钱财的国家就灭亡。

王者富民,霸者富士,仅存之国富大夫,亡国富筐箧①,实府库。

——

①箧（qiè）：箱子。

【译文】

行王道的君主使百姓富裕，行霸道的君主使士人富裕，勉强生存的国家使大夫富裕，即将灭亡的国家富了国君的箱子，充实了府库。

王夺之人，霸夺之与，强夺之地。

【译文】

王者争夺人心，霸者争夺盟国，强者争夺土地。

伤吾民甚，则吾民之恶我必甚矣；吾民之恶我甚，则日不欲为我斗。

【译文】

伤害自己的民众很厉害，那么自己的民众也一定十分怨恨我；自己的民众十分怨恨我，就会天天不想为我战斗。

知强大者不务强也，虑以王命全其力，凝其德。

【译文】

知道强大之道的君主是不追求武力的，而是考虑利用王命来保全他的力量，积累自己的德行。

存亡继绝，卫弱禁暴，而无兼并之心，则诸侯亲之矣；修友敌之道以敬接诸侯，则诸侯说之矣。所以亲之者，以不并也，并之见则诸侯疏矣；所以说之者，以友敌也，臣之见则诸侯离矣。

【译文】

使将要灭亡的国家得以保存,使将要断绝的后代得以延续,保卫弱小,禁止强暴,却没有兼并他国的野心,那么诸侯就会亲近他;以友好平等的态度同诸侯交往,诸侯就会喜欢他。之所以亲近他,是因为他不兼并别国,如果兼并的意图显现出来,诸侯就会疏远他;之所以喜欢他,是因为他态度友好平等,如果臣服他国之心显现出来,诸侯就会离开他。

仁眇天下①,故天下莫不亲也;义眇天下,故天下莫不贵也;威眇天下,故天下莫敢敌也。以不敌之威,辅服人之道,故不战而胜,不攻而得,甲兵不劳而天下服。

———

①眇(miǎo):高。

【译文】

仁爱高于天下,所以天下人没有不亲近他的;道义高于天下,天下人没有不尊重他的;威望高于天下,天下人没有敢与他为敌的。用无敌的威望,辅助仁义之道,所以不用战斗就可以胜利,不用进攻就可以达到目的,不动用一兵一卒天下就臣服了。

无德不贵,无能不官,无功不赏,无罪不罚,朝无幸位,民无幸生。

【译文】

没有德行就不能尊贵,没有才能就不能当官,没有功劳就不能奖赏,没有罪过就不能惩罚,朝廷上没有侥幸能得到职位的,百姓中没有不务正业能侥幸生存的。

尚贤使能而等位不遗,析愿禁悍而刑罚不过①,百姓晓然皆知夫为善于家而取赏于朝也,为不善于幽而蒙刑于显也。

————

①析愿:当作"折愿"(王念孙说),制裁狡诈的人。愿,通"傆",狡诈。

【译文】

崇尚贤者、任用能者,使等级地位与之相称而没有遗漏,制裁狡诈的人、禁止凶暴的人,而量刑适中,百姓都清楚地知道在家里做好事就会得到朝廷的奖赏,在暗地里做坏事就会在众人面前受到惩罚。

以类行杂,以一行万,始则终,终则始,若环之无端也,舍是而天下以衰矣。

【译文】

以事物的总法则去治理纷杂的事物,用统一的原则贯穿万事万物,从开始到结束,从结束到开始,就像圆环一样没有尽头,舍弃了这个原则那么天下就要衰亡了。

水火有气而无生①,草木有生而无知,禽兽有知而无义,人有气、有生、有知,亦且有义,故最为天下贵也。

————

①气:古人认为气是一种物质,万物都是由气构成的。

【译文】

水火有气却没有生命,草木有生命却没有知觉,禽兽有知觉却没有道义,人有气、有生命、有知觉,而且也有道义,所以是天下最尊贵的。

群道当则万物皆得其宜,六畜皆得其长①,群生皆得其命。

——

①六畜：猪、羊、牛、马、鸡、狗。

【译文】

组织群体的方法得当，万物就各得其宜，六畜都能得以生长，一切生物都能得到各自的寿命。

政令时则百姓一，贤良服。

【译文】

政令适时，百姓就会一心，贤良就会服从。

圣王之制也，草木荣华滋硕之时则斧斤不入山林，不夭其生，不绝其长也；鼋鼍、鱼鳖、鳅鳣孕别之时^①，罔罟毒药不入泽，不夭其生，不绝其长也。

——

①鼋（yuán）：大鳖。鼍（tuó）：鳄鱼的一种。鳣（shàn）：同"鳝"。

【译文】

圣王的制度是，草木开花滋长结果的时期不进入山林砍伐，为的是不使它们过早夭折，不断绝它们的成长；鼋、鼍、鱼、鳖、泥鳅、鳝鱼等产卵的时候，渔网和毒药不能投入湖泽，为的是不使它们过早夭折，不断绝它们的成长。

春耕、夏耘、秋收、冬藏四者不失时，故五谷不绝而百姓有余食也；洿池、渊沼、川泽谨其时禁^①，故鱼鳖优多而百姓有余用也；斩伐养长不失其时，故山林不童而百姓有余材也^②。

———

①洿(wū)池：池塘。

②童：山无草木。

【译文】

春天耕种、夏天锄草、秋天收获、冬天收藏，这四件事都不能失去时节，所以五谷就不会断绝而百姓有多余的粮食；池塘、湖泊、河泽严格禁止一定时期内捕捞，所以鱼鳖繁多而百姓吃不完用不尽；砍伐种植不失时节，所以山林就不会光秃而百姓有多余的木材可用。

案平政教①，审节奏，砥砺百姓，为是之日，而兵刬天下劲矣②；案然修仁义③，优隆高④，正法则，选贤良，养百姓，为是之日，而名声刬天下之美矣。

———

①案：语气词。

②刬(zhuān)：同"专"。劲：强劲。"劲"前当脱一"之"字（王先谦说）。

③然：当为衍文（俞樾说）。

④优：极。隆高：此指最崇高的讲究礼义的政治境界。

【译文】

要平定政教，审察礼乐，训练百姓，做到了这些的日子，那么兵力就是天下最强劲的；实行仁义，推崇礼义，修正法则，选拔贤良，养育百姓，做到了这些的日子，那么名声就是天下最美好的。

权谋倾覆之人退，则贤良知圣之士案自进矣①；刑政平，百姓和，国俗节，则兵劲城固，敌国案自诎矣②；务本事，积财物，而勿忘栖迟薛越也③，是使群臣百姓皆以制度行，则财物积,国家案自富矣。

①案:于是,则。

②诎:屈服。

③薜越:同"屑越",散乱。

【译文】

搞权术要计谋、倾轧别人的人被斥退,那么贤良圣明的人自然就会到来;刑罚政令平和,百姓和睦,国家的风俗节俭,那么就会兵力强劲、城防坚固,敌国自然就会屈服;致力农事,积累财物,而不要随便糟蹋浪费,使群臣百姓都能按制度行事,那么财物就会积聚,国家自然就会富裕。

古之人有以一国取天下者,非往行之也,修政其所莫不愿,如是而可以诛暴禁悍矣。

【译文】

古时的人有凭借一国取得天下的,并不是以武力去征服,而是修明政治使天下人没有不美慕的,像这样就可以诛灭强暴禁止凶悍了。

立身则从佣俗①,事行则遵佣故,进退贵贱则举佣士,之所以接下之人百姓者则庸宽惠,如是者则安存。

①佣:平庸,平常。

【译文】

立身则随从日常的习俗,行事则遵循平常的惯例,举贤任能则推荐普通人,对待下属百姓则宽厚恩惠,像这样的就会安全生存。

富国

人伦并处，同求而异道，同欲而异知，生也^①。

——

①生：天性，本性。

【译文】

人类共处，具有共同的需求而满足需求的方法不一样，具有共同的欲望而实现欲望的智慧却不一样，这是人的本性。

足国之道，节用裕民而善臧其余^①。

——

①臧（cáng）：同"藏"。

【译文】

富国的途径是，节约费用，使人民富裕，并妥善贮存多余的财物。

知节用裕民，则必有仁义圣良之名，而且有富厚丘山之积矣。

【译文】

知道节约费用、使百姓富裕，那就一定会有仁义、贤良的美名，并且财富积累得像山丘一样。

德必称位，位必称禄，禄必称用。

【译文】

道德一定与地位相称，地位一定与俸禄相称，俸禄一定与能力相称。

量地而立国,计利而畜民,度人力而授事,使民必胜事,事必出利,利足以生民,皆使衣食百用出入相掩①,必时臧余,谓之称数。

———

①掩:合。

【译文】

丈量土地来分封诸侯,计算收益来畜养人民,估量人力来安排工作,使人民一定胜任自己的事情,做这些事情一定要有收益,这些收益要足以养活人民,要使衣食及日常费用收支平衡,一定要及时地贮藏多余的财物,这叫做合乎法度。

朝无幸位,民无幸生。

【译文】

朝廷上没有侥幸就能得到的职位,百姓中没有不务正业就能侥幸生存的人。

人之生,不能无群。

【译文】

人的生存,不能离开群体。

君子以德,小人以力。

【译文】

君子依靠道德,小人依靠力气。

赏不行,则贤者不可得而进也;罚不行,则不肖者不可得而退也。贤者不可得而进也，不肖者不可得而退也，则能不能不可得而官也。

【译文】

奖赏不能实行，那么贤能的人就不能得到进用；惩罚不能实行，那么不贤能的人就不能被斥退。贤能的人不能得到进用，不贤能的人不能得到斥退，那么有能力的人和没有能力的人就不可能得到相应的职位。

上得天时，下得地利，中得人和，则财货浑浑如泉源[①]，汸汸如河海[②]，暴暴如丘山[③]。

---

①浑浑：水流的样子。

②汸汸（pāng）：水流盛大的样子。

③暴暴：突起的样子。

【译文】

上得到天时，下得到地利，中得到人和，财货就像泉水一样汩汩而出，像江河大海一样滚滚而来，像丘山一样高高堆积。

僡然要时务民[①]，进事长功，轻非誉而恬失民[②]，事进矣而百姓疾之，是又不可偷偏者也。

---

①僡：通“嘈”。

②恬：安然，满不在乎。

【译文】

忙乱地抢时间强迫人民从事劳动，促进生产提高功效，不管百姓的毁誉，不在乎丧失民心，事业有了进展而百姓却怨恨他，这又是一种不可做的苟且偏激的做法。

垂事养誉不可^①，以遂功而忘民亦不可。

———
①垂：委置，搁置。

【译文】

丢下政事窃取名誉不行，一心想成就功业而忘记百姓也不行。

君国长民者欲趋时遂功，则和调累解，速乎急疾；忠信均辨，说乎赏庆矣；必先修正其在我者，然后徐责其在人者，威乎刑罚。

【译文】

统治国家、领导人民的人，想要争取时间建立功业，那么调和宽缓比急于求成效果更好；忠信公平比奖赏更使人高兴；一定是先纠正自己身上的缺点，然后慢慢批评别人的缺点，比刑罚更有威力。

上一则下一矣，上二则下二矣，辟之若中木^①，枝叶必类本。

———
①中（cǎo）：同"草"。

【译文】

上面一心，下面就一心；上面三心二意，下面就三心二意；就好比草木，它的枝叶一定是由根决定的。

不利而利之，不如利而后利之之利也；不爱而用之，不如爱而后用之之功也。利而后利之，不如利而不利者之利也；爱而后用之，不如爱而不用者之功也。

【译文】

不给人民利益却向人民索取利益，不如先给人民利益而后向他们索取利益更有利；不爱护人民而使用他们，不如先爱护他们而后使用他们更有成效。给人民利益而后索取利益，不如给人民利益而不向他们索取利益更有利；爱护人民而后使用他们，不如爱护人民而不使用他们更有成效。

下贫则上贫，下富则上富。

【译文】

百姓贫穷君主就贫穷，百姓富裕君主就富裕。

百姓时和、事业得叙者，货之源也。

【译文】

百姓按时劳作，生产有秩序，这是货财的源泉。

仁人之用国，将修志意，正身行，伉隆高①，致忠信，期文理②。

————

①伉：极。隆高：此指讲求礼义的崇高政治境界。

②期：通"綦"，极。

【译文】

仁人治理国家，就一定培养意志，端正行为，崇尚礼义，恪守忠信，严守法度。

仁人之用国,非特将持其有而已也,又将兼人。

【译文】

仁人治理国家,并非仅仅维持自己的国家,还要兼顾别国。

王霸

以国齐义,一日而白。

【译文】

整个国家都遵循礼义,一日就能名扬天下。

国者,重任也,不以积持之则不立。

【译文】

国家是最重的担子,不依靠长期积累起来的方法来维持它就不会巩固。

国无礼则不正。礼之所以正国也,譬之犹衡之于轻重也,犹绳墨之于曲直也,犹规矩之于方圆也,既错之而人莫之能诬也。

【译文】

国家没有礼就治理不好。礼用来治理国家,就好比秤是用来衡量轻重的,绳墨是用来分辨曲直的,规矩是用来判断方圆的一样,已经设置好了,就没有人能进行欺骗了。

乱则国危,治则国安。

【译文】

混乱那么国家就危险,大治那么国家就安定。

　　夫人之情，目欲綦色^①，耳欲綦声，口欲綦味，鼻欲綦臭^②，心欲綦佚^③。此五綦者，人情之所必不免也。

①綦（qí）：极，很。
②臭（xiù）：气味。
③佚：安逸。

【译文】

　　人的性情是，眼睛喜欢最美的颜色，耳朵喜欢最美的声音，嘴巴喜欢最好的美味，鼻子喜欢最好的气味，内心喜欢最大的安逸。这五种欲望，是人情所不可避免的。

　　百乐者生于治国者也，忧患者生于乱国者也，急逐乐而缓治国者，非知乐者也。

【译文】

　　各种快乐的事情产生于安定的国家，忧患的事情产生于混乱的国家，急于追求享乐而疏于治理国家的人，并不懂得快乐。

　　无国而不有治法，无国而不有乱法；无国而不有贤士，无国而不有罢士^①；无国而不有愿民^②，无国而不有悍民；无国而不有美俗，无国而不有恶俗。

①罢（pí）士：没有德行的人。罢，弱，无能。
②愿民：朴实善良之民。

【译文】

　　每一个国家都会有使社会安定的法制，每一个国家也都会有使社会混乱的法制;每一个国家都会有贤德之士,每一个国家也都会有不贤德之士;每一个国家都会有朴实的民众,每一个国家也都会有刁悍的民众;每一个国家都会有好风俗,每一个国家也都会有坏风俗。

君人者立隆政本朝而当,所使要百事者诚仁人也,则身佚而国治,功大而名美,上可以王,下可以霸。

【译文】

君主如果在朝廷上制定的最高政治准则得当,所任用的掌管各种政事的人是真正的仁人,那么自身安逸而国家也能得到治理,功绩大而且名声好,上可以称王,下可以称霸。

能当一人而天下取,失当一人而社稷危,不能当一人而能当千百人者,说无之有也。

【译文】

能恰当地任用一个人就能取得天下,错误地任用一个人就会使国家危险,不能恰当地任用一个人而能恰当地任用千百人,这种说法是没有的。

以小人尚民而威①,以非所取于民而巧②,是伤国之大灾也。

———

①尚:通"上"。

②所:时。

【译文】

让小人在人民头上作威作福,以不正当的手段对人民巧取豪夺,这是危害国家的大灾难。

君道

法不能独立，类不能自行，得其人则存，失其人则亡。

【译文】

法制不能自动起作用，条例不能自动施行，得到合适的人，法制就存在，失去善于治国的人，法制就灭亡。

法者，治之端也；君子者，法之原也。

【译文】

法制，是治理的开始；君子，是法制的本源。

不知法之义而正法之数者，虽博，临事必乱。

【译文】

不懂得法制的意义而只增加法律条文的数目，即使繁多，遇到事情必然混乱。

明主急得其人，而暗主急得其势。

【译文】

贤明的君主急于得到治国的人，而昏庸的君主急于掌握权势。

上好礼义，尚贤使能，无贪利之心，则下亦将綦辞让①，致忠信，而谨于臣子矣。

———

①綦（qí）：极，很。

【译文】

君主喜好礼义,崇尚贤人任用能人,没有贪图财利的想法,那么臣下也会非常谦让,非常忠诚守信,而谨守着臣子的本分。

君者,仪也^①,仪正而景正^②;君者,槃也^③,槃圆而水圆;君者,盂也,盂方而水方。

——

①仪:此指日晷(guǐ),利用日影来测量时间的仪器。此句下当有"民者,景也"一句(王念孙说)。

②景:同"影"。

③槃:通"盘"。此句下当有"民者,水也"一句(同上)。

【译文】

君主如同测量时间的日晷,人民如同影子,日晷端正影子也端正;君主如同盘子,人民如同盘中的水,盘子圆水也圆;君主如同盂,人民如同盂中的水,盂方水也方。

君者,民之原也,原清则流清,原浊则流浊。故有社稷者而不能爱民、不能利民,而求民之亲爱己,不可得也。

【译文】

君主,是人民的本源,本源清澈支流就清澈,本源浑浊支流就浑浊。所以拥有国家的人不能爱护人民、不能为人民谋利,却希望人民亲爱自己,那是不可能的。

欲强固安乐,则莫若反之民;欲附下一民,则莫若反之政;欲修政美国^①,则莫若求其人。

———

①国：当为"俗"字（王念孙说）。

【译文】

君主想要强大巩固、安逸享乐，就不如回到人民上来；想要使臣下归附、统一人民，就不如回到政治上来；想要使政治美好、风俗淳朴，就不如寻求有才能的治国之人。

隆礼至法则国有常，尚贤使能则民知方，纂论公察则民不疑①，赏克罚偷则民不怠②，兼听齐明则天下归之。

———

①纂论：汇集议论。

②克：当为"免"字（王念孙说），通"勉"。

【译文】

推崇礼义、法制，那么国家就有秩序；崇尚贤能、任用能人，那么人民就知道方向；汇集议论、公开审察，那么人民就不怀疑；赏勤罚懒，那么人民就不怠慢；全面听取各方面的意见、洞察一切，那么天下就会归顺。

明分职，序事业，材技官能，莫不治理，则公道达而私门塞矣，公义明而私事息矣。

【译文】

明确名分职责，工作有条不紊，使用有技术的人、任用有才能的人，事情都得到治理，那么公正之道就畅通而徇私的后门就堵塞了，公理正义就会显明而图谋私利的事情就停止了。

材人：愿悫拘录①，计数纤啬而无敢遗丧②，是官人使吏之材也;修饬端正,尊法敬分而无倾侧之心,守职循业③,不敢损益,可传世也,而不可使侵夺,是士大夫官师之材也。

———

①愿悫(què):质朴诚笃。拘录:通"劬碌",勤劳。

②纤啬:精打细算。

③循:当为"修"字(卢文弨说)。

【译文】

任用人才的方法:诚实勤勉,计算得十分精细而不敢有遗漏,这是一般官吏的才能;修身养性、正直诚实,遵守法律、敬重名分而没有不正当的想法,忠于职守、加强业务,不敢增加或减少,可以传之后代,而不可以受侵夺,这是士大夫和百官的才能。

臣道

恭敬而逊,听从而敏,不敢有以私决择也,不敢有以私取与也,以顺上为志,是事圣君之义也。

【译文】

恭敬而谦逊,听从而敏捷,不敢以私意去决择,不敢以私意去取舍,以顺从君主作为志向,这是侍奉圣明君主的原则。

敬人有道:贤者则贵而敬之,不肖者则畏而敬之;贤者则亲而敬之,不肖者则疏而敬之。

【译文】

尊敬别人有一定的原则:对贤人就用崇敬的心情来尊敬他,对不贤的人就用畏惧的心情来尊敬他;对贤人就用亲近的方式尊敬他,对不贤的人就用疏远的方式尊敬他。

恭敬,礼也;调和,乐也;谨慎,利也;斗怒,害也。故君子安礼乐利,谨慎而无斗怒,是以百举不过也①。

①百举:办理各种事情。

【译文】

谦恭尊敬,是礼的表现;协调和谐,是乐的表现;谨慎小心,就会有利;争斗愤怒,就会有害。所以君子安守礼节喜欢利益,谨慎小心而没有争斗愤怒,所以一切行动都没有过错。

致士

朋党比周之誉,君子不听;残贼加累之谮①,君子不用;隐忌雍蔽之人②,君子不近;货财禽犊之请③,君子不许。

①谮(zèn):诬陷。

②雍蔽:隔绝。雍,通"壅"。

③禽犊:家禽和小牛,古时用来做馈赠礼物。

【译文】

对结党营私之人的称誉,君子不听从;对残害、加罪于别人的诬陷之词,君子不采用;对妒忌、堵塞贤能的人,君子不亲近;对用钱财礼物进行的贿赂,君子不答应。

凡流言、流说、流事、流谋、流誉、流愬①,不官而衡至者,君子慎之。

——

①愬(sù)：诉说。

【译文】

凡是那些没有根据的言论、说法、事情、计谋、称誉、诉说，不是经过正当途径而来的，君子要小心对待。

闻听而明誉之，定其当而当，然后士其刑赏而还与之^①，如是则奸言、奸说、奸事、奸谋、奸誉、奸愬莫之试也，忠言、忠说、忠事、忠谋、忠誉、忠愬莫不明通，方起以尚尽矣^②。

——

①士：当为"出"字（王引之说）。

②尚：通"上"。

【译文】

对于所听到的要仔细分辨，确定它们是正当的还是不正当的，然后给予处罚或奖赏并立即实施，像这样那么那些奸邪的言论、奸邪的说法、奸邪的事情、奸邪的计谋、奸邪的称誉、奸邪的诉说就没有敢来试探的了，忠诚的言论、忠诚的说法、忠诚的事情、忠诚的计谋、忠诚的称誉、忠诚的诉说就没有不明达畅通，一起呈献给君主了。

川渊深而鱼鳖归之，山林茂而禽兽归之，刑政平而百姓归之，礼义备而君子归之。

【译文】

江河里的水深了那么鱼鳖就会聚集过来，山林茂盛了那么禽兽就会聚集过来，刑罚政令公平了那么百姓就会聚集过来，礼义完备了那么君子就会聚集过来。

礼及身而行修，义及国而政明，能以礼挟而贵名白①，天下愿，令行禁止，王者之事毕矣。

——

①挟：通"浃"，周遍。

【译文】

以礼实施到自身，行为就美好；道义贯彻到国家，政治就清明；能把礼普遍地推行到各个方面，那么名声就显扬，天下人羡慕，有令必然实行，有禁必然制止，那么王者的大业就完成了。

川渊者，龙鱼之居也；山林者，鸟兽之居也；国家者，士民之居也。川渊枯则龙鱼去之，山林险则鸟兽去之①，国家失政则士民去之。

——

①险：通"俭"，少。这里指草木稀疏。

【译文】

江河，是龙鱼的居所；山林，是鸟兽的居所；国家，是士子、人民的居所。江河干枯了那么龙鱼就离去，山林草木稀疏了那么鸟兽就离去，国家政治混乱了那么士子和人民就离去。

无土则人不安居，无人则土不守，无道法则人不至，无君子则道不举。故土之与人也，道之与法也者，国家之本作也。君子也者，道法之总要也，不可少顷旷也。

【译文】

没有土地那么人民就不能安居,没有人民那么土地就不能守护,没有原则和法制那么人民就不会到来,没有君子那么大道就不能实行。所以土地和人民,原则和法制,是国家的根本。君子,是治国原则和法制的总管,片刻也不能缺少。

得众动天,美意延年。

【译文】

得到民众就会感动上天,精神愉悦就会益寿延年。

诚信如神,夸诞逐魂。

【译文】

诚实守信就有如神助,虚夸荒诞就会丧失精魂。

临事接民而以义,变应宽裕而多容,恭敬以先之,政之始也;然后中和察断以辅之,政之隆也①;然后进退诛赏之,政之终也。

——

①隆:中。

【译文】

处理事情、对待人民要用礼义,应付事件要灵活多变而广泛听取意见,用恭敬的态度来引导人民,这是政治的开始;然后用中正和顺、明察决断来辅助他们,这是政治的中间环节;然后进用、斥退、诛罚、奖赏他们,这是政治的终点。

凡节奏欲陵①,而生民欲宽,节奏陵而文,生民宽而安。

——

①节奏：指礼节制度。陵：严格。

【译文】

凡是礼法制度要严格，而养育人民要宽容，礼法制度严格就会文明，养育人民宽容就会安定。

尊严而惮，可以为师；耆艾而信^①，可以为师；诵说而不陵不犯^②，可以为师；知微而论，可以为师。

——

①耆（qí）艾：五十岁称"艾"，六十岁称"耆"。

②陵：侵犯，欺侮。

【译文】

有尊严而使人畏惧，可以做老师；年老而有威信，可以做老师；诵经解说而不违反师说，可以做老师；知道精微的道理而能论说，可以做老师。

若不幸而过，宁僭无滥^①；与其害善，不若利淫。

——

①僭（jiàn）：过分。

【译文】

如果不幸而有过错，那就宁可过分奖赏也不要滥用刑罚；与其伤害好人，不如让小人受利。

议兵

凡用兵攻战之本在乎壹民。弓矢不调，则羿不能以中微;六马不和,则造父不能以致远;士民不亲附,则汤、武不能以必胜也。故善附民者,是乃善用兵者也。故兵要在乎善附民而已。

【译文】

凡是用兵作战的根本在于统一人心。弓箭不协调,即使后羿也不能射中目标;六匹马不配合,即使造父也不能到达远方;士民不亲附,即使汤、武也不能一定取胜。所以善于亲附人民的,就是善于用兵的人。所以用兵的关键在于善于亲附人民罢了。

君贤者其国治,君不能者其国乱。隆礼贵义者其国治,简礼贱义者其国乱。治者强,乱者弱,是强弱之本也。

【译文】

君主贤能的,他的国家就会安定;君主无能的,他的国家就会混乱。崇尚礼义、重视道义的,他的国家就安定;怠慢礼义、轻视道义的,他的国家就混乱。安定的国家就强大,混乱的国家就弱小,这是国家强弱的根本。

好士者强,不好士者弱;爱民者强,不爱民者弱;政令信者强,政令不信者弱;民齐者强,民不齐者弱;赏重者强,赏轻者弱;刑威者强,刑侮者弱;械用兵革攻完便利者强[1],械用兵革窳楛不便利者弱[2];重用兵者强,轻用兵者弱;权出一者强,权出二者弱,是强弱之常也。

———

①攻:通"工",精巧。

②窳楛(yǔ kǔ):器物粗劣、不牢固。

【译文】

喜欢贤士的就强大，不喜欢贤士的就弱小；爱护人民的就强大，不爱护人民的就弱小；政令有信用的就强大，政令没有信用的就弱小；人民齐心协力的就强大，人民不齐心协力的就弱小；奖赏慎重的就强大，奖赏轻率的就弱小；刑罚威严的就强大，刑罚轻慢的就弱小；器械、用具、兵器、盔甲精致完备又便于使用的就强大，器械、用具、兵器、盔甲粗劣不牢固又不便使用的就弱小；慎重用兵的就强大，轻率用兵的就弱小；权力出于一人的就强大，权力出于两人的就弱小，这是强弱的常规。

兵大齐则制天下，小齐则治邻敌。

【译文】

军队高度齐心就会统治天下，比较齐心就会打败邻近的敌国。

知莫大乎弃疑，行莫大乎无过，事莫大乎无悔。事至无悔而止矣，成不可必也。

【译文】

智慧没有比放弃疑虑更高的了，行为没有比不犯过错更好的了，事情没有比不后悔更重要的了。事情做到了不后悔的地步就可以了，而不能要求一定成功。

制号政令，欲严以威；庆赏刑罚，欲必以信；处舍收藏^①，欲周以固；徙举进退，欲安以重，欲疾以速；窥敌观变，欲潜以深，欲伍以参；遇敌决战，必道吾所明，无道吾所疑，夫是之谓六术。

①臧：同"藏"。

【译文】

制度、号令、政策、法令，要严厉而有威信；奖赏、刑罚，要坚决而讲信用；营垒、仓库，要周密而坚固；转移、进退，要安全而稳重，要敏捷而迅速；窥测敌情、观察变化，要隐蔽而深入，要反复比较核实；遇到敌人进行决战，一定要根据自己明了的情况去行动，不要根据自己有疑虑的情况去行动，这就叫做六种战术。

无欲将而恶废，无急胜而忘败，无威内而轻外，无见其利而不顾其害，凡虑事欲孰而用财欲泰^①，夫是之谓五权。

①孰：同"熟"。泰：不吝啬。

【译文】

不要只想保住将位而怕被撤职，不要急于求胜而忘记可能失败，不要只对内威严而轻视外敌，不要只看到有利的一面而不顾及有害的一面，凡是考虑事情一定要深思熟虑而在用财物进行奖赏时不要吝啬，这就叫做五种权衡的事。

可杀而不可使处不完，可杀而不可使击不胜，可杀而不可使欺百姓，夫是之谓三至。

【译文】

宁可被杀而不能让军队驻扎在不安全的地方，宁可被杀也不能让军队打不能取胜的仗，宁可被杀也不能让军队来欺负百姓，这就叫做三项最高的原则。

凡受命于主而行三军,三军既定,百官得序,群物皆正,则主不能喜,敌不能怒,夫是之谓至臣。

【译文】

凡是受命于君主而统率三军,三军已经安定,百官各司其职,各种事情有条不紊,那么君主不能使他高兴,敌人不能使他愤怒,这就叫做最好的将领。

虑必先事而申之以敬,慎终如始,终始如一,夫是之谓大吉。

【译文】

行动之前一定要深思熟虑而又慎之又慎,谨慎地对待结束就像开始一样,始终如一,这就叫做最大的吉利。

凡百事之成也必在敬之,其败也必在慢之。

【译文】

大凡事情的成功一定在于恭敬,失败一定在于怠慢。

敬胜怠则吉,怠胜敬则灭;计胜欲则从,欲胜计则凶。

【译文】

谨慎胜过怠慢就吉利,怠慢胜过谨慎就灭亡;筹划胜过欲望就顺利,欲望胜过筹划就凶险。

战如守,行如战,有功如幸。

【译文】

攻战如同防守,行军如同作战,取得战功就像侥幸得到一样。

敬谋无圹①,敬事无圹,敬吏无圹,敬众无圹,敬敌无圹,夫是之谓五无圹。

①圹(kuàng):通"旷",荒废,松懈。

【译文】

谨慎地谋划而不懈怠,谨慎地对待事情而不懈怠,谨慎地对待官吏而不懈怠,谨慎地对待士兵而不懈怠,谨慎地对待敌人而不懈怠,这就叫做五种不懈怠。

将死鼓,御死辔,百吏死职,士大夫死行列。

【译文】

将领要为战鼓而死,驾车的要为缰绳而死,百官要为职守而死,军士要死在战斗的行列中。

闻鼓声而进,闻金声而退①,顺命为上,有功次之。

①金声:敲钲(zhēng)的声音。古时作战,击鼓表示进军,鸣金表示收兵。

【译文】

听到击鼓声就前进,听到鸣金声就撤退,服从命令最重要,建立军功是次要的。

礼者,治辨之极也①,强国之本也,威行之道也,功名之总也。

———

①辨：同"办"，治理。

【译文】

礼，是治理国家的最高准则，是使国家强大的根本，是威力盛行天下的途径，是建立功名的纲要。

坚甲利兵不足以为胜，高城深池不足以为固，严令繁刑不足以为威，由其道则行，不由其道则废。

【译文】

坚固的铠甲和锐利的兵器不足以取得胜利，高高的城墙和深深的护城河不足以坚不可破，严厉的法令和繁多的刑罚不足以威吓人民，遵循礼义之道就通行，不遵循礼义之道就失败。

厚德音以先之，明礼义以道之，致忠信以爱之，尚贤使能以次之，爵服庆赏以申之，时其事、轻其任以调齐之，长养之，如保赤子。

【译文】

要加强道德声望来引导人民，明确礼义来指导人民，务求忠信来爱护人民，尊崇贤人、使用能人来安置人民，用爵位、服饰、奖赏来激励他们，依据时节安排事务、减轻他们的负担来调节他们，养育他们，就像保护婴儿一样。

暴悍勇力之属为之化而愿①，旁辟曲私之属为之化而公②，矜纠收缭之属为之化而调③，夫是之谓大化至一。

①愿:质朴,忠厚。

②旁辟:邪辟。

③矜纠收缭:指骄傲、急躁、乖戾。

【译文】

凶暴、强悍、勇猛、强壮的人得到教化而忠厚,偏颇、邪僻、自私的人得到教化而公正,骄傲、急躁、暴戾的人得到教化而心平气和,这就叫做最高教化的极点。

凝士以礼,凝民以政,礼修而士服,政平而民安。

【译文】

团结士人要用礼义,团结人民要用政治,礼义美好那么士人就臣服,政治清明那么人民就安定。

强国

礼义则修,分义则明,举错则时,爱利则形①,如是,百姓贵之如帝,高之如天,亲之如父母,畏之如神明,故赏不用而民劝,罚不用而威行,夫是之谓道德之威。

①形:通"刑"。

【译文】

礼乐制度美好,名分等级清楚,行为措施适宜,爱民利民有法,像这样,百姓就会像对待上帝一样尊重他,把他看得像天一样高,像亲近父母一样亲他,像对待神明一样敬畏他,所以不用奖赏而人民就努力,不用刑罚而威势就遍行天下,这就叫做合乎道德的威势。

凡得胜者必与人也,凡得人者必与道也。道也者何也? 曰:礼让忠信是也。

【译文】

凡是得到胜利的就一定依靠人民,凡是得到人心的就一定依靠大道。大道是什么? 回答是:礼义、辞让、忠信。

自四五万而往者强胜,非众之力也,隆在信矣;自数百里而往者安固,非大之力也,隆在修政矣。

【译文】

人口在四五万以上的国家能够强大取胜,并不是靠人多的力量,关键在于讲信用;领土在方圆百里以上的国家能够安定巩固,并不是靠土地广大的力量,关键在于搞好政事。

人莫贵乎生,莫乐乎安,所以养生安乐者莫大乎礼义。人知贵生乐安而弃礼义,辟之是犹欲寿而殁颈也[①],愚莫大焉。

———

①辟:通"譬"。殁(wěn):通"刎"。

【译文】

人没有比生命更贵重的,没有比安定更快乐的,而用来保养生命、取得安定快乐的途径没有比礼义更重要的了。人们知道珍惜生命、喜好安定快乐却抛弃礼义,就好比想长寿却割断脖子,没有比这更愚蠢的了。

积微,月不胜日,时不胜月,岁不胜时。

【译文】

积累微小的事情,每月积累不如每日积累,每季积累不如每月积累,每年积累不如每季积累。

凡人好敖慢小事^①,大事至然后兴之务之,如是则常不胜夫敦比于小事者矣^②。

①敖:傲慢。

②敦比:治理。

【译文】

一个人大凡喜欢轻视小事,大事到来才努力去做,像这样就常常不如认真治理小事的人了。

善日者王,善时者霸,补漏者危,大荒者亡。故王者敬日,霸者敬时,仅存之国危而后戚之,亡国至亡而后知亡,至死而后知死,亡国之祸败不可胜悔也。

【译文】

珍惜每天时光的君主就称王,珍惜每季时光的君主就称霸,出了漏洞再去补救的君主就危险,时间都荒废的君主就灭亡。称王的君主重视每一天,称霸的君主重视每一季,勉强存在的国家陷入危险后君主才担忧,亡国的君主国家灭亡后才知道灭亡,大难临头才知道死亡,亡国的祸乱悔不胜悔。

堂上不粪^①,则郊草不瞻旷芸^②;白刃扞乎胸^③,则目不见流矢;拔戟加乎首^④,则十指不辞断。非不以此为务也,疾养缓急之有相先者也^⑤。

————

①粪：扫除。

②瞻旷：当为衍文（王念孙说）。芸：通"耘"，除草。

③扦（hàn）：犯。

④拔：疾。

⑤疾：痛。养：通"痒"。

【译文】

厅堂上面没有打扫，那么郊外的野草就顾不上清除；雪亮的刀子刺到胸前，那么眼睛就看不到飞来的箭；迅猛的戟砸到头上，那么就顾不上十指被砍断。并不是认为这些不要紧，而是痛痒缓急有先有后。

天论

天行有常，不为尧存，不为桀亡。应之以治则吉，应之以乱则凶。

【译文】

天道有一定的规律，不因为尧而存在，不因为桀而灭亡。用安定来适应它就吉利，用混乱来适应它就凶险。

强本而节用，则天不能贫；养备而动时，则天不能病。

【译文】

加强农业而节约费用，那么上天也不能使他贫穷；衣食充足而按时劳作，那么上天也不能使他生病。

本荒而用侈，则天不能使之富；养略而动罕^①，则天不能使之全；倍道而妄行^②，则天不能使之吉。

――――

①略：减少。罕：希。

②倍：通"背"。

【译文】

农业荒废而生活奢侈，那么上天也不能使他富裕；衣食不足而又懒惰，那么上天也不能使他健康；违背大道而胡作非为，那么上天也不能使他吉利。

明于天人之分，则可谓至人矣^①。

――――

①至人：思想或道德修养最高超的人。

【译文】

明白了天和人的不同，就可以算得上是至人了。

天有其时，地有其财，人有其治，夫是之谓能参。

【译文】

天有它的时节变化，地有它的财富资源，人有他的治理方法，这就叫做能与天地相匹配。

万物各得其和以生，各得其养以成。

【译文】

万物各自得到和气而生长，各自得到滋养而成熟。

大巧在所不为,大智在所不虑。

【译文】

最能干的人在于不去做不应该做的事情,最聪明的人在于不考虑不应该考虑的问题。

所志于天者^①,已其见象之可以期者矣;所志于地者,已其见宜之可以息者矣;所志于四时者,已其见数之可以事者矣;所志于阴阳者,已其见知之可以治者矣^②。

———

①志:认识。

②知:当为"和"字(王念孙说)。

【译文】

对于天的认识,根据出现的天象就可以推测出来;对于地的认识,根据它适宜生长的条件就可以去繁衍种植;对于四时的认识,根据它的变化规律就可以安排农事;对于阴阳的认识,根据它显现出的和谐就可以来处理政事。

天不为人之恶寒也辍冬,地不为人之恶辽远也辍广,君子不为小人匈匈也辍行^①。

———

①匈匈:通"讻讻",喧哗的声音。

【译文】

上天并不因人们厌恶寒冷就停止冬天,大地并不因人们厌恶辽远就不再宽广,君子并不因小人的叫嚣就停止行动。

天有常道矣,地有常数矣,君子有常体矣。

【译文】

上天有一定的规律,大地有一定的法则,君子有一定的行为标准。

君子道其常而小人计其功。

【译文】

君子按行为标准行事而小人计较眼前的功利。

君子敬其在己者,而不慕其在天者;小人错其在己者^①,而慕其在天者。君子敬其在己者而不慕其在天者,是以日进也;小人错其在己者而慕其在天者,是以日退也。

———

①错:通"措",放弃,放下。

【译文】

君子慎重地对待取决于自己的事情,而不羡慕取决于上天的事情;小人舍弃取决于自己的事情,而羡慕取决于上天的事情。君子恭敬地对待取决于自己的事情,而不羡慕取决于上天的事情,所以每天都进步;小人舍弃取决于自己的事情,而羡慕取决于上天的事情,所以每天都退步。

在天者莫明于日月,在地者莫明于水火,在物者莫明于珠玉,在人者莫明于礼义。

【译文】

天上没有比日月更明亮的了,地上没有比水火更明亮的了,万物中没有比珠玉更明亮的了,人间没有比礼义更明亮的了。

人之命在天,国之命在礼。

【译文】

人的命运取决于上天,国家的命运取决于礼义。

大天而思之,孰与物畜而制之? 从天而颂之,孰与制天命而用之? 望时而待之,孰与应时而使之? 因物而多之,孰与骋能而化之[①]? 思物而物之,孰与理物而勿失之也? 愿于物之所以生,孰与有物之所以成? 故错人而思天[②],则失万物之情。

――――

①骋:发挥。

②错:通"措",放下,放弃。

【译文】

尊崇上天而仰慕它,哪比得上把它作为物蓄养起来而控制它? 顺从上天而歌颂它,哪比得上掌握自然规律而利用它? 盼望天时而等待它,哪比得上顺应天时而使它为人类所用? 随顺万物的自然生长而使它增多,哪比得上施展才能而改造它? 思慕万物而想占为己有,哪比得上促进万物的成长而不失去它? 希望了解万物产生的过程,哪比得上促进万物的成长? 所以舍弃人的努力而指望上天,那就违反了万物的本性。

水行者表深,表不明则陷;治民者表道,表不明则乱。

【译文】

涉水的人要用标志表明深度,标志不明确就会沉入水底;治理人民的人应当用道作为标准,标准不明确就会混乱。

万物为道一偏，一物为万物一偏，愚者为一物一偏，而自以为知道，无知也。

【译文】

万物是大道的一部分，一物是万物的一部分，愚蠢的人只看到了一物的一部分，却自认为了解了大道，实在是太无知了。

有后而无先，则群众无门；有诎而无信，则贵贱不分；有齐而无畸，则政令不施；有少而无多，则群众不化。

【译文】

只有后退而没有前进，那么群众就失去了方向；只有委曲而没有进取，那么贵贱就没有了分别；只有齐同而没有不同，那么政令就不能实施；只有寡欲而没有多欲，那么群众就得不到教化。

正论

主道利明不利幽，利宣不利周。

【译文】

君主的治国大道宜于明白而不宜幽暗，宜于公开而不宜隐蔽。

恶之者众则危。

【译文】

厌恶他的人多就危险。

天下者，至重也，非至强莫之能任；至大也，非至辨莫之能分；至众也，非至明莫之能和。

【译文】

天下,是最沉重的担子,不是最强有力的人不能担任;范围是最广大的,不是最明辨的人不能区分它;民众最多,不是最英明的人不能调和他们。

德不称位,能不称官,赏不当功,罚不当罪,不祥莫大焉。

【译文】

道德与地位不相称,能力与官职不相称,奖赏与功劳不相称,惩罚与罪行不相称,这是最大的不祥。

图德而定次,量能而授官。

【译文】

根据德行决定位次,衡量才能授予官职。

虽以见侮为辱也,不恶则不斗;虽知见侮为不辱,恶之则必斗。

【译文】

即使把受到侮辱当作耻辱,不憎恨就不会争斗;即使懂得受到侮辱不是耻辱,憎恨就一定会争斗。

礼论

人生而有欲,欲而不得,则不能无求;求而无度量分界,则不能不争;争则乱,乱则穷。

【译文】

人生下来就有欲望,欲望得不到满足,就不能不去追求;一味追求而没有限度和界限，就不能不争夺；争夺就会混乱，混乱就会陷于困境。

使欲必不穷于物，物必不屈于欲，两者相持而长，是礼之所起也。

【译文】

使欲望必定不因财物的缺乏而得不到满足，财物必定不因满足欲望而耗尽，二者互相制约而增长，这是礼产生的原因。

人苟生之为见，若者必死；苟利之为见，若者必害；苟怠惰偷懦之为安，若者必危；苟情说之为乐，若者必灭。

【译文】

一个人如果只看到生，这样的人就一定会死；如果只看到利益，这样的人就一定会受到损害；如果只安于懈怠、懒惰、苟安，这样的人就一定危险；如果只喜欢纵情欢乐，这样的人就一定会灭亡。

礼有三本：天地者，生之本也；先祖者，类之本也；君师者，治之本也。无天地恶生？无先祖恶出？无君师恶治？三者偏亡焉，无安人。故礼上事天，下事地，尊先祖而隆君师，是礼之三本也。

【译文】

礼有三个本源：天地，是生命的本源；祖先，是种族的本源；君主，是治国的本源。没有天地，哪有生命？没有祖先，后代怎么出生？没有君主，怎么治国？这三个方面缺少一个，人们就不会安定。所以礼上事奉天，下事奉地，尊敬祖先而推崇君主，这是礼的三个本源。

绳墨诚陈矣，则不可欺以曲直；衡诚县矣①，则不可欺以轻重；规矩诚设矣，则不可欺以方圆；君子审于礼，则不可欺以诈伪。故绳者，直之至；衡者，平之至；规矩者，方圆之至；礼者，人道之极也。

———

①县（xuán）：挂。

【译文】

墨线真的摆在了面前，就不能用曲直来欺骗了；秤真的悬挂在了面前，就不能用轻重来欺骗了；圆规曲尺真的放在了面前，就不能用方圆来欺骗了；君子了解了礼，就不能用伪诈来欺骗了。因此，墨线，是直的最高标准；秤，是公平的最高标准；规矩，是方圆的最高标准；礼，是人道的最高准则。

生，人之始也；死，人之终也。终始俱善，人道毕矣。故君子敬始而慎终。终始如一，是君子之道，礼义之文也①。

———

①文：表现形式。

【译文】

生，是人生的开始；死，是人生的终结。终结与开始都处理得很完善，为人之道就完备了。所以君子严肃地对待生又慎重地对待死。对待死与对待生一样，这是君子的原则，礼义的体现。

量食而食之，量要而带之①。

———

①要：同"腰"。

【译文】

要根据食量来吃饭,要依据腰围来系带。

无性则伪之无所加①,无伪则性不能自美。

————

①伪:人为。

【译文】

没有本性那么人为就无从施加,没有人为那么本性就不能自己完美。

乐论

乐者,圣王之所乐也,而可以善民心,其感人深,其移风易俗,故先王导之以礼乐而民和睦。

【译文】

音乐,是圣人所喜欢的,可以用它来改善民心,它能深深地感动人,能改变风俗,所以先王用礼乐来引导人民而人民就和睦。

穷本极变,乐之情也;著诚去伪,礼之经也。

【译文】

深入人们的内心,根本改变人们的情性,这是音乐的本质;显明真诚、去掉虚伪,这是礼的原则。

解蔽

凡人之患,蔽于一曲而暗于大理。

【译文】

大凡人们的毛病,就是被偏见所蒙蔽而不明白全面的道理。

心不使焉,则白黑在前而目不见,雷鼓在侧而耳不闻。

【译文】

不用心,就是黑白摆在面前而眼睛也看不到,雷鼓在一旁响而耳朵也听不到。

故为蔽①:欲为蔽,恶为蔽;始为蔽,终为蔽;远为蔽,近为蔽;博为蔽,浅为蔽;古为蔽,今为蔽。

———

①故:通"胡",什么。

【译文】

什么造成了蒙蔽?欲望会造成蒙蔽,厌恶会造成蒙蔽;只看到开始会造成蒙蔽,只看到结果也会造成蒙蔽;疏远会造成蒙蔽,亲近也会造成蒙蔽;广博会造成蒙蔽,肤浅也会造成蒙蔽;好古会造成蒙蔽,好今也会造成蒙蔽。

勉之强之,其福必长。

【译文】

勤勉努力,他的幸福一定长久。

心未尝不臧也,然而有所谓虚;心未尝不满也①,然而有所谓一;心未尝不动也,然而有所谓静。

——

①满：当为"两"字（杨倞说）。

【译文】

心未尝不储藏东西，然而有所谓虚空；心未尝不能同时认识两种事物，然而有所谓专一；心未尝不活动，然而有所谓安静。

心枝则无知^①，倾则不精，贰则疑惑。

——

①枝：分散。

【译文】

心分散就学不到知识，偏颇了就不精确，一心二用就会疑惑。

身尽其故则美，类不可两也，故知者择一而壹焉。

【译文】

全身心地了解事物是美好的，任何一类事物都不是三心二意所能认识的，所以聪明的人选择一件事而专心去做。

农精于田而不可以为田师，贾精于市而不可以为贾师^①，工精于器而不可以为器师。有人也，不能此三技而可使治三官，曰：精于道者也，精于物者也^②。精于物者以物物，精于道者兼物物。

——

①贾：当为"市"字（王念孙说）。

②精于物者也：此句前当脱一"非"字（俞樾说）。

【译文】

农民精通种田而不可以成为管理农业的官,商人精通经商而不可以成为管理市场的官,工匠精通制造器具而不可以成为管理器具的官。有些人不会这三种技能却可以让他管理这三种行业,所以说:要精于大道,而不能只是精于具体事物。精于具体事物的人只能治理这一种事物,精于大道的人可以治理各种事物。

人心譬如槃水①,正错而勿动②,则湛浊在下而清明在上③,则足以见须眉而察理矣。微风过之,湛浊动乎下,清明乱于上,则不可以得大形之正也。心亦如是矣。

————

①槃:通"盘"。

②错:通"措"。

③湛:同"沉"。

【译文】

人心就像一盘水,端正地放着而不去摇动它,那么它的泥渣就会沉到下面而清澈的水浮在上面,就能够照见人的胡须眉毛并能看清人的肌肤纹理了。微风吹过,泥渣在下面晃动,清澈的水在上面乱动,就不能看见人体的本来面貌了。心也是这样。

好书者众矣,而仓颉独传者①,壹也;好稼者众矣,而后稷独传者②,壹也;好乐者众矣,而夔独传者③,壹也;好义者众矣,而舜独传者,壹也。

————

①仓颉:传说黄帝时的史官,发明了文字。

②后稷：传说是尧时的农官，周朝的始祖，姬姓，名弃。

③夔（kuí）：相传是尧、舜时的乐官。

【译文】

　　喜欢文字的人很多，却只有仓颉的名声流传了下来，就是因为他用心专一；喜欢种庄稼的人很多，却只有后稷的名声流传了下来，就是因为他用心专一；喜欢音乐的人很多，却只有夔的名声流传了下来，就是因为他用心专一；喜欢道义的人很多，却只有虞舜的名声流传了下来，就是因为他用心专一。

　　自古及今，未尝有两而能精者也。

【译文】

　　从古到今，从来没有过三心二意而能精通一件事情的人。

　　凡观物有疑，中心不定，则外物不清。吾虑不清，则未可定然否也。

【译文】

　　凡是观察事物时有疑问，心中不能确定，那么对外界事物就认识不清楚。自己的思虑不清晰，就不能判定对错。

　　凡以知，人之性也；可以知，物之理也。

【译文】

　　可以认识事物，这是人的本性；可以被认识，这是事物的规律。

　　为之无益于成也，求之无益于得也，忧戚之无益于几也①，则广焉能弃之矣②。不以自妨也，不少顷干之胸中。

———

①几:通"冀"。

②广:通"旷",远。

【译文】

做了也不会有助于成功,追求了也不会有所获得,忧虑也无益于实现愿望,那就要远远地将它们抛弃。不让它们来妨碍自己,也不让它们在心中片刻干扰自己。

不慕往,不闵来①。

———

①闵:忧虑,担心。

【译文】

不美慕过去,不忧虑将来。

当时则动,物至而应,事起而辨①。

———

①辨:同"办"。

【译文】

时机来了就要行动,外物来了就要应付,事情发生了就要处理。

正名

君子之言,涉然而精①,俛然而类②,差差然而齐③。

———

①涉然:深入的样子。

②俛然：贴近的样子。俛，同"俯"。

③差差（cī）然：参差不齐的样子。

【译文】

君子的言论，深刻而精微，中肯而有条理，错落参差而始终如一。

知者之言也，虑之易知也，行之易安也，持之易立也，成则必得其所好而不遇其所恶焉。

【译文】

明智人的言论，考虑起来容易理解，实行起来容易做到，坚持起来容易立得住脚，成功了就一定得到自己喜欢的而不会遇到自己厌恶的。

欲不待可得，所受乎天也；求者从所可，受乎心也。

【译文】

欲望是不靠得到才产生的，是生来就有的；追求欲望的人认为可以得到才去争取，是受心驱使的。

人之所欲，生甚矣；人之所恶，死甚矣。

【译文】

人们想得到的，莫过于生；人们所厌恶的，莫过于死。

欲虽不可尽，可以近尽也；欲虽不可去，求可节也。所欲虽不可尽，求者犹近尽；欲虽不可去，所求不得，虑者欲节求也。

【译文】

欲望不可能完全得到满足，可以接近于完全得到满足；欲望虽然不可能去掉,对欲望的追求可以节制。欲望虽然不可能完全得到满足,追求的人还可以接近完全得到满足;欲望虽然不可能去掉,所追求的得不到,善于思虑的人就会节制追求。

无稽之言①,不见之行,不闻之谋,君子慎之。

——

①无稽:无从查考,没有根据。

【译文】

没有根据的言论,没有见过的行为,没有听过的计谋,君子要小心对待。

性恶

人之性恶,其善者伪也①。

——

①伪:人为。

【译文】

人的本性是恶的,善良的行为是人为的。

今人之性恶,必将待师法然后正,得礼义然后治。

【译文】

现在人的本性是恶的,一定要依靠老师和法度然后才能端正,得到礼义然后才能治理。

化师法,积文学,道礼义者为君子;纵性情,安恣睢①,而违礼义者为小人。

———

①恣睢：放纵暴戾。

【译文】

得到老师和法度的教化，积累文化知识，遵循礼义的就是君子；放纵性情，任意胡作非为，违背礼义的就是小人。

凡性者，天之就也，不可学，不可事；礼义者，圣人之所生也，人之所学而能，所事而成者也。

【译文】

凡是本性，是天然生成的，不能学习，不能人为做到的；礼义，是圣人制定的，人们学习就会，努力去做就能成功的。

饥而欲饱，寒而欲暖，劳而欲休，此人之情性也。

【译文】

饿了就想吃饱，冷了就想穿暖，累了就想休息，这是人的性情。

圣人者，人之所积而致矣。

【译文】

圣人，是人们积累善行而达到的。

可以为，未必能也；虽不能，无害可以为。

【译文】

可以做到，未必能做到；即使不能做到，也不妨害可以做到。

天下知之，则欲与天下同苦乐之；天下不知之，则傀然独立天地之间而不畏①。

———

①傀（guī）然：独立的样子。

【译文】

天下人了解自己，就与天下人同甘苦共患难；天下人不了解自己，就独立于天地之间而无所畏惧。

人虽有性质美而心辩知，必将求贤师而事之，择良友而友之。

【译文】

人即使有美好的资质和辨别理解力，也一定要寻求贤能的老师来侍奉他，选择好的朋友与他们交往。

不知其子视其友，不知其君视其左右。

【译文】

不了解儿子看看他的朋友，不了解君主看看他的左右。

君子

刑当罪则威，不当罪则侮；爵当贤则贵，不当贤则贱。

【译文】

刑罚与罪行相称就有威力，与罪行不相称就受到轻侮；爵位与贤能相称就受到尊重，与贤能不相称就受到鄙视。

成相

拒谏饰非,愚而上同国必祸。

【译文】

拒绝纳谏又饰过,愚蠢而又善迎合,国家必定遭大祸。

曷谓罢①？国多私,比周还主党与施②。远贤近谗,忠臣蔽塞主势移。

①罢(pí):无能。

②比周:结党营私。还:通"营",迷惑。党与:同党之人。

【译文】

什么叫做无德行？国人大多将利图,拉帮结伙蒙蔽主,周围到处设党羽。疏远贤人用谗人,忠臣蔽塞无出路,君主权势遭人夺。

水至平,端不倾,心术如此象圣人。

【译文】

一碗水平又平,端起碗来水不倾,人们的心术都如此,可与圣人相比拟。

治之经,礼与刑,君子以修百姓宁。明德慎罚,国家既治四海平。

【译文】

治理国家的总纲领,礼法与刑罚一并用,君子用它来修行,百姓靠它得安宁。宣扬德行慎用刑,国家安定四海平。

思乃精，志之荣，好而壹之神以成。

【译文】

思维能专精，思想自然就光明，只要专心致志，就会通于神明。

不知戒，后必有。

【译文】

不知道引起警惕，以后必定会失误。

观往事，以自戒，治乱是非亦可识。

【译文】

纵观古代的历史，值得我们来警惕，治乱是非很清晰。

臣下职，莫游食。

【译文】

臣子要把职责记，不能游手好闲吃白食。

务本节用财无极。

【译文】

以农为本节费用，财富才会很充实。

守其职，足衣食。

【译文】

臣下坚守其本职，才会有的穿来有的吃。

刑称陈，守其银①，下不得用轻私门。罪祸有律②，莫得轻重威不分。

———

①银:通"垠",界限。

②祸:通"过",罪过。

【译文】

刑法的标准示于众,严格遵守那规定,不得徇私轻用刑。处罚罪过有律令,不许减轻或加重,否则威权不分明。

听之经①,明其请②,参伍明谨施赏刑③。显者必得,隐者复显民反诚。

———

①听:听政。

②请:通"情"。

③参伍:同"叁伍",即"三五",指多次调查研究。

【译文】

处理政事有要领,真实情况要搞清,反复调查小心实施赏和刑。明显的要弄清,隐藏的要查明,人民才能归真诚。

言有节①,稽其实②,信诞以分赏罚必③。

———

①节:法度。

②稽:考核。

③信诞:诚实和欺诈。

【译文】

说话要依据法令,事实情况要查明,真实、荒唐要分清,赏罚一定要实行。

大略

水行者表深,使人无陷;治民者表乱,使人无失。

【译文】

涉水的人要标明水的深度,使人不要陷入水中;治理人民的人要表明祸乱,使人不要有过失。

礼也者,贵者敬焉,老者孝焉,长者弟焉①,幼者慈焉,贱者惠焉。

――――

①弟:通"悌",敬爱兄长。

【译文】

所谓礼义,就是对尊贵的人要尊敬,对年老的人要孝顺,对年长的人要敬爱,对年幼的人要慈爱,对卑贱的人要布施恩惠。

为政不以礼,政不行矣。

【译文】

处理政事不用礼,政令就不能实行。

祸与福邻,莫知其门。

【译文】

祸患与幸福邻近,没有人知道它们的所在。

治民不以礼,动斯陷矣。

【译文】

治理人民不按照礼,举动就会失误。

有谏而无讪^①,有亡而无疾^②,有怨而无怒。

———

①讪(shàn):诽谤。

②疾:嫉恨。

【译文】

能劝谏而不能诽谤,能离开而不能憎恨,能埋怨而不能愤怒。

礼者,人之所履也,失所履,必颠蹶陷溺。

【译文】

礼,是人们行为的依据,失去了这个行为依据,必定会跌倒沉溺。

士有妒友,则贤交不亲;君有妒臣,则贤人不至。

【译文】

士有妒忌的朋友,那么同贤人的交往就不亲密;君主有妒忌的臣子,那么贤人就不会到来。

口能言之,身能行之,国宝也。口不能言,身能行之,国器也。口能言之,身不能行,国用也。口言善,身行恶,国妖也。治国者敬其宝,爱其器,任其用,除其妖。

【译文】

嘴里能说,身体能力行,这是国家的宝贝。嘴里不能说,身体能力行,这是国家的器具。嘴里能说,身体不能力行,这是国家的工具。嘴里说好话,干的却是坏事,这是国家的妖孽。治理国家的人尊敬他的宝贝,爱护他的器具,使用他的工具,除掉他的妖孽。

不富无以养民情,不教无以理民性。
【译文】

不使人民富裕就不能调养人民的感情,不教育就不能改变人民的本性。

志卑者轻物,轻物者不求助;苟不求助,何能举?
【译文】

志向卑微的人轻视事业,轻视事业的人不求贤人的帮助;如果不求贤人的帮助,怎么能成就事业?

夫亡箴者①,终日求之而不得,其得之,非目益明也,眸而见之也②。心之于虑亦然。

———

①箴:同“针”。
②眸:通“芮(mào)”,低头仔细看。

【译文】

有个丢失了针的人,整天找也找不到,后来找到了,并不是眼睛比以前明亮了,而是低头仔细找才找到了。心中思考问题也是这样。

义胜利者为治世,利克义者为乱世。
【译文】

道义胜过利益的就是安定的社会,利益胜过道义的就是混乱的社会。

上重义则义克利,上重利则利克义。

【译文】

在上位者重视道义那么道义就胜过利益,在上位者重视利益那么利益就胜过道义。

上好羞①,则民暗饰矣;上好富,则民死利矣。

———

①羞:当为"义"字(王念孙说)。

【译文】

在上位者喜爱道义,那么人民就会暗自修整自己;在上位者喜爱富有,那么人民就会为利而死。

天之生民,非为君也;天之立君,以为民也。

【译文】

上天生育人民,不是为了君主;上天设立君主,却是为了人民。

善学者尽其理,善行者究其难。

【译文】

善于学习的人穷尽事物的道理,善于行动的人穷尽困难。

君子立志如穷。

【译文】

君子树立志向要像处在困境时一样。

君子隘穷而不失①,劳倦而不苟,临患难而不忘细席之言②。岁不寒无以知松柏,事不难无以知君子无日不在是。

———

①隘穷:困厄窘迫。

②细席:当作"茵席"(郝懿行说),平时。

【译文】

君子穷困而不失志气,劳累而不苟且,面临困难也不忘记平时的话。年岁不寒冷不知道松柏的坚贞,事情不困难就不知道君子没有一天不这样。

尽小者大,积微者著。

【译文】

包罗细小的就能成为巨大的,积累细微的就能成为显著的。

不足于行者说过,不足于信者诚言。

【译文】

行动上做得不够的人往往说大话,不守信用的人往往说话的样子很诚实。

君子赠人以言,庶人赠人以财。

【译文】

君子用言语赠送人,普通人用财物赠送人。

学问不厌,好士不倦,是天府也。

【译文】

学习不满足,喜爱贤士不厌倦,这就像帝王的府库。

君子疑则不言,未问则不立①,道远日益矣。

———

①立:当为"言"字(王念孙说)。

【译文】

君子有疑惑的就不说,没有请教过的就不说,道路遥远而知识一天天增加。

多知而无亲,博学而无方,好多而无定者,君子不与。

【译文】

知识很多而不亲近老师,学习广泛而没有方法,兴趣很广而没有定准,君子不赞成。

君子壹教,弟子壹学,亟成①。

———

①亟(jí):疾速。

【译文】

君子专心致志地教,学生一心一意地学,就能迅速成功。

学者非必为仕,而仕者必如学。

【译文】

学习的人不一定都要做官,而做官的人一定要学习。

国将兴,必贵师而重傅,贵师而重傅则法度存;国将衰,必贱师而轻傅,贱师而轻傅则人有快①,人有快则法度坏。

——

①快:放肆,纵情。

【译文】

国家将要兴盛时,一定尊敬老师而重视师傅,尊敬老师而重视师傅那么法度就能存在;国家将要衰亡时,一定鄙视老师而轻视师傅,鄙视老师而轻视师傅那么人就会放纵,人放纵那么法度就会被破坏。

不自嗛其行者①,言滥过。

——

①嗛:通"歉",不足。

【译文】

不认为自己德行不足的人,言论往往流于浮夸。

争利如蚤甲而丧其掌①。

——

①蚤:通"爪"。

【译文】

争夺私利就像得到了指甲而丧失了手掌。

君人者不可以不慎取臣,匹夫不可以不慎取友。

【译文】

君主不可以不小心地选取臣子,百姓不可以不小心地选择朋友。

友者,所以相有也①。道不同,何以相有也?

———

①有：通"友"。

【译文】

朋友，是为了互相友好的。奉行的大道不同，用什么来互相友好呢？

均薪施火，火就燥；平地注水，水流湿。夫类之相从也，如此之著也，以友观人，焉所疑？

【译文】

把柴草均匀地铺好而点上火，火就向干燥的地方燃烧；在平地上倒上水，水就向潮湿的地方流去。同类的相互依从，是如此明显，根据朋友来观察人，有什么可怀疑的呢？

蓝苴路作①，似知而非。偄弱易夺②，似仁而非。悍戆好斗③，似勇而非。

———

①蓝苴路作：疑当作"滥狙略诈"（刘师培说），伺机欺诈之意。

②偄（nuò）：懦弱，软弱。

③戆（zhuàng）：愚蠢而刚直。

【译文】

伺机欺诈，看似明智其实却不是。软弱而立场不定，看似仁慈其实却不是。凶暴愚蠢喜欢争斗，看似勇敢其实却不是。

仁义礼善之于人也，辟之若货财粟米之于家也①，多有之者富，少有之者贫，至无有者穷。

① 辟：通"譬"。

【译文】

仁、义、礼、善对于人来说，就像货财、钱粮对于家庭一样，拥有多的就富足，拥有少的就贫苦，一点也没有的就穷困。

大者不能，小者不为，是弃国捐身之道也。

【译文】

大事不会做，小事又不做，这是亡国灭身的道路。

祸之所由生也，生自纤纤也，是故君子蚤绝之①。

① 蚤：通"早"。

【译文】

祸患产生的根源，都是来自细微的地方，所以君子一定要趁早灭绝它。

知者明于事，达于数，不可以不诚事也。

【译文】

智者明白事情、通晓事理，不能不真诚地对待他们。

流丸止于瓯、臾①，流言止于知者②。

① 瓯、臾：都是盛物的器具。这里指地面不平处。

② 知：同"智"。

【译文】

滚动的圆球滚到低洼的地方就停下了，流言蜚语传到智者那里就停止了。

是非疑则度之以远事，验之以近物，参之以平心，流言止焉，恶言死焉。

【译文】

是非有疑问时，就要用过去的事情来衡量，用近处的事物来验证，用公正的态度来对待，流言就会停止，恶言就会消亡。

无用吾之所短遇人之所长，故塞而避所短，移而从所仕①。

————

①仕：疑为"任"字（俞樾说）。

【译文】

不要用自己的短处对付别人的长处，所以要避开自己的短处，发挥自己的长处。

惟惟而亡者①，诽也；博而穷者，訾也；清之而俞浊者，口也。

————

①惟惟：唯唯应答之词。杨倞注："惟，读为唯，听从貌。"指恭敬顺从的样子。

【译文】

恭敬顺从却身亡的，是因为诽谤；见多识广却穷困的，是因为污蔑；想清白却更加污浊的，是因为口舌。

宥坐

幼不能强学^①,老无以教之,吾耻之。

——

①强:勉力。

【译文】

幼年时不努力学习,年老了没有什么东西可以传授给别人,我认为这是耻辱。

如垤而进^①,吾与之;如丘而止,吾已矣。

——

①垤(dié):小土堆。

【译文】

成就像小土堆一样却向前进步,我赞同;成就像大山丘一样却停止,我反对。

为善者天报之以福,为不善者天报之以祸。

【译文】

做好事的人,上天会用幸福报答他;做坏事的人,上天会用祸患报答他。

君子之学,非为通也;为穷而不困,忧而意不衰也,知祸福终始而心不惑也。

【译文】

君子学习,并不是为了通达显贵;而是身处贫穷时而不感到困窘,内心忧患时而意志不衰,知道祸福生死的道理而心中不迷惑。

夫贤不肖者,材也;为不为者,人也;遇不遇者,时也;死生者,命也。

【译文】

贤能还是不贤能,在于资质;做还是不做,在于个人;得志还是不得志,要靠机遇;生还是死,在于命运。

君子博学、深谋、修身、端行以俟其时。

【译文】

君子广泛地学习、深谋远虑、修养身心、端正行为来等待时机。

居不隐者思不远,身不佚者志不广①。

———

①佚:奔逃。

【译文】

处境不穷困的人考虑得不远,没有经历过逃亡之苦的人志向不广大。

子道

劳苦雕萃而能无失其敬①,灾祸患难而能无失其义,则不幸不顺见恶而能无失其爱,非仁人莫能行。

———

①雕萃:通"凋悴",憔悴。

【译文】

劳苦憔悴而能够不丧失对父母的恭敬,遇到灾祸患难也能够不失去对父母的道义,那么即使不幸因不顺从父母被憎恶也能够不失去对他们的爱，不是仁人就不能做到这一点。

君子知之曰知之，不知曰不知，言之要也；能之曰能之，不能曰不能，行之至也。

【译文】

君子知道就说知道，不知道就说不知道，这是说话的要领；能做就说能做，不能做就说不能做，这是行为的最高准则。

君子，其未得也，则乐其意；既已得之，又乐其治。

【译文】

君子，还没有得到职位时，就为自己的志向而快乐；已经得到职位，又为自己的事业而快乐。

法行

君子苟能无以利害义，则耻辱亦无由至矣。

【译文】

君子如果能够做到不以利益损害道义，那么耻辱也就不会到来了。

同游而不见爱者，吾必不仁也；交而不见敬者，吾必不长也；临财而不见信者，吾必不信也。

【译文】

共同游玩而不被别人喜爱，一定是自己不仁爱；与人交往而不被尊敬，一定是自己不尊敬别人；接近财物而不被信任，一定是自己不讲信用。

怨人者穷,怨天者无识。

【译文】

埋怨别人的就会穷困,埋怨上天的是没有见识。

君子正身以俟,欲来者不距^①,欲去者不止。

———

①距:通"拒"。

【译文】

君子端正自身来对待别人,想来的人不拒绝,想走的人不阻止。

少而不学,长无能也。

【译文】

年少不学习,长大了就没有才能。

哀公

所谓君子者,言忠信而心不德,仁义在身而色不伐,思虑明通而辞不争,故犹然如将可及者,君子也。

【译文】

所谓君子,说话忠诚守信而心中不认为自己有美德,心存仁义而脸上没有炫耀之色,思虑通达而说话不与人争辩,所以从容不迫就像可以被人赶上一样,这是君子。

所谓贤人者,行中规绳而不伤于本,言足法于天下而不伤于身,富有天下而无怨财^①,布施天下而不病贫。如此,则可谓贤人矣。

——

①怨:通"蕴",蓄积。

【译文】

所谓贤人,行为合乎规矩而不伤害本性,说话足以被天下人效法而不伤害自身,富足得拥有天下而没有私蓄财产,把财产布施天下而不担心自己贫穷。像这样,就可以称为贤人了。

无取健①,无取讦②,无取口啍③。健,贪也;讦,乱也;口啍,诞也。

——

①健:指争强好胜的人。

②讦(gàn):通"钳",指用武力胁制人。

③啍(zhūn):通"谆",能说会道的样子。

【译文】

不要选取争强好胜的人,不要选取好用武力的人,不要选取能说会道的人。争强好胜,就会贪婪;好用武力,就会混乱;能说会道,就会荒诞。

士不信悫而有多知能①,譬之其豺狼也,不可以身尔也②。

——

①悫(què):恭谨,朴实。有:通"又"。知:同"智"。

②尔:通"迩",近。

【译文】

士不忠厚诚实而又聪明有才能,那就像豺狼一样,不能接近他。

尧问

执一无失，行微无怠，忠信无倦，而天下自来。

【译文】

专心政事不要出错，做小事不要懈怠，忠诚守信不要厌倦，那么天下人就会自动归顺。

君子力如牛，不与牛争力；走如马，不与马争走；知如士^①，不与士争知。

————

①知：同"智"。

【译文】

君子力气大得像牛一样，却不与牛较力；跑起来快得像马一样，却不与马赛跑；智慧像士一样，却不与士争高低。

鲁连子

　　《鲁连子》，也作《鲁仲连子》，《汉书·艺文志》儒家类著录《鲁仲连子》十四篇，《隋书·经籍志》儒家类著录《鲁连子》五卷，录一卷，注云："鲁连，齐人，不仕，称为先生。"长平之战后，秦国围困邯郸，鲁仲连极力劝阻尊秦王为帝；后田单收复聊城时，鲁仲连说服燕将不战而降，均不受赏而退，表现了乐于为人排忧解难而不图报答的高风亮节。其生平事迹见《史记·鲁仲连邹阳列传》。

　　《鲁连子》一书，至《新唐书·艺文志》已著录为一卷，大约在唐宋之际已多有亡佚。唐马总《意林》卷一录有《鲁连子》五条，清严可均《全上古三代秦汉三国六朝文》辑有《鲁连子》三十余条，可资参考。

　　本书选文据中华书局《新编诸子集成续编·意林校释》及《全上古三代秦汉三国六朝文》。

白刃交前,不救流矢,急不暇缓也。

【译文】

胸前白刃交加的时候,顾不上挡飞来的乱箭,是因为紧急情况下没空去做不太紧急的事。

百足之虫^①,断而不蹶^②,持之者众也。

———

①百足之虫:马陆的别名。张华《博物志》:"百足,一名马蚿,中断成两段,各行而去。"

②蹶(jué):颠仆,跌倒。

【译文】

百足虫,即使切断它的身子也不会跌倒,因为扶持它的腿太多了。

人君所察者三,不可以不知。不知时与不时,譬犹春不耕也。不知行与不行,譬以方为轮也。不知宜与不宜,譬以锦缘荐也。

【译文】

君主所要考察清楚的有三条,不能不知道。不知道时机是否合适,就像春天到了不耕种。不知道事情是否可行,就像用方形的东西做轮子。不知道是否匹配合宜,就像在草席边缘包上锦缎。

孔
丛
子

  《孔丛子》,一部记述从战国初期到东汉中期孔子后代子孙言论行迹的著作,是继《论语》之后儒家的又一部重要典籍。《隋书·经籍志》著录"陈胜博士孔鲋撰",今人或认为成书于魏晋时期,此姑从《隋书》。全书共二十三篇,分别记载了孔子、孙孔伋(子思)、七世孙孔穿、八世孙孔谦、九世孙孔鲋、十一世孙孔臧的言行事迹。

  《孔丛子》广泛征引先秦两汉的文献材料,除《尚书》《诗经》《墨子》《吕氏春秋》等文献外,还保存了一些已失传的历史典籍,对于补正相关文献的讹误、了解汉以前儒家思想及孔子世家的发展演变都有重要的参考价值。

  本书选文据中华书局《新编诸子集成续编·孔丛子校释》。

论书

夫能用可用，则正治矣[①]；敬可敬，则尚贤矣；畏可畏，则服刑恤矣[②]。

————

[①]正：通"政"，政治，政事。

[②]刑恤：即"恤刑"，慎用刑法。语本《尚书·尧典》："钦哉，钦哉，惟刑之恤哉！"恤，慎。

【译文】

任用应该任用的人，国家才能得到治理；尊敬应该尊敬的人，百姓才能崇尚贤能；敬畏应该敬畏的人，才能减少刑罚的使用。

记义

人既难知，非言问所及，观察所尽。

【译文】

人是很难了解的，不是仅仅通过言语询问就能够完全认识到，也不是通过行为观察就可以全部了解的。

夫言贵实，使人信之，舍实何称乎？

【译文】

讲话贵在合乎事实，这样才会使人相信，脱离事实的话还有什么可值得称赞的呢？

刑论

夫无礼则民无耻,而正之以刑,故民苟免^①。

——

①苟免:贪求免于刑罚。

【译文】

如果不用礼仪教化,百姓就没有廉耻之心,如果只用刑罚来匡正他们的行为,那么百姓也只是贪求免于刑罚而已。

以礼齐民,譬之于御则辔也^①;以刑齐民,譬之于御则鞭也。执辔于此而动于彼,御之良也;无辔而用策^②,则马失道矣^③。

——

①御:驾车。辔:驾驭马的缰绳。
②策:驱赶骡马役畜的鞭棒,头上有尖刺。
③失道:比喻翻车。

【译文】

用礼来治理百姓,就好像用缰绳来驾驭马车一样;用刑罚来治理百姓,就好像用马鞭来驾驭马车一样。手握缰绳来御车,这才是驾车高手;不用缰绳而用带刺的马鞭,那么马车就会翻车。

不失有罪,其于怨寡矣^①;能远于狱,其于防深矣。寡恕近乎滥^②,防深治乎本。

——

①怨:疑当为"恕",宽宥,原谅。
②滥:过度,没有节制。

【译文】

有罪必罚,就难免缺乏宽宥;能远离刑罚,才能戒备深远。缺乏宽宥就近乎滥用刑罚,戒备深远才是法治的根本。

君必与众共焉,爱民而重弃之也①。

——

①重:不轻易,难。

【译文】

君主与百姓本是一体,君主要爱护百姓而不能轻易舍弃他们。

记问

以誉为赏,以毁为罚,贤者不居焉①。

——

①居:担任。

【译文】

根据人们的称誉就给予奖赏,根据人们的非议诋毁就给予惩罚,那么贤能的人是不会得到任用的。

杂训

学必由圣①,所以致其材也;厉必由砥②,所以致其刃也。

——

①由圣:效法圣贤。

②厉:磨,使锋利。砥(dǐ):质地很细的磨刀石。

【译文】

学习必须效法圣贤,才能获得真才实学;刀必须经过磨刀石的打磨,才能有锋利的刀刃。

吾尝深有思而莫之得也,于学则寤焉[1];吾尝企有望而莫之见也[2],登高则睹焉。是故虽有本性而加之以学[3],则无惑矣。

———

[1] 寤:同"悟",理解,明白。

[2] 企:踮起脚。

[3] 本性:指天资。

【译文】

我曾经冥思苦想却并没有什么收获,但通过学习就恍然大悟了;我曾经踮起脚来遥望远方却什么也看不到,可是一登上高处就都看见了。所以,如果天资聪颖再加上勤奋学习,就不会有什么困惑了。

同声者相求[1],同志者相好。

———

[1] 相求:互相寻求,互相吸引。

【译文】

声气相同的人相互吸引,志趣相同的人亲密无间。

上不仁则下不得其所,上不义则下乐为乱也,此为不利大矣。

【译文】

当政的人如果没有仁爱之心，下面的百姓就无法安生；当政的人如果不讲道义，下面的百姓就会乐于违法乱纪，这个害处就太大了。

居卫

夫圣人之官人①，犹大匠之用木也，取其所长，弃其所短。

————

①官人：授人官职。

【译文】

圣人选人授官，就像高明的木匠选用木材一样，用其所长，弃其所短。

有此父，斯有此子，道之常也。

【译文】

有其父必有其子，这是人伦常理。

自大①，而不修其所以大，不大矣；自异②，而不修其所以异，不异矣。

————

①自大：自以为能力大于别人。

②自异：自以为与众不同。

【译文】

自以为高明的人如果不为志向而努力的话，就算不上高明；自以为与众不同的人，如果不付诸实践，就算不上与众不同。

礼接于人①，人不敢慢；辞交于人，人不敢侮。

———

①接：交接，结交。

【译文】

以礼待人，别人就不敢怠慢他；用真诚的善言与人交谈，别人就不敢侮辱他。

新语

《新语》，西汉陆贾撰。陆贾，楚人，从汉高祖刘邦定天下，有辩才。曾奉命出使，说服南越王尉佗归汉，被封为太中大夫。诸吕擅权，欲危刘氏，他游说陈平与周勃修好。汉文帝即位后，召为太中大夫，再次出使南越，说服南越王尉佗去帝号称臣。著作除《新语》外，还有《楚汉春秋》（已佚）。其生平事迹见《史记·郦生陆贾列传》及《汉书·陆贾传》。

《新语》十二篇，是陆贾奉刘邦之命撰写的，史载陆贾"每奏一篇，高帝未尝不称善，……号其书曰《新语》"。书中大旨，大抵推崇王道，贬黜霸道，而归本于修身用人，大体以孔子思想为宗，多援引《春秋》《论语》之文。

本书选文据中华书局《新编诸子集成·新语校注》。

道基

仁无隐而不著,无幽而不彰者。

【译文】

仁德的行为没有隐蔽而不显著的,没有幽暗而不昭彰的。

夫谋事不并仁义者后必败,殖不固本而立高基者后必崩。

【译文】

谋划事情如果不依靠仁义之道,后来一定会失败;种树不巩固根本而筑高基座,后来一定会倒塌。

德盛者威广,力盛者骄众。

【译文】

德行崇高的人威望也很高,力量强大的人大多傲慢。

虐行则怨积,德布则功兴,百姓以德附,骨肉以仁亲,夫妇以义合,朋友以义信。

【译文】

施行暴虐就会积攒怨气,广布恩德就能建立功业,百姓因为恩德而归附,骨肉因为仁爱而相亲,夫妻因为道义而和睦,朋友因为道义而互信。

美女以贞显其行,烈士以义彰其名。

【译文】

美女用贞洁来使其德行彰显,志士用道义来使其名声昭彰。

仁者道之纪，义者圣之学。学之者明，失之者昏，背之者亡。

【译文】

仁是道的纲要，义是圣人的学术。学习仁义的人就明智，丧失仁义的人就糊涂，背离仁义的人会灭亡。

君子以义相褒，小人以利相欺，愚者以力相乱，贤者以义相治。

【译文】

君子因为道义而互相褒扬，小人因为利益而互相欺骗，愚蠢的人靠武力互相争斗，贤明的人凭道义共同管理。

术事

善言古者合之于今，能述远者考之于近。

【译文】

善于谈论古代的人总是与当今时代相结合，能够描述远方的人总是从近处来考察。

五谷养性①，而弃之于地，珠玉无用，而宝之于身。

———

①性：生命。

【译文】

五谷能够养生，却被抛弃在地上，珠玉没有什么用，却被当成宝贝放在身上。

道近不必出于久远,取其致要而有成。
【译文】
　　近世的道术也可以,不一定要传自远古,只要它能把握要领而引领
成功。

立事者不离道德,调弦者不失宫商①。

────

①宫商:宫声、商声,代指构成乐曲的乐调。

【译文】
　　做事情的人离不开道德,弹乐器的人离不开宫商。

怀德者应以福,挟恶者报以凶,德薄者位危,去道者身
亡,万世不易法,古今同纪纲。
【译文】
　　有德者得到福报,作恶者遭受灾殃,德行浅薄的人地位危险,背离道
德的人身体灭亡,这是万世不变的法则,古今共同的规律。

制事者因其则,服药者因其良。
【译文】
　　处理事情要遵循法则,服食药物要选择药效良好的。

书不必起仲尼之门①,药不必出扁鹊之方②,合之者善,可
以为法,因世而权行③。

────

①仲尼:孔子名丘,字仲尼。

②扁鹊：古代著名的神医，事见《史记·扁鹊仓公列传》。

③权：权宜，变通。

【译文】

书不一定要传自孔子的门下，药也不一定要出自扁鹊的药方，只要合适就好，能够作为法度，顺应时世需要随机应变地施行。

治末者调其本，端其影者正其形，养其根者则枝叶茂，志气调者即道冲①。

①即：意同"则"。道冲：《老子·四章》："道冲而用之或不盈。"

【译文】

要整治末端，就要调理好根本；要端正影子，就要端正身体；滋养好树根，那么枝叶就会繁茂；心志协调，就能体会冲和之道。

求远者不可失于近，治影者不可忘其容。

【译文】

要想到达远方就不能不从近处开始，要想调整影子就不能忘记身形容貌。

进取者不可不顾难，谋事者不可不尽忠。

【译文】

进取的人不能不顾及困难，谋事的人不能不竭尽忠忱。

刑立则德散，佞用则忠亡。

【译文】

刑罚一旦设立,那么德行就会消散;佞臣一旦被用,那么忠臣就会消亡。

辅政

怀刚者久而缺,持柔者久而长。

【译文】

秉持刚强者时间一长就会残缺,秉持柔和者时间长了还能成长。

智者之所短,不如愚者之所长。

【译文】

智者在他不擅长的方面,比不上愚者所擅长的方面。

察察者有所不见①,恢恢者何所不容②。

————

①察察:明辨,清楚。

②恢恢:宽宏大度的样子。

【译文】

明察秋毫的人也会有看不见的东西,胸襟宽广的人没有什么容不下的。

朴质者近忠,便巧者近亡①。

————

①便(pián):善辩。巧:虚伪,花言巧语。

【译文】

质朴的人近乎忠贞之臣,巧言善辩者近乎亡国之臣。

无为

道莫大于无为,行莫大于谨敬。

【译文】

道没有比无为更好的了,行事没有比谨慎恭敬更好的了。

君子尚宽舒以褒其身^①,行身中和以致疏远。

———

①褒(bāo):衣襟宽大。

【译文】

君子喜欢宽袍大袖以使身体舒适,用中和之道修身来吸引疏远地方的人归附。

近河之地湿,而近山之木长者,以类相及也。

【译文】

接近河流的地更湿润,接近山林的树木长得更好,是因为同类相互影响所致。

辨惑

君子直道而行,知必屈辱而不避也。

【译文】

君子坚持按道义行事，即使知道必定会受屈辱也不逃避。

慎微

夫建大功于天下者，必先修于闺门之内；垂大名于万世者，必先行之于纤微之事。

【译文】

为天下建立伟大功勋的人，一定要先在闺门之内修养自己；让自己的大名流传万世的人，一定要先从细微之事做起。

修之于内，著之于外；行之于小，显之于大。

【译文】

内在修养好了，就会显现在外面；细微之事做好了，就能在做大事时一显身手。

不贪于财，不苟于利，分财取寡，服事取劳。

【译文】

不贪图钱财，不苟且获利，分钱财的时候选择少分，做事情的时候选择劳苦之事。

资质

质美者以通为贵，才良者以显为能。

【译文】

资质美好的人通达了才算尊贵,才干优良的人显达了才算有能耐。

至德

天地之性,万物之类,怀德者众归之,恃刑者民畏之,归之则充其侧,畏之则去其域。

【译文】

天地万物的本性,怀抱仁德的人,大家都会归附他;依仗刑罚的人,民众就会畏惧他,归附他就会充斥在他身边,畏惧他就会离开他的疆域。

为威不强还自亡,立法不明还自伤。

【译文】

表面上有权威实际却不强大,最终还是会灭亡;制订了法律却不明确,最终还是会使自己受到伤害。

怀虑

怀异虑者不可以立计,持两端者不可以定威。

【译文】

心术不一的人无法确立大计,犹豫不决的人无法树立威信。

治外者必调内,平远者必正近。

【译文】

处理外事者一定要调理好内部,平定远方者一定要管理好近处。

据土子民^①，治国治众者，不可以图利，治产业，则教化不行，而政令不从。

———

①子民：以民为子，古人以官为民之父母，故称。

【译文】

占据领土领导人民、治理国家管理民众的人，不可以贪图私利，置办产业，否则教化就难以推行，政令也不会得到服从。

本行

治以道德为上，行以仁义为本。

【译文】

治国以道德为最好，行事以仁义为根本。

君子笃于义而薄于利，敏于行而慎于言。

【译文】

君子坚守道义而轻视利益，行动敏捷而言辞谨慎。

明诚

安危之要，吉凶之符，一出于身；存亡之道，成败之事，一起于善行。

【译文】

安危的关键，吉凶的兆头，全都源于自身；存亡之道，成败之事，全都源自善行。

治道失于下,则天文变于上;恶政流于民,则螟虫生于野。

【译文】

人世的治国之道有失误,天上就会有异常的天象;恶劣的政事施加给了民众,郊野就会生出螟虫。

思务

审于辞者,不可惑以言。达于义者,不可动以利。

———

①审:详究,细察。

【译文】

详察辞令的人,很难用言语去迷惑。懂得道义的人,很难用利益去动摇。

仁者在位而仁人来,义者在朝而义士至。

【译文】

仁人在位就能吸引仁人到来,义士在朝就能吸引义士来到。

贾谊新书

  《贾谊新书》,也作《新书》,西汉贾谊撰。贾谊(前200—前168),洛阳(今属河南)人。为官期间,为维护西汉王朝的长治久安,他提出了很多具有远见卓识的治国方案;在思想方面,他是汉初儒学思想发展的代表性人物;在文学方面,他的散文和骚体赋对后代均有深远影响。其生平事迹见《史记·屈原贾生列传》及《汉书·贾谊传》

  《新书》由贾谊的疏文汇编而成,后经刘向整理为五十八篇,今存五十六篇,分十卷。《新书》反映了贾谊丰富的政治、经济、教育、哲学思想,其中以仁义为经、以礼节为纬、以法为辅的政治思想最为突出。

  本书选文据中华书局三全本《新书》。

过秦上

仁心不施,而攻守之势异也。

【译文】

对人民不施仁爱,造成攻和守的形势发生了根本性的变化。

过秦中

先王者见终始之变,知存亡之由。是以牧之以道,务在安之而已矣。

【译文】

古代君主能预见朝廷兴替的变化,了解存亡的原因。因此遵循规律治理国家,无非是努力做到安定百姓罢了。

过秦下

鄙谚曰①:"前事之不忘,后之师也。"是以君子为国,观之上古,验之当世,参之人事,察盛衰之理,审权势之宜,去就有序,变化因时,故旷日长久而社稷安矣②。

————

①鄙谚:民间谚语。鄙,野,指民间。

②旷日:经历长久的时间。

【译文】

民间谚语说:"以前的经验教训牢记不忘,可以作为今后行事的借鉴。"所以君子治国,观察古代的事迹,在当代加以验证,参考人事的因素,考察盛衰的道理,审度权势的便宜,取舍符合客观规律,根据时宜做出相应变化,所以能使国家长治久安。

宗首

黄帝曰^①:"日中必煀^②,操刀必割。"

①黄帝:传说中古代原始部落联盟的首领。

②煀(wèi):暴晒。

【译文】

黄帝说:"晒东西趁太阳在中午时暴晒,操刀在手要快速宰割。"

大都

本细末大,弛必至心。

【译文】

树木主干细小,末端粗大,必定在中心开裂。

服疑

彼人者,近则冀幸,疑则比争。是以等级分明,则下不得疑;权力绝尤^①,则臣无冀志。

①绝尤:完全不同。

【译文】

就人而言,受到亲近就希望得到宠幸,待遇不差上下就会相争。所以等级分明,下级就不会与上级相比;权力完全不同,大臣就没有非分之想。

制服之道,取至适至和以予民,至美至神进之帝。
【译文】

制定服饰的准则,民众取其合适舒服,君主取其美丽神奇。

擅退则让,上僭则诛。建法以习之,设官以牧之。是以天下见其服而知贵贱,望其章而知其势,叀人定其心^①,各著其目。

————

①叀:古"使"字。

【译文】

擅自降低就要批评,超越标准就要谴责。建立法度让大家熟悉,设置官员加以管理。这样天下人一看见服饰就知道贵贱,望见旗帜就知道权势,使天下人心安定,各种等级一目了然。

卑尊已著,上下已分,则人伦法矣。
【译文】

尊卑分明,上下有分别,那么人际关系就有法度可循了。

谨守伦纪,则乱无由生。
【译文】

各自遵守伦常规范,祸乱就无从产生。

益壤

人主者,天下安、社稷固不耳。

【译文】

人主,考虑的是天下是否安定、国家是否巩固。

大人者,不怵小廉①,不牵小行,故立大便以成大功。

———

①怵(xù):诱导,诱惑。

【译文】

大人物不被小小的廉洁行为引诱,不受小的行为约束,而是确立各种重要的合理决策以成就大业。

五美

海内之势,如身之使臂,臂之使指,莫不从制。

【译文】

海内的形势,如同身体指挥手臂,手臂指挥手指,没有不听从控制的。

审微

善不可谓小而无益,不善不可谓小而无伤。非以小善为一足以利天下,小不善为一足以乱国家也。

【译文】

好的事情不能认为小就没有益处,坏的事情不能认为小就没有害处。并不是做一件小的好事足以对天下有利,做一件小的坏事足以扰乱国家。

彼人也,登高则望,临深则窥,人之性非窥且望也,势使然也。

【译文】

人们登上高处一定会远望,面临深渊一定会小心注视,并不是人生性要注视要远望,而是形势使然。

明者之感奸由也蚤①,其除乱谋也远,故邪不前达。

――――

①蚤:通"早"。

【译文】

明智的人觉察奸邪的源头很早,消除祸乱阴谋的措施也深远,所以奸邪不会在眼前发生。

阶级

天子如堂,群臣如陛,众庶如地,此其辟也①。

――――

①辟:通"譬",比喻。

【译文】

天子如同厅堂,群臣如同台阶,民众如同地面,这是很贴切的比方。

鄙谚曰:"欲投鼠而忌器。"

【译文】

俗语说："想打老鼠顾忌打破了器物。"

履虽鲜弗以加枕，冠虽弊弗以苴履^①。

———

①苴(jū)：草。这里用作动词，垫。

【译文】

鞋子即使漂亮也不放在枕头上，帽子即使破旧也不用来垫鞋子。

俗激

若夫经制不定，是犹渡江河无维楫，中流而遇风波也，船必覆矣。

【译文】

假如法度常规不确定，就好比渡过江河没有绳索和船桨，中流遇到风浪，船必定会翻掉。

孼产子

饥寒切于民之肌肤，欲其无为奸邪盗贼，不可得也。

【译文】

民众饥寒交迫，想要他们不做坏事不去抢劫，是不可能的。

铜布

善为天下者，因祸而为福，转败而为功。

【译文】

善于治理天下的人，会把灾祸变成幸福，把失败变为成功。

亲疏危乱

疏必危，亲必乱。

【译文】

诸侯王关系疏远的必定危险，关系亲近的必定会作乱。

忧民

王者之法，国无九年之蓄谓之不足，无六年之蓄谓之急，无三年之蓄曰国非其国也。

【译文】

古代帝王治国的方法，国家没有九年的积蓄叫作不足，没有六年的积蓄叫作紧急，没有三年的积蓄国家就不叫国家了。

匈奴

若夫大变之应，大约以权决塞，因宜而行，不可豫形。

【译文】

至于应付重大事变，大概要灵活地作出决断，根据实际情况行动，无法事先规划。

势卑

玩细虞^①,不图大患,非所以为安。

———

①虞:通"娱",乐。

【译文】

贪求小的快乐,不考虑大的忧患,无法达到安定。

淮难

世人不以肉为心则已,若以肉为心,人之心可知也。

【译文】

世人的心不是肉长的就算了,只要是肉长的,人心就可以推测了。

无蓄

夫蓄积者,天下之大命也。苟粟多而财有余,何向而不济?以攻则取,以守则固,以战则胜,怀柔附远,何招而不至?

【译文】

粮食物资积蓄,是国家的根本命脉。如果粮食多并且钱财有积余,做什么事不能成功呢?用来进攻就能夺取,用来防守就能守得牢固,用来打仗就能胜利,安抚远方让民众归服,招谁谁又会不来呢?

民非足也，而可治之者，自古及今，未之尝闻。古人曰："一夫不耕，或为之饥；一妇不织，或为之寒。"生之有时而用之无节，则物力必屈。古之为天下者至悉也，故其蓄积足恃。

【译文】

人民不富足而能治理的，从古到今，没有听说过。古人说过："一个农夫不耕种，就有人为此而挨饿；一个女子不织布，就有人为此而受冻。"生产有季节可是用起来没有节制，那么物资必然缺乏。古代治理天下的人考虑得非常周密，所以国家的积蓄足以依靠。

礼

君子恭敬、撙节、退让以明礼①。

————

①撙（zǔn）节：抑损，指自我约束。

【译文】

君子通过恭敬、自我约束、退让来表明礼仪。

礼者，所以固国家，定社稷，使君无失其民者也。

【译文】

礼的作用，是用来巩固国家，安定社稷，使国君不丧失掉他的人民。

主主臣臣，礼之正也；威德在君，礼之分也；尊卑大小，强弱有位，礼之数也。礼，天子爱天下，诸侯爱境内，大夫爱官属，士庶各爱其家，失爱不仁，过爱不义。故礼者，所以守尊卑之经、强弱之称者也。

【译文】

把君主当作君主,把臣下当作臣下,这是礼的正途;威严和恩德由君主掌握,这是礼的本分;尊卑大小强弱各有自己的地位,这是礼的定数。按照礼,天子爱护天下,诸侯爱护封国,大夫爱护管辖的部属,士人百姓各自爱护自己的家庭,失去了爱叫作不仁,爱过了分叫作不义。所以礼是用来维护尊卑强弱等级秩序的常法。

君仁臣忠,父慈子孝,兄爱弟敬,夫和妻柔,姑慈妇听^①,礼之至也。

——

①姑:婆婆,女子丈夫的妈妈。

【译文】

君主仁爱,臣下忠诚,父亲仁慈,儿子孝顺,兄长友爱,弟弟恭敬,丈夫和蔼,妻子温柔,婆婆仁慈,媳妇听话,这是礼的最高境界。

人臣于其所尊敬,不敢以节待,敬之至也。甚尊其主,敬慎其所掌职,而志厚尽矣。

【译文】

人臣对于他尊敬的君主,不敢用节俭来对待,这是最高的尊敬。人臣特别尊敬他的君主,恭敬谨慎地对待自己执掌的工作,忠厚的心意就尽到了。

礼者,所以节义而没不还。

【译文】

礼是用来规定合宜的事情而没有不涉及的。

礼者，自行之义，养民之道也。

【译文】

礼这种行为，是自己做到的合理，是养育百姓的途径。

夫忧民之忧者，民必忧其忧；乐民之乐者，民亦乐其乐。

【译文】

君主为百姓的忧虑而忧虑，百姓必定为君主的忧虑而忧虑；君主为百姓的快乐而快乐，百姓必定为君主的快乐而快乐。

礼，圣王之于禽兽也，见其生不忍见其死，闻其声不尝其肉，隐弗忍也①。故远庖厨，仁之至也。

────

①隐：恻隐，同情。忍：狠心。

【译文】

按照礼，圣明的君王对于飞禽走兽，看见它们活着就不忍心看见它们死去，听见它们惨叫的声音就不忍心吃它们的肉，因为同情而不忍心的缘故。所以厨房安排在很远的地方，这是仁爱到了极点。

取之有时，用之有节，则物蕃多。

【译文】

获取有一定的时节，享用有一定的节制，这样物类就会繁衍增多。

仁人行其礼，则天下安而万理得矣。

【译文】

仁慈的人施行礼教，天下就会安宁而各种事情都合乎规律了。

容经

礼,介者不拜^①,兵车不式。不顾不言,反抑式以应武容也。

———

①介:披着铠甲。

【译文】

按照礼,穿着铠甲不行拜礼,在兵车上不手扶横木俯身行礼。不回头,不说话,双手向下按着车轼与勇武的仪容相呼应。

谚曰:"君子重袭,小人无由入;正人十倍,邪辟无由来。"

【译文】

谚语说:"君子一层又一层,小人没有机会进入;正人多达十倍,邪僻没有机会来到。"

古者圣王居有法则,动有文章^①,位执戒辅^②,鸣玉以行。

———

①文章:文采,指车服旌旗的文采。

②戒:警戒之命。辅:辅佐。

【译文】

古时候圣明的君王平时安居的时候有一定的规则,出行的时候车服旌旗有一定的文采,在朝廷上有一定的警戒之命和辅佐的护持,行走时身带玉佩叮当有声。

过犹不及,有余犹不足也。

【译文】

太过了如同不及,有余如同不足。

语曰:"审乎明王,执中履衡。"言秉中适而据乎宜。

【译文】

俗语说:"明智的君王非常明察,处理问题把握分寸中正公平。"说的是掌握适中的火候而处理适当。

威胜德则淳①,德胜威则施②。威之与德,交若缪缅③,且畏且怀,君道正矣。

———

①淳:通"憝(duì)",恶。

②施:通"弛",松懈。

③缪缅(jiū mò):绳索。缪,通"纠",三股绳。缅,绳索。

【译文】

威严超过恩德就会导致作恶,恩德超过威严就会导致废弛。威严与恩德,如同绳索相互纠缠在一起,既使之敬畏又使之感恩,君主治理的方法就正确了。

春秋

语曰:"祸出者祸反,恶人者人亦恶之。"

【译文】

俗语说:"制造灾祸的,灾祸一定会还报给他;憎恶别人的人,别人一定会憎恶他。"

爱出者爱反，福往者福来。

【译文】

施予爱的会得到爱的回报，予人幸福的自己也会得到幸福。

天子有道，守在四夷；诸侯有道，守在四邻。

【译文】

天子有道，四方民族为他守卫；诸侯有道，四周邻国为他守护。

见祥而为不可，祥反为祸。

【译文】

见到吉祥的预兆却去做不能做的事情，吉祥反而成为灾祸。

见妖而迎以德，妖反为福也。

【译文】

见到怪异的现象而用仁德去对待，怪异的现象反而转变成福气。

有阴德者①，天报以福。

——

①阴德：暗中做的善事。

【译文】

积了阴德的人，上天会回报福气。

耳痹

目见正而口言枉则害①，阳言吉错之民而凶则败②，倍道则死③,障光则晦④,诬神而逆人⑤,则天必败其事。

——

①枉:不正。

②阳:通"佯"。错:通"措"。

③倍:通"背"。

④晦:昏暗。

⑤诬:欺骗。

【译文】

眼睛看见是正确的可是嘴上说是不正确的就会有害,表面上说的是好的而施加给人民却是坏的就会失败,违背道义就会死亡,遮挡住光线就会昏暗,欺骗神灵并违背人道,那么上天一定会败坏他的事业。

天之处高,其听卑,其牧芒①,其视察。故凡自行,不可不谨慎也。

——

①牧:察。芒:通"荒",广远。

【译文】

老天高高在上,它能听到很低的声音,能看得很广远,能看得很清楚。所以人要干什么事,不能不谨慎。

君道

夫射而不中者,不求之鹄①,而反修之于己。君国子民者,反求之己,而君道备矣。

———

①鹄（gǔ）：靶心。

【译文】

射箭射不中靶心的，不能怪靶心，而要反过来检查自身的行为。统治国家养育人民的人，懂得反过来检查自己，为君之道就具备了。

劝学

见教一高言，若饥十日而得大牢焉①，是达若天地，行生后世。

———

①大牢：即"太牢"，牛、羊、豕三牲具备。

【译文】

被教了一句高妙的言论，好像饿了十天得到了太牢大餐，这是像天地一样广阔通达，行为养育着子孙后代。

时难得而易失也。学者勉之乎！天禄不重。

【译文】

时机难得而容易错过。学子们努力啊！上天赐予的福禄不会重复到来。

道术

道者，所从接物也，其本者谓之虚，其末者谓之术。虚者，言其精微也，平素而无设施也①；术也者，所从制物也，动静之数也。凡此皆道也。

———

①设施：指计划施行，作为的意思。

【译文】

道是用来应接事物的东西，它的根本叫作虚，它的末端叫作术。虚，是说道的精细微妙，平常并不计划做什么；术，是用来控制事物的，是控制事物动静的技巧。这些都属于道。

凡权重者必谨于事，令行者必谨于言，则过败鲜矣①。

———

①鲜（xiǎn）：少。

【译文】

凡是掌握重要权力之人做事必须谨慎，推行政令之人必须言语谨慎，这样就能少犯错误了。

守道者谓之士，乐道者谓之君子，知道者谓之明，行道者谓之贤，且明且贤，此谓圣人。

【译文】

守道的人叫作士，喜爱道的人叫作君子，了解道的人叫作英明，推行道的叫作贤能，既英明又贤能，这就叫作圣人。

道德说

道者无形，平和而神①。道物有载物者，毕以顺理和适行，故物有清而泽。

———

①神：神秘莫测。《周易·系辞上》："阴阳不测之谓神。"

【译文】

道的本质因为虚所以没有形体，不偏不倚容和万物而神秘莫测。道虽无形但能运载万物，使万物按照规律运动变化，所以万物具有清新光泽的特性。

物所道始谓之道①，所得以生谓之德。德之有也，以道为本，故曰："道者，德之本也。"德生物又养物，则物安利矣②。

———

①道始：从道开始。

②安利：安定受益。

【译文】

事物从道的变化开始叫作道，得以产生叫作德。德能够存在，是以道为根本的，所以说："道，是德的根本。"德产生事物又养育事物，那么事物就能安定受益。

物莫不仰恃德，此德之高，故曰："密者，德之高也。"

【译文】

事物没有不仰仗依靠德的，这是德的高贵之处，所以说："周密，是德的最高之处。"

人能修德之理，则安利之谓福。

【译文】

人能够按德的原理去做，就会安定受益，这叫作福气。

大政上

闻之于政也，民无不为本也①。

──

①本：国家的根本。

【译文】

听说治理国政者，没有不把人民当作根本的。

灾与福也，非粹在天也①，必在士民也。

──

①粹：纯粹，完全。

【译文】

灾祸与福分，不完全决定于天，必定决定于民众。

行之善也，粹以为福己矣；行之恶也，粹以为灾己矣。

【译文】

做好事，完全是为自己求福；做坏事，完全是为自己制造灾祸。

知善而弗行，谓之不明；知恶而弗改，必受天殃。

【译文】

知道是好事而不去做，叫作不明智；知道是坏事而不改正，必定受到上天降下的灾殃。

行之者在身，命之者在人①，此福灾之本也。道者，福之本；祥者，福之荣也。无道者必失福之本，不祥者必失福之荣。

———

①命：名。这里指品评。

【译文】

做什么在于自己，怎么品评在于别人，这是福分和灾难的根本。道，是福的根本；吉祥，是福的花朵。不遵循正道的人必定失去福的根本，不吉祥的人必定失去福的花朵。

夫民者，万世之本也，不可欺。

【译文】

人民，是世世代代的根本，不能欺侮他们。

与民为敌者，民必胜之。

【译文】

与人民为敌的，人民必定战胜他。

道者，圣王之行也；文者，圣王之辞也；恭敬者，圣王之容也；忠信者，圣王之教也。夫圣人也者，贤智之师也；仁义者，明君之性也。

【译文】

道，是圣王的行为；文章，是圣王的言辞；恭敬，是圣王的体貌；忠信，是圣王的教导。所谓圣人，是贤能智慧的老师；仁义，是英明君主的秉性。

士民者，国家之所树而诸侯之本也，不可轻也。

【译文】

人民是国家的根基,是诸侯的根本,不可轻视他们。

大政下

易使喜、难使怒者,宜为君。识人之功而忘人之罪者,宜为贵。故曰:刑罚不可以慈民,简泄不可以得士①。

──────

①简泄:怠慢。泄,通"媟",轻慢。

【译文】

容易使他高兴、难以使他发怒的人,适合当国君。记得别人的功劳而忘记别人罪过的人,适合担任要职。所以说:用刑罚不能够爱护人民,凭轻慢不能够获得贤士。

欲求士必至、民必附,惟恭与敬、忠与信,古今毋易矣。

【译文】

想让贤士一定到来、人民一定亲附,只有做到恭和敬、忠和信才行,这是古今不变的道理。

有不能求士之君,而无不可得之士;故有不能治民之吏,而无不可治之民。故君明而吏贤矣,吏贤而民治矣。

【译文】

只有不能求得贤士的国君,却没有不能得到的贤士;所以只有不能管理好人民的官吏,却没有管理不好的人民。因此国君英明官吏就贤能,官吏贤能人民就能管理好。

无世而无圣，或不得知也；无国而无士，或弗能得也。故世未尝无圣也，而圣不得圣王则弗起也；国未尝无士也，不得君子则弗助也。

【译文】

没有哪个时代没有圣人，只是有时没有被发现罢了；没有哪个国家没有贤士，只是有时不能获得罢了。所以每个时代不是没有圣人，只是圣人没有遇到圣王的知遇就不出来为国家效力；国家不是没有贤士，只是没有君子就无人帮助推荐而已。

民之治乱在于吏，国之安危在于政。

【译文】

人民的治乱在于官吏，国家的安危在于政治。

夫民者，诸侯之本也；教者，政之本也；道者，教之本也。

【译文】

人民，是诸侯的根本；教化，是政治的根本；道，是教化的根本。

忠，臣之功也；臣之忠者，君之明也。臣忠君明，此之谓政之纲也。

【译文】

忠，是臣下的事情；臣下做到忠，是由于君主的英明。臣下忠诚君主英明，这就叫作政事的纲领。

故爱人之道，言之者谓之其府①；故爱人之道，行之者谓之其礼。

①之其府：从肺腑出来。之，出。府，通"腑"。

【译文】

爱惜人才的方法，与他交流言语要发自肺腑；爱惜人才的方法，对他做的要合乎礼仪。

修政语上

至道不可过也，至义不可易也。

【译文】

最高的道是不能超越的，最上乘的义是不能改变的。

功莫美于去恶而为善，罪莫大于去善而为恶。

【译文】

功绩没有比去恶为善更美的了，罪恶没有比去善为恶更大的了。

缘道者之辞而与为道已，缘巧者之事而学为巧已，行仁者之操而与为仁已。故节仁之器以修其躬，而身专其美矣①。

①专：同"抟"，聚集，拥有。

【译文】

沿着有道者的言论去学习修道，沿着灵巧人做的事去学习灵巧，实行仁人的德操去实行仁。所以用品节仁义来修养自己，自己身上就集中了很多美好的东西了。

德莫高于博爱人，而政莫高于博利人。

【译文】

德没有比广泛地爱人更高的了，而政治没有比广泛地让人民有利更高的了。

政莫大于信，治莫大于仁。

【译文】

政治没有比讲诚信更重要的了，治理没有比仁爱更重要的了。

大禹曰："民无食也，则我弗能使也；功成而不利于民，我弗能劝也。"

【译文】

大禹说："人民没有食物，我就不能指使他们了；事情做成了对人民没有好处，我就不能鼓励他们去做什么了。"

道以数取之为明①，以数行之为章，以数施之万姓为藏。

———

①数（shuò）：屡次，多次。

【译文】

道是获得越多越明白，实行得越多越显明，施加给百姓越多保存得越好。

修政语下

天下者，非一家之有也，有道者之有也。

【译文】

天下，并不是一家的天下，掌握正道的人才能享有它。

天下者，难得而易失也，难常而易亡也。

【译文】

天下难以得到而容易丧失，难以长久拥有而容易灭亡。

为人下者敬而肃，为人上者恭而仁，为人君者敬士爱民，以终其身。此道之要也。

【译文】

下级官吏和百姓既恭敬又严肃，上层官吏既恭敬又仁爱，君主敬重士人爱护人民，终身都这样去做。这是治道的关键。

礼容语下

哀乐而乐哀，皆丧心也。心之精爽①，是谓魂魄，魂魄已失，何以能久？

———
①精爽：精神。

【译文】

在快乐的场合表现出悲哀或者在悲哀的场合表现出快乐，都是丧失心境的事。心的精神，叫作魂魄，魂魄已经丧失，怎么能长久呢？

动莫若敬，居莫若俭，德莫若让，事莫若资①。

——

①资：少有过失，指周全。

【译文】

举动没有比恭敬更重要的了，居家没有比俭朴更重要的了，品德没有比谦让更重要的了，事情没有比考虑周全更重要的了。

弗顺弗敬，天下不定，忘敬而怠，人必乘之[①]。

——

①乘：欺凌。

【译文】

不顺从不恭敬，天下不会安定，忘记恭敬而怠惰，别人一定会欺凌。

胎教

《易》曰："正其本而万物理，失之毫厘，差以千里[①]。"故君子慎始。

——

①"《易》曰"几句：见《易说》（《大戴礼记》卢辩注），今见《易纬·通卦验》。

【译文】

《易》里说："把根本摆正万事万物就有条理了，偏了一毫一厘，就会相差千里。"所以君子对事情的开始非常慎重。

同声则处异而相应，意合则未见而相亲，贤者立于本朝，而天下之士相率而趋之。

【译文】

同心的声音在其他地方也会相呼应,心意相投即使没有见面也会互相亲近,贤能的人在朝廷就职,天下的士人就会互相带领来投奔。

无常安之国,无宜治之民;得贤者显昌,失贤者危亡。

【译文】

没有长久安定的国家,没有适合治理的人民;得到贤士就能显扬兴盛,失去贤士就会危险灭亡。

盐铁论

《盐铁论》，西汉桓宽撰。桓宽，字次公，汝南（今河南上蔡）人，曾任庐江太守丞。《盐铁论》十卷六十篇，为汉宣帝时桓宽根据汉昭帝始元六年（前81）召开的讨论是否废除盐铁专卖等经济政策的会议记录整理而成的一部著作。

雄才大略的汉武帝内兴功利，外伐四夷，耗费了大量财力物力。为了弥补国库空虚，汉武帝实施盐铁官营、均输、平准、酒类专卖等一系列经济政策，给社会经济和人民生活造成严重影响。汉昭帝时主政的霍光主持召开了一次盐铁会议，会上以贤良文学为一方，御史大夫桑弘羊等为另一方，就是否废除上述经济政策等问题展开了激烈辩论。贤良文学一方站在儒家立场，揭露这些政策的社会危害，批评朝廷与民争利，主张还利于民。双方还就相关的一系列历史及社会问题展开了辩论。这些对于研究当时的历史及社会思想等具有重要价值。

本书选文据中华书局三全本《盐铁论》。

本议

夫文繁则质衰①,末盛则本亏②。

———

①文繁:形式繁华。质衰:内在本质衰败。

②末盛:追逐工商末利风气盛行。本亏:农业根本受到损害。

【译文】

形式繁华就会导致内在本质衰败,逐利风气盛行就会使农业根本受到损害。

末修则民淫①,本修则民悫②。

———

①末修:工商末利得到加强。民淫:民风奢侈。

②本修:农业得到加强。民悫(què):民风诚实。

【译文】

工商末利得到加强就会带来民风奢侈,农业得到加强就会使民风变得诚实。

民悫则财用足,民侈则饥寒生。

【译文】

民风诚实就会财用丰足,民风奢侈就会产生饥寒。

畜仁义以风之①,广德行以怀之。

———

①畜:通"蓄",蓄积,培养。风:教化。

【译文】

培养仁义来进行教化,推广德行来进行安抚。

善克者不战,善战者不师,善师者不阵。

【译文】

善于取胜的人不必战斗,善于战斗的人不需要军队,善于用兵的人不用阵法。

工不出①,则农用乏;商不出,则宝货绝。农用乏,则谷不殖②;宝货绝,则财用匮③。

———

①出:生产。

②殖:繁殖,增产。

③匮(kuì):匮乏。

【译文】

工匠不生产,就会导致农用器具缺乏;商人不开店,就会导致货物断绝。农用器具缺乏,粮食就不能增产;货物断绝,财用就会匮乏。

夫导民以德,则民归厚;示民以利,则民俗薄。

【译文】

以道德引导民众,那么民风就会归于淳厚;以利益诱导民众,民俗就会浇薄。

国有沃野之饶而民不足于食者,工商盛而本业荒也①;有山海之货而民不足于财者,不务民用而淫巧众也。

———

①本业荒：农业荒废。

【译文】

国家有肥沃原野的丰饶而民众却吃不饱的原因，是工商业兴盛而农业荒废；国家有山林河海的货物而民众却钱财不足的原因，是不追求民众实用，过于精巧的奢侈品太多。

川源不能实漏卮^①，山海不能赡溪壑^②。

———

①川源：大河的水源。漏卮（zhī）：漏酒杯。

②赡溪壑：填不满溪谷沟壑。

【译文】

大河装不满漏酒杯，山海货物填不满溪谷沟壑。

力耕

古者尚力务本而种树繁^①，躬耕趣时而衣食足^②，虽累凶年而人不病也^③。

———

①种树繁：种植繁多。

②趣时：抓紧农时。趣，通“趋”。

③病：指遭受饥荒。

【译文】

古代鼓励努力从事农业生产，种植繁多，亲身耕作，抓紧农时，丰衣足食，即使遇上连年灾荒，民众也不至于陷入贫困。

衣食者民之本,稼穑者民之务也^①。二者修,则国富而民安也。

①稼:种植。穑(sè):收割。

【译文】

衣食是民众生存的根本,种植和收割是民众的主要事务。这两方面做好了,就会国富民安。

贤圣治家非一宝^①,富国非一道。

①宝:法宝。原作"室",据王利器说校改。

【译文】

贤君圣主治理国家并非只有一种法宝,使国家富裕也并非只有一条道路。

善为国者,天下之下我高,天下之轻我重。

【译文】

善于治国的人,天下人视之为下,我却视之为高;天下视之为轻,我却视之为重。

异物内流则国用饶,利不外泄则民用给矣。

【译文】

外国异物内流就会使国家财用丰饶,财利不外泄就会使民用充足。

夫上好珍怪,则淫服下流,贵远方之物,则货财外充。

【译文】

在上位的人喜好珍奇怪物，下层社会就会流行追求奇装异服，重视远方珍奇之物，就会使国家钱财充实外国的国库。

王者不珍无用以节其民，不爱奇货以富其国。

【译文】

君王不应该珍视无用之物，以此引导民众节俭；不应该喜爱珍奇货物，以此使国家富裕。

理民之道，在于节用尚本，分土井田而已①。

——

①井田：西周土地制度，将土地划分为许多方块，形似"井"字形，故称井田。中央为公田，旁边八块为私田。老百姓耕完中央的公田，才能耕种自己的私田。

【译文】

统治民众的方法，在于节约财用，重视农业根本，分封土地，实施古代的井田制而已。

自古及今，不施而得报，不劳而有功者，未之有也。

【译文】

从古到今，不施恩而得到报答，不劳动而有功劳，从没有过这种事。

通有

富在术数①，不在劳身；利在势居②，不在力耕也。

———

①术数：筹划。

②势居：地势优越。

【译文】

致富在于筹划，不在于亲身劳动；获利在于地势优越，不在于努力耕作。

利在自惜，不在势居街衢；富在俭力趣时，不在岁司羽鸠也①。

———

①岁司：管理农时。羽鸠：周时征收羽、鸠两种赋税的官吏名。此处指聚敛。

【译文】

获利在于自我珍惜，不在于地处街道要冲；致富在于节俭，努力按时耕种，不在于每年派官吏从事于羽鸠赋税的征收。

天地之利无不赡，而山海之货无不富也；然百姓匮乏，财用不足，多寡不调，而天下财不散也。

【译文】

天地的财利无不丰足，山林河海的货物无不丰富；然而老百姓生活匮乏，财用不足，这是财物多少的分布不均匀，天下财物没有疏散的缘故。

王者禁溢利，节漏费。溢利禁则反本，漏费节则民用给。是以生无乏资，死无转尸也。

【译文】

君王禁止暴利,节约不必要的费用。暴利被禁止就会返回农业根本,不必要的费用被节约下来,就会民用充足。所以活着的时候不乏资财,死后也不会被抛尸荒野。

农商交易,以利本末。

【译文】

农业与商业交易,有利于农业和工商业的发展。

错币

贵德而贱利,重义而轻财。

【译文】

重道德而轻利益,重大义而轻财富。

教与俗改,弊与世易①。

————

①弊:通"币",货币。

【译文】

教化与风俗一起改变,货币与时世一起变易。

物极而衰,终始之运也。

【译文】

事物发展到极点就会变衰,这是事物由始到终的变化规律。

夫臣富则相侈,下专利则相倾也。

【译文】

臣民富裕就会竞相奢侈,私人操纵财利就会互相倾轧。

上好礼则民闇饰①,上好货则下死利也。

———

①闇饰:懂得用礼修饰自己的行为。闇,通"谙",明白。

【译文】

在上位的人爱好礼义,那么民众就知道用礼义节制自己的行为;在上位的人爱好财货,那么下民就会冒死去追求财利。

禁耕

民人藏于家,诸侯藏于国,天子藏于海内。

【译文】

平民把财富藏在家里,诸侯把财富藏在封国,天子把财富藏在海内。

王者不畜聚,下藏于民,远浮利①,务民之义。

———

①远浮利:远离工商浮末财利。

【译文】

君王不聚积财富,而是藏富于民,远离工商浮末财利,用礼义去教化民众。

山海有禁而民不倾,贵贱有平而民不疑。

【译文】

山林河海有了不得私自开发的禁令，平民就不会互相倾轧；物价贵贱有了公平标准，民众就不会生疑。

山海者，财用之宝路也①。

①宝路：宝贵来路。"宝"下原无"路"字，据张敦仁说校补。

【译文】

山林河海，是财用的宝贵来路。

宝路开，则百姓赡而民用给，民用给则国富。

【译文】

将财用的宝贵来路打开，老百姓就会丰足，民众的财用就得到保障；民众的财用就得到保障，国家就富裕起来。

复古

宇栋之内①，燕雀不知天地之高；坎井之蛙，不知江海之大；穷夫否妇②，不知国家之虑；负荷之商③，不知猗顿之富。

①宇栋：原作"宇宙"，据王利器说校改。宇，屋檐。栋，栋梁。
②否：读为"鄙"。
③负荷之商：背负肩挑的小商贩。

【译文】

屋檐栋梁之内，燕雀不知道天地之高；土井内的青蛙，不知道江海之大；穷困的夫妇，不知道国家的谋略；肩挑背负的小贩，不知道猗顿的富有。

志大者遗小,用权者离俗。

【译文】

志向大的人不计较小节,通达权变的人不拘泥世俗之见。

数战则民劳,久师则兵弊,此百姓所疾苦,而拘儒之所忧也。

【译文】

屡次作战就会使民众疲劳,长期用兵就会使军队疲惫,这是老百姓感到痛苦,而固执迂腐的儒生感到忧虑的啊。

非鞅

利不从天来,不从地出,一取之民间。

【译文】

财利不从天上来,不从地中出,全部取之于民间。

利于彼者必耗于此,犹阴阳之不并曜①,昼夜之有长短也。

————

①阴:月亮。阳:太阳。曜:照耀。

【译文】

对彼有利,一定对此有损,如同月亮、太阳不能同时照耀,白天和黑夜互有长短。

利蓄而怨积,地广而祸构。

【译文】

财利蓄积了,民怨也积累了;地域拓广了,灾祸也构成了。

善凿者建周而不拔^①,善基者致高而不蹶^②。

———

①善凿者:善于凿榫眼的人。建周而不拔:安上榫头,周严而不脱落。拔,原作"疲",据张敦仁说校改。

②善基者:善于打地基的人。致高而不蹶:砌上高墙,牢固而不倒塌。

【译文】

善于凿榫眼的人,凿出的榫眼周严而不脱落;善于打地基的人,砌出的高墙牢固而不倒塌。

崇利而简义,高力而尚功。

【译文】

崇尚财利,鄙视礼义,倡导武力,推崇武功。

狐剌之凿^①,虽公输子不能善其枘^②。畚土之基^③,虽良匠不能成其高。

———

①狐剌之凿:歪斜的榫眼。狐剌,通"弧剌",违背常规。

②公输子:鲁班。

③畚(běn):用竹编制的盛土器物。

【译文】

歪歪斜斜的榫眼,即使是能工巧匠鲁班也不能做好榫头。由一畚箕土打成的地基,即使是高明瓦匠也不能砌成高墙。

言之非难,行之为难。

【译文】

说起来并不难,做起来才是难事。

知利而不知害,知进而不知退,故果身死而众败。

【译文】

只知道利益而不知祸害,只知道前进而不知后退,因此最终自身惨死,而众人随之失败。

君子进必以道,退不失义,高而勿矜①,劳而不伐②,位尊而行恭,功大而理顺;故俗不疾其能,而世不妒其业。

①矜:自大,骄傲。

②伐:夸耀。

【译文】

君子进身仕途一定要以正道,退隐一定不要失去礼义,处于高位而不要骄傲,功劳多而不夸耀,地位尊贵而行为谦恭,功绩甚大而通情达理;因此世俗不会嫉妒他的才能,世人不嫉妒他的功业。

缟素不能自分于缁墨①,贤圣不能自理于乱世②。

①缟素:白色丝织品。缁墨:黑色染料。

②自理:自我保全。

【译文】

白色丝织品在黑色染料中不能避免被污染，圣贤不能在乱世中自我保全。

志在匡君救民，故身死而不怨。

【译文】

志在纠正君主过失，拯救民众，因而身死而不怨恨。

君子能行是不能御非。

【译文】

君子能做正确的事情，但不能抵御别人的非难。

晁错

臣罪莫重于弑君，子罪莫重于弑父。

【译文】

臣下之罪，没有比弑君更重的，人子之罪，没有比弑父更重的。

孔子不饮盗泉之流①，曾子不入胜母之间②。

———

①孔子不饮盗泉之流：传说孔子经过盗泉，虽然口渴，但由于厌恶"盗泉"之名，终不饮盗泉之水。

②曾子不入胜母之间：《史记·鲁仲连邹阳列传》："故县名胜母，而曾子不入。"曾参是著名孝子，由于厌恶"胜母"之名，故路过而不进入。间，里弄。

【译文】

孔子不喝名叫"盗泉"的水，曾子不进入名叫"胜母"的里巷。

刺权

有司之虑远，而权家之利近；令意所禁微，而僭奢之道著。

【译文】

主管官员考虑深远，而权豪家族私利却靠近了；盐铁禁令意义深微，而僭越奢侈的风气却更加明显了。

官尊者禄厚，本美者枝茂。

【译文】

官大的人俸禄优厚，根深的树枝叶茂盛。

水广者鱼大，父尊者子贵。

【译文】

水域广阔鱼就大，父亲尊贵儿子就尊贵。

夫食万人之力者，蒙其忧，任其劳。

【译文】

食用万人劳动所得的俸禄的人，应该蒙受老百姓的忧患，分担老百姓的劳苦。

一人失职，一官不治，皆公卿之累也。

【译文】

一个人失职，一个官员不称职，都可以看作是公卿的过失。

君子之仕，行其义，非乐其势也。受禄以润贤^①，非私其利。

①润贤：培养贤才。

【译文】

君子当官，是为了实行仁义，不是享受当官的权势。接受俸禄可以用来养贤，而不是谋取私利。

无周公之德而有其富，无管仲之功而有其侈。

【译文】

没有周公的美德却有周公的富贵，没有管仲的功劳却有管仲的奢侈。

刺复

但居者不知负载之劳^①，从旁议者与当局者异忧^②。

①但居者：赋闲在家的人。但，徒，空。
②当局：当政。异忧：忧愁的内容不一样。

【译文】

赋闲在家的人不知道背负肩挑者的劳苦，站在旁边议论的人与当政者有着不同的忧愁。

治大者不可以烦，烦则乱；治小者不可以怠^①，怠则废。

———

①治小者不可以怠："可"下原脱"以"字，据郭沫若说校补。

【译文】

治理任务重大的人不可以烦琐，烦琐就会导致混乱；治理任务小的人不可以懈怠，懈怠就会荒废工作。

其政恢卓，恢卓可以为卿相。其政察察，察察可以为匹夫。

【译文】

执政气魄宏大，宏大就可以担任卿相。执政严厉苛刻，苛刻就只能当老百姓。

官得其人，人任其事，故官治而不乱，事起而不废。

【译文】

官职得到合适的人选，人人胜任自己的工作，因此官职得到治理而不紊乱，事业兴旺而不荒废。

任能者责成而不劳，任己者事废而无功。

【译文】

任用贤能的人，责其完成任务，自己不会劳苦；只信任自己的人导致事业荒废，没有功效。

君子劳于求贤，逸于用之。

【译文】

君子在求贤时辛劳，在任用贤人后一劳永逸。

贤者得位,犹龙得水,腾蛇游雾也^①。

①腾蛇:龙类动物,据说能兴云驾雾。

【译文】

贤才得到官位,如同蛟龙得水,腾蛇兴云驾雾。

冰炭不同器,日月不并明。

【译文】

冰和炭不能放在同一个容器,太阳和月亮不会同时大放光明。

论儒

无鞭策,虽造父不能调驷马^①。无势位^②,虽舜、禹不能治万民。

①造父:周穆王时期善于驾车的人。

②势:原作"世",据王利器说校改。

【译文】

没有马鞭,即使是造父也不能协调四马拉的车。没有权势地位,即使舜、禹也不能治理万民。

马效千里^①,不必胡、代^②;士贵成功,不必文辞。

①效:马跑的效验。

②胡:匈奴。代:代国。两地出产良马。

【译文】

马只要能日行千里，不一定非要是匈奴、代地所产；士人贵在能够成功，不一定非要有华美的文辞。

圣人异涂同归①，或行或止，其趣一也②。

——

①涂：同"途"。

②趣：通"趋"。

【译文】

圣人殊途同归，有时行走，有时停止，但最终的趋向是一致的。

小枉大直，君子为之。

【译文】

小弯曲大正直，君子是可以做的。

君子执德秉义而行，故造次必于是，颠沛必于是①。

——

①造次必于是，颠沛必于是：《论语·里仁》："君子无终食之间违仁，造次必于是，颠沛必于是。"造次，仓促，匆忙。颠沛，动荡，变乱。

【译文】

君子执持道德，遵守道义而行动，在仓促之间不忘道德仁义，在颠沛流离之间不忘道德仁义。

亏义得尊，枉道取容，效死不为也。

【译文】

亏损仁义而获得尊位,用不正当手段取得上司欢心,这样的事宁死也不能做。

闻正道不行,释事而退^①,未闻枉道以求容也。

———

①释事:辞职。

【译文】

只听说过当正当道路走不通时,就辞职退隐,没有听说过用不正当手段以求得上司欢心的。

天下不平,庶国不宁^①,明王之忧也。

———

①庶国:各国。

【译文】

天下不太平,各诸侯国不安宁,这是英明君王的忧虑。

追亡者趋^①,拯溺者濡^②。

———

①趋:快跑。

②濡:衣服浸湿。

【译文】

追赶逃亡的人要快跑,拯救落水的人要弄湿衣服。

忧边

民流溺而弗救^①,非惠君也。国家有难而不忧,非忠臣也。

———

①流溺:受到水淹,比喻处于水深火热之中。"流"下原有"沉"字,据王先谦说校删。

【译文】

民众处于水深火热之中而不去拯救,就不能算仁惠之君。国家有难而不感到忧虑,就不是忠臣。

夫守节死难者,人臣之职也;衣食饥寒者,慈父之道也。

【译文】

坚守气节,为国死难,是人臣的职责;给饥寒的儿女提供衣食,这是做一个慈父的道理。

夫欲安民富国之道,在于反本,本立而道生^①。

———

①本立而道生:《论语·学而》:"君子务本,本立而道生。"这里的"本"指修治文德。

【译文】

希望安民富国的途径,在于返回根本,根本确立了,路径就形成了。

顺天之理,因地之利,即不劳而功成。

【译文】

顺应天理,遵循地利,就不必劳苦而大功告成。

欲安之适足以危之,欲救之适足以败之。

【译文】

希望安定却恰恰带来危险,希望拯救却恰恰带来失败。

夫治乱之端,在于本末而已,不至劳其心而道可得也。

【译文】

国家治乱的关键,在于分清根本与末枝而已,不必劳心就可以得到治国之道。

为人臣者尽忠以顺职,为人子者致孝以承业。

【译文】

作为人臣应该尽忠尽职,作为人子应该尽孝来继承父业。

明者因时而变,知者随世而制①。

———

①知:同"智"。随世而制:随当世情况而制定措施。

【译文】

聪明的人根据时势而变化,智慧的人随当世情况而制定措施。

圣人上贤不离古①,顺俗而不偏宜②。

———

①上:同"尚"。

②偏宜:偏向迎合时宜。

【译文】

圣人崇尚贤德不离开古礼,顺应时俗而不偏向迎合时宜。

园池

宇小者用菲^①,功巨者用大。

———

①宇:疆土,一说为器宇。菲:少,薄。

【译文】

国土面积小的诸侯费用少,功用巨大的天子费用多。

制地足以养民^①,民足以承其上^②。

———

①制地:制定田地制度,如周代有井田制。

②承:供养。

【译文】

朝廷制定田地制度足以养活民众,民众足以供奉上司。

夫男耕女绩^①,天下之大业也。

———

①绩:纺织。

【译文】

男耕女织,自古是天下的大业。

古者分地而处之^①,制田亩而事之^②。是以业无不食之地^③,国无乏作之民^④。

———

①处:居住。

②制：原作"利"，据郭沫若说校改。事：耕种。

③业：产业。不食之地：指未曾耕种的土地。

④乏作之民：不务正业的民众。

【译文】

古代划定区域让民众居住，制定田亩制度让民众耕种。所以产业上没有不曾耕种的土地，国家没有不务正业的民众。

轻重

礼义者，国之基也；而权利者，政之残也①。

————

①残：残害。

【译文】

礼义是立国的根基，而权势财利是为政的残贼。

水有猵獭而池鱼劳①，国有强御而齐民消②。

————

①猵獭（biān tǎ）：獭的一种，生活在水中，以食鱼为生。劳：劳苦，不安宁。

②强御：豪强。齐民：平民。消：衰微。

【译文】

水中有猵獭而池鱼遭殃，国家有豪强而平民吃亏。

茂林之下无丰草，大块之间无美苗①。

———

①大块：大土块，指未经平整的土地。

【译文】

茂密的森林之下没有丰茂的百草，大土块之间长不出好苗。

未通

筑城者先厚其基而后求其高，畜民者先厚其业而后求其赡。

【译文】

修筑城墙的人先要加厚地基，而后再把城墙筑高；治理民众的人先使老百姓家业厚实，而后求得民众的丰足。

树木数徙则矮①，虫兽徙居则坏②。

———

①徙：迁徙。矮：通"萎"，枯萎。

②坏：指生病或死亡。

【译文】

树木屡次迁徙就会枯萎，虫兽迁居就会病亡。

代马依北风，飞鸟翔故巢①，莫不哀其生②。

———

①代马依北风，飞鸟翔故巢：《文选·古诗十九首》："胡马依北风，越鸟巢南枝。"李善注引《韩诗外传》曰："代马依北风，飞鸟栖故巢，皆不忘之谓也。"代马，代地以出产名马著称。

②哀其生：留恋出生之地。

【译文】

代马依恋北风，飞鸟留恋故巢，没有动物不留恋出生之地。

政宽者民死之，政急者父子离①。

———

①政宽者民死之，政急者父子离："者"字原无，据郭沫若说校补。

【译文】

政令宽缓，民众肯为上司拼死；政令苛急，父子逃亡离散。

夫牧民之道①，除其所疾，适其所安，安而不扰，使而不劳，是以百姓劝业而乐公赋。

———

①牧民：治理民众。古代统治者视治理民众如牧养牲畜，故称牧民。

【译文】

治理民众的方法，在于除去民众所痛恨的东西，顺应老百姓安心的东西，安抚民众而不要打扰，役使老百姓但不让他们过于劳苦，所以老百姓努力耕作，乐于交纳公家税赋。

地广

夫治国之道，由中及外，自近者始。近者亲附，然后来远；百姓内足，然后恤外。

【译文】

治国的路线，是由中国内地到边境，从近处开始。近处的亲近归附，然后招来远方之人；老百姓内部富足，然后再体恤边疆。

无功之师，君子不行；无用之地，圣王不贪。

【译文】

没有功德的用兵，圣明君主是不会发动的；无用的土地，圣明君王是不会贪得的。

圣主用心，非务广地以劳众而已矣。

【译文】

圣明君主的用心，并不是致力于拓广土地来劳苦民众而已。

挟管仲之智者，非为厮役之使也①。怀陶硃之虑者②，不居贫困之处。

——

①厮役之使：奴仆的职务。

②陶硃：陶朱公范蠡。硃，同"朱"。

【译文】

拥有管仲智慧的人，不会担任奴仆的职务。怀藏陶朱公思虑的人，不会居住在贫困的处所。

夫禄不过秉握者①，不足以言治，家不满儋石者②，不足以计事。

——

①秉：一束禾。握：一把米。汉代年俸按若干石谷子来计算。

②家不满儋（dàn）石者：家里粮食还不到一石的人。儋，量词。

【译文】

俸禄不过一束禾一把米的人，不足以谈论国家治理，家产还不到一石粮的人，不足以筹划朝廷大事。

夫贱不害智^①，贫不妨行。

———

①害：原作"周"，据卢文弨、俞樾说校改。

【译文】

卑贱不妨害智慧，贫寒不妨害品行。

古之君子，守道以立名，修身以俟时，不为穷变节，不为贱易志，惟仁之处，惟义之行。

【译文】

古代的君子，坚守正道来树立名声，修养身心来等待时机，不因为困窘而改变节操，不因为卑贱而改变志向，只居仁爱之处，只行道义之事。

临财苟得，见利反义，不义而富，无名而贵，仁者不为也。

【译文】

见到财富就想得，见到利益就忘记道义，不合道义而富有，没有名声而尊贵，仁义的人是不会这么做的。

惟仁者能处约、乐^①，小人富斯暴^②，贫斯滥矣^③。

———

①惟仁者能处约、乐：《论语·里仁》："子曰：'不仁者不可以久处约，不可以长处乐。'"约，贫困。"乐"下原有"贫"字，据王利器说校删。

②斯：则。

③贫斯滥：《论语·卫灵公》："子曰：'君子固穷，小人穷斯滥矣。'"滥，泛滥，无所不为，没有底线。

【译文】

只有仁义的人才能过贫穷的生活，也只有仁义的人才能真正快乐，小人富有就会骄横，贫穷就会无所不为。

苟先利而后义，取夺不厌①。

————

①取夺不厌：巧取豪夺，永不满足。

【译文】

如果遇事都先考虑利益而后才想到道义，那么就会巧取豪夺永不满足。

贫富

夫乘爵禄以谦让者①，名不可胜举也；因权势以求利者，入不可胜数也②。

————

①乘爵禄以谦让：处于高官厚禄地位而能谦让。乘，因，凭借。

②入：收入。

【译文】

处于高官厚禄地位而能谦让的人，他的美名多得不可胜举；凭借权势来追求利益的人，他的收入多得不可胜数。

古者大夫思其仁义以充其位,不为权利以充其私也。

【译文】

古代大夫思考以仁义来充实官位,而不是为了个人权利来中饱私囊。

山岳有饶^①,然后百姓赡焉^②;河海有润^③,然后民取足焉。

———

①饶:富饶的资源。

②赡:取足,得到供给。

③润:滋润,引申为物产。

【译文】

山岳有富饶的资源,然后老百姓得到供给;河海有丰富的物产,然后民众获取足够的财利。

夫寻常之污^①,不能溉陂泽^②;丘阜之木^③,不能成宫室。

———

①寻常:八尺为寻,倍寻为常。此处形容面积小。污:小池塘。

②溉:灌溉。陂(bēi)泽:蓄水的池塘。

③丘阜:小土坡。

【译文】

小池塘的水,不能灌溉大塘大泽;小土坡上的树木,不能用来建成宫室。

小不能苞大^①,少不能赡多。

———

①苞:通“包”,包容。

【译文】

小不能包容大，少不能满足多。

未有不能自足而能足人者也，未有不能自治而能治人者也。

【译文】

从未有过不能自给自足而能满足他人的人，从未有过不能自我治理而能治理他人的人。

善为人者，能自为者也；善治人者，能自治者也。

【译文】

善于替他人办事的人，一定是能够替自己办事的人；善于治理他人的人，一定是能够治理好自己的人。

行远道者假于车^①，济江海者因于舟。

————

①行远道者假于车："远"下原无"道"字，据王利器说校补。假，借助。

【译文】

走远路的人要借助车子，渡江海的人要依靠船只。

君子能修身以假道者，不能枉道而假财也^①。

————

①假：借助。

【译文】

君子能够借助道义来修身,不能违背道义而借助钱财。

道悬于天,物布于地,智者以衍,愚者以困。

【译文】

道理悬挂在天上,物资遍布大地,智慧的人因此富裕,愚蠢的人因此贫困。

君子求义,非苟富也。

【译文】

君子追求道义,不是随便追求富贵。

君子遭时则富且贵,不遇,退而乐道。

【译文】

君子碰到时运就富贵,如果碰不到时运,就退隐而安贫乐道。

不以利累己,故不违义而妄取。

【译文】

不因为利益而连累自己,不违背道义而胡乱获取。

富贵不能荣,谤毁不能伤也。

【译文】

富贵不能使他感到荣耀,谤毁不能使他受到伤害。

贵何必财,亦仁义而已矣!

【译文】

尊贵何必要有财富,只要有仁义就行了!

毁学

无赫赫之势,亦无戚戚之忧^①。

——

①戚戚:忧虑貌。

【译文】

虽然没有显赫的权势,但也没有阴郁的忧虑。

今之在位者,见利不虞害^①,贪得不顾耻,以利易身,以财易死。

——

①虞:考虑,预料。

【译文】

如今在上位的人,见到利益就不再考虑祸害,贪得利益而不顾廉耻,用利益换取自身生命,用财富换取死亡。

学者所以防固辞^①,礼者所以文鄙行也^②。

——

①固辞:不文明的语言。

②文鄙行:修饰粗鄙的行为。文,修饰。

【译文】

学习是用来防止语言不文明的,礼仪是用来文饰粗鄙行为的。

学以辅德，礼以文质。

【译文】

学习用来辅助行德，礼仪用来文饰内在品质。

恶言不出于口，邪行不及于己。

【译文】

恶毒的语言不说出口，邪恶的行为不涉及自己。

终日言，无口过[1]；终身行，无冤尤[2]。

———

[1]口过：言语过失。

[2]冤尤：意同"怨恶"。冤，通"怨"。

【译文】

成天说话，但没有言语过失；终身行动，没有冤仇。

德薄而位高，力少而任重，鲜不及矣[1]。

———

[1]"德薄而位高"三句：语本《周易·系辞下》："子曰：'德薄而位尊，知小而谋大，力小而任重，鲜不及矣。'"鲜不及，很少不赶上灾祸。

【译文】

那些德行浅薄而官位很高，力量很小而任务很重的人，很少不遇到灾祸的。

尊荣者士之愿也，富贵者士之期也。

【译文】

尊贵荣耀是士人的愿望,富有尊贵是士人的期待。

贤士徇名,贪夫死利。

【译文】

贤能之士为名声而死,贪财的人为利益而死。

褒贤

夫智不足与谋,而权不能举当世①,民斯为下也②。

①权:权谋,权术。举当世:左右当世。

②民斯为下:《论语·季氏》:"困而不学,民斯为下矣。"

【译文】

智慧不足以与之谋划,而权谋不能左右当世时局,这样的人是下等人。

不以道进者必不以道退①,不以义得者必不以义亡。

①不以道进者:以不合道义的方法获得进身的人。按,"进"下原无"者"字,据王利器说校补。

【译文】

以不符合道义的方法获得进身者,必然不以合乎道义的方法终结;不以符合道义的方式获得尊贵者,必然不以符合道义的方式失去尊贵。

夫行者先全己而后求名,仕者先辟害而后求禄^①。

——

①辟:通"避"。

【译文】

行事的人应该先保全自己而后求名声,做官的人应该先避祸害而后求俸禄。

志善者忘恶^①,谨小者致大。

——

①志善:立志向善。

【译文】

立志向善的人忘记邪恶,谨小慎微的人自致远大。

俎豆之间足以观礼^①,闺门之内足以论行。

——

①俎豆:两种祭祀宴饮用的礼器。

【译文】

一俎一豆之间足可以观察礼义,家门之内足可以评论言行。

君子时然后言,义然后取^①,不以道得之不居也^②。

——

①时然后言,义然后取:《论语·宪问》:"夫子时然后言,人不厌其言;乐然后笑,人不厌其笑;义然后取,人不厌其取。"

②不以道得之不居也:《论语·里仁》:"不以其道得之,不处也。"居,占有。

【译文】

君子到应该说话的时候才说话,符合道义然后获取,不是以合乎道义的方式得到的东西,就宁愿不要。

满而不溢,泰而不骄①。

———

①泰:安泰。《论语·尧曰》:"泰而不骄。"

【译文】

充满而不会溢出,安泰而不骄傲。

相刺

非君子莫治小人,非小人无以养君子。

【译文】

没有君子就没有人治理小人,没有小人就无法养活君子。

玉屑满箧①,不为有宝;诗书负笈②,不为有道。要在安国家,利人民,不苟繁文众辞而已③。

———

①玉屑:玉石碎末。箧(qiè):箱子。

②诗书:原作"诵诗书",据王利器说校改。笈(jí):背在背上的竹制书箱。

③繁文众辞:繁缛言辞。繁文,原作"文繁",据黄侃说校正。

【译文】

满箱珠玉,不能说拥有珍宝;背着满箱诗书,不能说拥有道义。关键在于安定国家，有利人民，不只是口头的繁文缛辞而已。

有粟不食，无益于饥；睹贤不用，无益于削。

【译文】

有粮食而不吃，无益于解决饥饿问题；看到贤人而不能任用，无益于解决国土削减问题。

扁鹊不能治不受针药之疾，贤圣不能正不食谏诤之君①。

────

①不食：不接受。谏诤：直言劝谏。

【译文】

扁鹊不能治疗那些针灸用药都不见效的疾病，圣贤不能规正那些听不进直言劝谏的君主。

歌者不期于利声①，而贵在中节②；论者不期于丽辞，而务在事实。

────

①利声：尖利的声音。

②中节：合于节拍。

【译文】

歌手不期望声音尖利，而贵在合于曲调节拍；辩论的人不期待他的华丽辞藻，而务在实事求是。

善声而不知转①，未可为能歌也②；善言而不知变，未可谓能说也。

————

①善声:声音好听。转:指曲调变换。一说,转,曲调。

②为:通"谓"。

【译文】

声音好听而不知道曲调的转换,不能说他善于唱歌;善于言辞而不知变通,不能说他善于说话。

日月之光,而盲者不能见,雷电之声,而聋人不能闻。

【译文】

日月的光华,盲人看不见,雷电的声音,聋人听不见。

居则为人师①,用则为世法②。

————

①居:在家赋闲的时候。

②用:用世,当官的时候。

【译文】

在家闲居就作为他人老师,做官就被世人所效法。

朝无忠臣者政暗,大夫无直士者位危。

【译文】

朝廷没有忠臣就政治昏暗,大夫身边没有正直敢言之士,地位就危险。

触死亡以干主之过者①,忠臣也;犯颜以匡公卿之失者②,直士也。

①触死亡:冒着生命危险。干:触犯。

②犯颜:触犯尊严。

【译文】

冒着生命危险指出君主过错的人是忠臣,触犯尊严匡正公卿过失的人是正直之士。

殊路

至美素璞①,物莫能饰也。至贤保真②,伪文莫能增也③。故金玉不琢④,美珠不画。

①至美:最美。素璞:未经雕琢的玉石。

②至贤:最贤。保真:保持本真。

③伪文:人为的文饰。增:增添光彩。

④金玉不琢:完美的玉石不必雕琢。张敦仁说,"金"当为"全"。

【译文】

最美的玉石,没有东西能修饰它。最贤的本真,人为文饰不能增色。因此最美的玉石不必雕琢,最美的珍珠不必描画。

非学无以治身,非礼无以辅德。

【译文】

不学习就无法修身,没有礼义就无法辅佐美德。

性有刚柔,形有好恶,圣人能因而不能改。

【译文】

性格有阳刚阴柔之分,容貌有美好丑恶之别,圣人只能顺因自然而不能改变。

良师不能饰戚施,香泽不能化嫫母也。

【译文】

良师不能修饰驼背,香泽脂粉也不能美化嫫母那样的丑女。

砥所以致于刃①,学所以尽其才也。

①砥:磨刀石,此处用作动词,磨刀。

【译文】

磨刀是用来使刀刃锋利的,学习是用来发掘才能的。

夫丑者自以为姣,故饰;愚者自以为知①,故不学。

①知:同"智"。

【译文】

丑人自以为长得漂亮,因此多加修饰;愚蠢的人自以为智慧,因此不愿学习。

不好用人,自是之过也。

【译文】

不喜欢任用别人,这是自以为是的过错啊。

讼贤

刚者折，柔者卷。

【译文】

刚强的东西容易折断，柔弱的东西容易卷起。

欲人之从己，不能以己从人^①，莫视而自见^②，莫贾而自贵^③。

────

①不能以己从人："己"下原有"之"字，据姚范说校删。

②莫视而自见：没有人看得上，却要自我表现。见，同"现"。

③莫贾而自贵：没有人愿意买，却要自抬身价。贾，买。

【译文】

希望别人顺从自己，不能让自己顺从别人；没有人看得上，却要自我表现；没有人愿意买账，却要自抬身价。

知其不可而强行之，欲以干名^①。所由不轨^②，果没其身。

────

①干：求。

②所由：所作所为。不轨：不合法规。

【译文】

明知其不可做，却要勉强推行，想以此来求得名声。所作所为不合法规，最终自己丧失性命。

夫公族不正则法令不行^①，股肱不正则奸邪兴起^②。

——

①公族：皇亲国戚。

②股肱（gōng）：大腿和胳膊，比喻君主的得力助手。

【译文】

皇亲国戚风气不正就会导致法令不能推行，君主的得力干将风气不正就会导致奸邪兴起。

遵道

文繁如春华①，无效如抱风②。

——

①文繁如春华：是说文学的文采比春花还要华丽。语中含有讥刺文学华而不实之意。如，原作"于"，据黄侃说校改，下一句中"如"字情形相同。华，花。

②抱风：比喻毫无实效。

【译文】

文采比春花还要华丽，毫无效果如同拥抱大风。

饰虚言以乱实，道古以害今①。

——

①饰虚言以乱实，道古以害今：《史记·秦始皇本纪》载李斯曰："语皆道古以害今，饰虚言以乱实。"

【译文】

他们修饰虚言，扰乱实事，称道古代，危害当今。

师旷之调五音①,不失宫商②。圣王之治世,不离仁义。

———

①师旷:春秋时期晋国乐师。五音:宫、商、角、徵、羽。

②宫商:此处以宫商指代五音。

【译文】

晋国著名乐师师旷调和五音,不能脱离宫、商、角、徵、羽。圣明君王治国,离不开仁义。

夫欲粟者务时,欲治者因世。

【译文】

想多打粮食,就要抓紧农时;想治理好国家,就要顺应时世。

庸人安其故,而愚者果所闻①。

———

①果所闻:坚信听来的传说。

【译文】

平庸的人安于旧状,愚蠢的人坚信所听到的传说。

民知其利,莫不劝其功。

【译文】

民众知道有利,没有人不勉力劳作。

论诽

礼所以防淫①,乐所以移风②,礼兴乐正则刑罚中。

——

①礼所以防淫：意谓礼因性情而为之节文，不偏不倚地表达思想感情，是礼的宗旨，过与不及，都与礼相违。淫，过分。

②移风：移风易俗。

【译文】

礼用来防止过分，乐用来移风易俗，礼制兴盛，音乐纯正，就会刑罚适中。

堤防成而民无水灾，礼义立而民无乱患①。

——

①礼义立而民无乱患："而"字原无，据王利器说校补。

【译文】

堤防修成之后民众就没有水灾，礼义确立之后民众就没有动乱祸患。

治国谨其礼①，危国谨其法。

——

①谨：重视。

【译文】

治理的国家重视礼，危险的国家重视法。

从善不求胜，服义不耻穷①。

——

①穷：受窘。

【译文】

从善如流，不求个人取胜，服从大义，不耻受窘。

饭蔬粝者不可以言孝^①,妻子饥寒者不可以言慈,绪业不修者不可以言理^②。

──

①饭:用作动词,吃。粝:粗粮。

②绪业:事业,遗业。修:原作"备",据陈遵默说校改。

【译文】

给父母吃蔬菜粗粮的人不可以说他是孝子,妻子儿女挨饥受寒的人不可以说他慈爱,祖辈遗业没有继承好的人不可以说善于治理家族。

孝养

善养者不必刍豢也^①,善供服者不必锦绣也。

──

①刍豢(chú huàn):本指牛羊犬豕之类的家畜,此处指肉食。

【译文】

善于奉养父母的人不一定要每餐肉食,善于提供父母衣服的人不一定每件都是锦绣。

以己之所有尽事其亲,孝之至也。

【译文】

将自己所拥有的东西全部拿出来事奉父母双亲,这是孝的顶点。

贵其礼^①,不贪其养^②,礼顺心和,养虽不备,可也。

──

①贵其礼:"其"字原无,据王利器说校补。

②不贪其养:不贪图供养父母的东西有多少。

【译文】

重视对父母的礼义,不贪图供养父母的东西有多少,遵守礼义,心平气和,供养物资即使不能完全具备,也是可以的。

富贵而无礼,不如贫贱之孝悌。

【译文】

如果大富大贵而缺乏礼义,还不如贫贱人家的孝悌。

闺门之内尽孝焉,闺门之外尽悌焉,朋友之道尽信焉,三者,孝之至也。

【译文】

在家门之内尽孝道,在家门之外尽悌义,对朋友之道尽信用,做到这三点,就是孝的顶点了。

君子重其礼,小人贪其养。

【译文】

君子重视礼仪,小人贪得供养。

君子苟无其礼①,虽美不食焉。

①苟:如果。

【译文】

对君子来说,如果无礼,即使是美味,也不愿食用。

礼菲而养丰^①,非孝也。

———

①菲:菲薄。养丰:供养丰厚。

【译文】

礼仪菲薄而供养丰厚,这不是孝。

孝在实质,不在于饰貌;全身在于谨慎,不在于驰语也^①。

———

①驰语:说空话。

【译文】

孝在于实质,不在于修饰外在的礼貌;保全身体在于谨慎,不在于说空话。

言而不诚,期而不信^①,临难不勇,事君不忠,不孝之大者也。

———

①期:约会。

【译文】

说话不真诚,有约不讲信用,面临危难不勇敢,事奉君主不忠贞,这些行为都是大的不孝。

刺议

山林不让椒桂^①,以成其崇;君子不辞负薪之言^②,以广其名。

———

①让：拒绝。椒桂：两种香木。

②辞：辞谢，拒绝。负薪：打柴人，指代下层民众。

【译文】

山林不拒绝椒桂灌木，才得以成就它的高大；君子不谢绝听取打柴人的言论，才得以扩大他的声名。

多见者博，多闻者知①，距谏者塞②，专己者孤③。

———

①知：同"智"。

②距：通"拒"。塞：闭塞。

③专己：刚愎自用。孤：孤陋寡闻。

【译文】

多见的人广博，多听的人智慧，拒绝劝谏的人闭塞，刚愎自用的人孤陋寡闻。

谋及下者无失策，举及众者无顿功①。

———

①举：举动。顿功：败功。

【译文】

与下面商量的人没有失策，与众人一起举动的人没有败功。

以正辅人谓之忠，以邪导人谓之佞。

【译文】

用正道辅佐人叫做忠贞，用邪道误导人叫做奸佞。

衣儒衣,冠儒冠,而不能行其道,非其儒也。

【译文】

穿着儒生的衣服,戴着儒生的帽子,而不能推行儒道,这不是真儒生。

葶历似菜而味殊^①,玉石相似而异类。

———

①葶(tíng)历:即葶苈,一种形似白菜的野草,味苦。

【译文】

葶苈形似白菜,但味道却与真白菜不一样;玉与石形状相似,但它们却是不同类的东西。

利议

言之易而行之难。

【译文】

说起来容易做起来难。

有舍其车而识其牛,贵其不言而多成事也。

【译文】

有的人舍弃车子却记住了拉车的牛,这是看重老牛不说话多干活。

鹖鴠夜鸣^①,无益于明。

———

①鹖鴠(hé dàn):一种盼天明的鸟。

【译文】

鹖鸣夜里鸣叫,无益于加速天亮。

国疾

所以贵术儒者①,贵其处谦推让,以道尽人②。

———

①术儒:有道术的儒生。

②以道尽人:用道理说尽人意。

【译文】

之所以看重有道术的儒生,是看重他们能够谦让,用详尽的道理说服人。

愕愕者福也,诶诶者贼也①。

———

①诶诶(jiàn):巧言善辩。贼:原作"贱",据杨树达、郭沫若说校改。

【译文】

直言争辩是朝廷之福,巧言善辩是朝廷之祸。

林中多疾风,富贵多谀言。

【译文】

树林之中多有大风,富贵之人多听阿谀之言。

散不足

夫贤人君子,以天下为任者也。

【译文】

贤人君子,是以天下为己任的人。

任大者思远,思远者忘近。

【译文】

责任重大的人思虑深远,思虑深远的人就会忘记近祸。

德行求福,故祭祀而宽①。仁义求吉,故卜筮而希②。

————

①宽:放松。

②希:同"稀",稀少。

【译文】

人们用自己的德行求得福报,因此祭祀祖宗神灵时心理放松。用自己的仁义行为求得吉利,因此卜筮次数稀少。

君子夙夜孳孳思其德①,小人晨昏孜孜思其力。故君子不素餐②,小人不空食。

————

①夙夜:早晚。孳孳:通"孜孜",勤勉努力。

②素餐:白吃饭。

【译文】

君子早晚勤奋地思考如何提高德行,小人昼夜努力地思考如何使用劳力。因此君子不会白吃饭,小人也不会不劳而食。

人君敬事爱下,使民以时,天子以天下为家,臣妾各以其

时供公职,古今之通义也。

【译文】

君王严肃恭敬地处理政事,爱护下民,按照空闲时节使用民力,天子以天下为自己的家庭,臣下妻妾各自按照规定时间供奉公职,这是古今通行的道理。

不赏无功,不养无用。

【译文】

不奖赏无功之人,不供养无用之辈。

圣人非仁义不载于己^①,非正道不御于前^②。

————

①不载于己:不往自己身上拉。

②不御于前:不再前行。御,原作"禦",据卢文弨说校改。

【译文】

圣人不是仁义的事决不去做,不是正道就不再向前走。

功积于无用,财尽于不急。

【译文】

工夫都花在无用之事上,财富全用在不急事务上。

国病聚不足即政急^①,人病聚不足则身危。

————

①病聚不足:聚积不足的弊病。

【译文】

国家有聚积不足的弊病，就会造成政事懈怠；一个人如果有聚积不足的毛病，身体就会危险。

救匮

桡枉者以直^①,救文者以质^②。

──────

①桡(náo)枉者以直：原作"桡枉者过直"，据王利器说校改。桡，弯曲，矫正。枉，曲。

②文：文饰，指典章制度形式。质：与"文"相对，质朴。

【译文】

应该用直来矫正弯曲，用质朴来纠正文饰过盛。

民奢,示之以俭;民俭,示之以礼。

【译文】

如果民风豪奢，当政者就应该以俭朴示民；民风俭朴，当政者就应该以礼仪示民。

孤子语孝^①,蹩者语杖^②,贫者语仁,贱者语治。

──────

①孤子：孤儿。

②蹩(bì)者：跛脚的人。杖：手杖。

【译文】

孤儿喜欢谈论孝道，跛子喜欢谈论拐杖，穷人喜欢谈论仁慈，贱人喜欢谈论治理国家。

议不在己者易称^①，从旁议者易是^②，其当局则乱^③。

①议不在己：议论焦点不在自己。易称：容易评头论足。

②从旁议者：站在一边议论他人。易是：容易指出怎样做才对。

③当局则乱：即当局者迷。

【译文】

议论的对象不是自己时容易夸夸其谈，站在一旁议论他人容易讲得头头是道，而当局者就容易陷入迷乱。

夫九层之台一倾^①，公输子不能正^②；本朝一邪^③，伊、望不能复^④。

①台：楼台。倾：倾斜。

②公输子：公输班，又名公输盘、公输般，生活于战国前期，因其为鲁地人，故又称鲁班，为著名的能工巧匠。

③本朝：朝廷。

④伊：伊尹，为商朝开国贤相。望：姜太公吕望，辅佐周武王灭殷。复：匡复。

【译文】

九层楼台一旦倾斜，即使是公输班也不能修正；朝政一旦走上邪路，即使是伊尹、吕望也不能匡复。

箴石

君子之路,行止之道固狭耳①。

————

①行止:前行或停止。

【译文】

君子的道路,无论是前行还是止步,路本来就狭窄啊。

除狭

疏远无失士①,小大无遗功②。

————

①疏远无失士:即使与朝廷关系疏远,也不要漏掉贤士。

②小大无遗功:无论功劳大小都不会遗漏。

【译文】

即使与朝廷关系疏远,录用时也不要漏掉贤士;无论功劳大小,奖赏时也不要有所遗漏。

富者以财贾官①,勇者以死射功②。

————

①贾(gǔ):买。

②以死射功:用死战来博取功名。射,逐取。

【译文】

富人用钱买官,勇士通过死战求功。

非仁人不能任，非其人不能行。

【译文】

如果不是仁人就不能胜任，如果不是适当人选就不能施行正确的治理。

一人之身①，治乱在己。

———

①一人：书中指封疆大吏的人选。

【译文】

一人之身，治和乱全在自己。

举善若不足，黜恶若仇雠①。

———

①黜恶：罢免。仇雠：仇敌。

【译文】

推举善人如恐不足，罢免恶人如同对待仇敌。

疾贪

不患其不足也①，患其贪而无厌也。

———

①不足：指选拔人才数量不够。

【译文】

不必担忧朝廷的人才选拔不够，而应该担忧官员贪得无厌。

语曰:"货赂下流,犹水之赴下,不竭不止。"

【译文】

谚语说:"贿赂流行,如同水向下流,不流尽就不会停止。"

夫欲影正者端其表①,欲下廉者先之身②。

———

①影正:影子正直。端其表:端正标杆。表,标杆。

②下:下级。先之身:首先自身做表率。

【译文】

要想影子正,先端正标杆,要想下级廉洁,长官先要亲自做表率。

贪鄙在率不在下①,教训在政不在民也②。

———

①率:即"帅",长官。

②政:朝政。

【译文】

贪污粗鄙根源在长官而不在下级,教诲训示的重点在朝政而不在民众。

君子急于教,缓于刑。

【译文】

君子急于教化,缓于用刑。

夫上之化下,若风之靡草①,无不从教。

———

①风之靡草：大风吹过，杂草为之倒伏。

【译文】

在上的官员教化下民，如同大风吹过、杂草倒伏一样，老百姓没有不顺从教化的。

后刑

古之君子，善善而恶恶①。

———

①善善：肯定善人。恶（wù）恶：厌恶恶人。

【译文】

古代的君子，肯定善人，厌恶恶人。

无用之苗，苗之害也；无用之民，民之贼也。

【译文】

无用的莠苗，是禾苗的祸害；无用的坏人，是民众的祸害。

钽一害而众苗成①，刑一恶而万民悦②。

———

①钽：同"锄"。

②刑：用作动词，诛杀。

【译文】

锄除一株害苗，众多禾苗就健康成长；杀掉一个坏人，万民为之喜悦。

圣人假法以成教^①，教成而刑不施。

——

①假法：借助刑罚。成教：完成教化。

【译文】

圣人借助法令来完成教化，教化成功了，刑罚就不必施用。

民乱反之政^①，政乱反之身，身正而天下定。

——

①反之政：反省政治。

【译文】

民众出了乱子，就要反省政治；政治出了乱子，就要反省自身修养；自身端正了，天下就安定。

君子嘉善而矜不能^①，恩及刑人，德润穷夫，施惠悦尔，行刑不乐也。

——

①矜不能：同情无能的人。《论语·子张》："君子尊贤而容众，嘉善而矜不能。"

【译文】

君子表彰善良而同情无能的人，恩惠施及受刑之人，德惠润泽到穷人，施予恩惠是令人高兴的事，执行刑杀并不让人快乐。

授时

礼义立，则耕者让于野；礼义坏，则君子争于朝。

【译文】

如果礼义得以确立，那么耕田的人就会在田野礼让；如果礼义败坏，那么君子就会争于朝廷。

富则仁生，赡则争止^①。

———

①赡则争止：赡，富足。"则"下原有"民"字，据张敦仁说校删。

【译文】

富裕就容易产生仁义之心，丰足就会使争夺停止。

为民爱力^①，不夺须臾。

———

①爱力：爱惜劳力。

【译文】

为民众爱惜劳力，不剥夺农夫片刻时光。

水旱

行修于内^①，声闻于外，为善于下，福应于天。

———

①行修：原作"循行"，据王先谦说校改。行，德行。

【译文】

统治者德行修于身内，声名会传播于外；对老百姓行善，福报会感应上天。

寡功节用①,则民自富。

———

①寡功:减少国家事务。

【译文】

减少国家事务,节制国家财用,这样民众自然会富足起来。

崇礼

王者崇礼施德,上仁义而贱怪力①。

———

①上:同"尚",崇尚。贱怪力:轻视怪异和暴力。

【译文】

君王崇尚礼仪,普施恩德,推崇仁义道德,轻视怪异暴力。

喻德示威,惟贤臣良相,不在犬马珍怪。

【译文】

宣传恩德,展示威武,只有依靠贤臣良相,而不在于犬马珍宝。

山有虎豹,葵藿为之不采;国有贤士,边境为之不害也①。

———

①"山有虎豹"四句:原书谓引自《春秋》,不见于今本《春秋》,可能是出自汉代《春秋》传记。葵藿,两种野菜。采,采摘。

【译文】

山上有虎豹,葵藿野菜无人敢去采摘;国家有贤士,边境不会遭受侵害。

备胡

夫用军于外,政败于内,备为所患^①,增主所忧。

———

①备为所患:对外防备是为了对付所忧患的强敌。

【译文】

对外用兵,却导致内政败坏,对外防备本来是为了对付所忧患的强敌,反而增添了君主的担忧。

夫文衰则武胜,德盛则备寡。

【译文】

文治衰败,武功就会取胜,道德兴盛,军备就会减少。

君子立仁修义,以绥其民^①,故迩者习善,远者顺之。

———

①绥:安定,安抚。

【译文】

君子修行仁义道德,来安定民众,因此近处的人通过习染而向善,远处的人则前来归顺。

为政而以德,非独辟害折冲也^①,所欲不求而自得。

———

①辟:通"避"。折冲:本义是使战车折回,此处指挫败对手。

【译文】

为政依靠仁德,不仅仅能逃避祸害或挫败对手,还让心里所想得到的东西不必主动追求就能自然得到。

役烦则力罢,用多则财乏。

【译文】

兵役繁多民众就会精疲力竭,军事费用太多就会导致财用匮乏。

执务

高山仰止,景行行止①,虽不能及,离道不远也。

————

①高山仰止,景行行止:出自《诗经·小雅·车辖(xiá)》。仰,仰望。止,语气助词。景行,大道。行,前行。

【译文】

那是一座令人仰望的高山,我沿着大道向它进发,即使攀登不上高山顶峰,那么距离大道也不远了。

土积而成山阜①,水积而成江海,行积而成君子。

————

①山阜:土山。

【译文】

堆积层土而形成山坡,累积河水而形成江海,积累善行而成为君子。

狱讼平,刑罚得,则阴阳调,风雨时。

【译文】

刑狱诉讼公平,刑罚轻重得当,那么就会阴阳调和,风雨适时。

赋敛省而农不失时,则百姓足,而流人归其田里。

【译文】

如果国家赋税减少,农民不误农时,那么就会百姓充足,流浪人口就会回归故里。

上清静而不欲①,则下廉而不贪。

——

①上清静:在上位的人不扰民。不欲:不施行多欲政治。

【译文】

在上位的人保持清静,不搞多欲政治,那么在下位的人就会廉洁而不贪婪。

一人行而乡曲恨①,一人死而万人悲。

——

①乡曲:乡里。

【译文】

一个人出征,整个乡里都会怨恨,一人死于他乡,万人都会悲伤。

能言

盲者口能言白黑,而无目以别之。儒者口能言治乱,而无能以行之①。

——

①而无能以行之:"而"字原无,据王利器说校补。

【译文】

盲人口能说白与黑，却没有眼睛来辨别。儒生口能说治与乱，却没有能力来施行。

卑而言高，能言而不能行者，君子耻之矣。

【译文】

地位卑下却高谈阔论，能说而不能做，这是君子为之羞耻的事。

能言而不能行者，国之宝也。能行而不能言者，国之用也。

【译文】

能说出正确思想而不能施行的人，是国家的珍宝。能施行正确思想而不善言谈的人，是国家的有用之人。

药酒，病之利也；正言，治之药也。

【译文】

药酒有利于治病，正确的言论是治国良药。

取下

安者不能恤危，饱者不能食饥。

【译文】

安全的人不能体恤危险的人，吃饱的人不能喂食饥饿的人。

余粱肉者难为言隐约，处佚乐者难为言勤苦。

【译文】

对于有余粮剩肉的人,很难跟他谈论穷困,身处安逸快乐的人,很难跟他谈论劳苦。

君子仁以恕^①,义以度^②,所好恶与天下共之,所不施不仁者。

————

①仁以恕:仁爱而宽恕。以,而。

②义以度:正义而揣度他人心理。

【译文】

君子仁爱而宽恕,正义而以理度人,所喜好所厌恶的都与天下人相同,不将不仁施予他人。

击之

地广而不德者国危^①,兵强而凌敌者身亡^②。

————

①德:原本作"得",据王利器说校改。

②凌敌:侵犯敌人。

【译文】

地域广阔而不修德的国家危险,兵强马壮而凌犯敌人的人身遭伤亡。

结和

上求寡而易赡,民安乐而无事。

【译文】

朝廷索求很少且容易满足,民众就会安居乐业,相安无事。

夫以天下之力勤何不摧^①? 以天下之士民何不服?

---

①力勤:力量。摧:原作"权",据卢文弨说校改。

【译文】

依靠天下之力,何坚不摧? 依靠天下的将士民众,何人不服?

圣人不困其众以兼国,良御不困其马以兼道。

【译文】

圣明的君主不会困乏一国之众去兼并他国,优秀的车夫不会困乏马匹来加倍赶路。

手足之勤,腹肠之养也;当世之务,后世之利也。

【译文】

手足的勤劳是为了奉养腹肠;当代人的战事,是为了后人的利益。

前车覆,后车戒。

【译文】

前面车子倾覆了,后面车子就要戒慎。

诛秦

力多则人朝,力寡则朝于人矣。

【译文】

威力强大就会有人前来朝贡,威力弱小就会向别人朝贡。

夫肌肤寒于外,腹心疾于内,内外之相劳,非相为赐也^①!

———

①赐:赏赐,引申为帮助,施惠。原作"助",据王利器说校改。

【译文】

外面的肌肤受寒,内部的腹心就会生病,身体内外互相劳累,而不是互相帮助!

唇亡则齿寒,支体伤而心憯怛^①。

———

①憯怛(cǎn dá):忧伤哀痛。

【译文】

嘴唇没有了,牙齿就裸露在外而受寒;肢体受伤了,心里就忧伤哀痛。

无手足则支体废,无边境则内国害^①。

———

①内国:内地。

【译文】

没有手足,肢体就残废了,国家没有边境,国内就会受害。

伐功

古之用师,非贪壤土之利,救民之患也。

【译文】

古代用兵,并不是贪图疆土的利益,而是要拯救民众的苦难。

世务

事不豫辨^①,不可以应卒^②。内无备^③,不可以御敌。

——

①豫辨:事先辨别。豫,通"预"。

②应卒:应对猝然变化。卒,通"猝"。

③内:国内。

【译文】

事情如果不事先辨识,就不可以应付猝然变化。国内没有军事防备,就不可以防御敌人。

君仁莫不仁,君义莫不义。

【译文】

如果君主仁,没有人不仁,如果君主义,没有人不义。

正近者不以威^①,来远者不以武^②,德义修而任贤良也。

——

①正近:纠正近处民众言行。

②来远:招来远人。

【译文】

纠正近处的人不靠威风,招来远方的人不凭武力,靠的是修德行义,任用贤良。

和亲

知文而不知武，知一而不知二。

【译文】

他们只知文治而不知武功，只知一个方面而不知两个方面。

未闻善往而有恶来者。

【译文】

从来没有听说过以善交往而招来以恶来回报的。

政有不从之教，而世无不可化之民。

【译文】

只有朝廷发布不可遵从的教令，而世间没有不可教化的民众。

繇役

夫文犹可长用，而武难久行也。

【译文】

文治可以长用，武功难以久行。

四支强而躬体固①，华叶茂而本根据②。

①支：同"肢"。躬体：身体。

②华：花。据：盛。

【译文】

四肢强壮就会身体强健,花叶茂盛就会树大根深。

饬四境所以安中国也^①,发戍漕所以审劳佚也^②。

———

①饬:整治。

②发:征发。戍:戍边。漕:漕运。审:仔细考虑。佚:通"逸"。

【译文】

整治四境是为了安定中原内地,征发戍边漕运是考虑到一劳永逸。

主忧者臣劳,上危者下死。

【译文】

君主忧虑时臣下应该多操劳,在上位者遇到危难,在下位者应该为之献身。

险固

龟猖有介^①,狐貉不能禽^②;蝮蛇有螫^③,人忌而不轻^④。

———

①猖:张敦仁说当为"猬"字之误,俞樾说当为"瑁"字之误。译文采用张敦仁说。介:甲。

②貉(hé):哺乳动物。外貌像狐狸,昼伏夜出。禽:同"擒"。

③蝮(fù)蛇:一种毒蛇。螫(shì):毒蛇咬人。

④忌:害怕。轻:轻视。

【译文】

乌龟、刺猬有甲壳，狐貉不能捕捉它们；蝮蛇能咬人，所以人类忌惮而不敢轻视它。

有备则制人，无备则制于人。

【译文】

有军事防备就控制他人，没有军事防备就受制于他人。

地利不如人和，武力不如文德。

【译文】

地利不如人和，武力不如文德。

君子为国，必有不可犯之难。

【译文】

君子治理国家，一定要有不可侵犯的战略防范。

行善则昌，行恶则亡。

【译文】

行善就会昌盛，行恶就会灭亡。

论勇

以道德为城，以仁义为郭，莫之敢攻，莫之敢入。

【译文】

以道德为内城，以仁义为外郭，就没有人敢于进攻，没有人敢于入侵。

以道德为胄①,以仁义为剑,莫之敢当②,莫之敢御。

———

①胄:头盔。

②当:通"挡"。

【译文】

以道德为头盔,以仁义为利剑,就没有人敢于抵挡,没有人敢于防御。

义之服无义,疾于原马良弓①;以之召远,疾于驰传重驿②。

———

①原:通"骠",赤毛白腹的马。

②驰传:飞驰的传车。传,传车,古代用来传递朝廷文书,或接送官员。重驿:两匹快马拉的邮车,一说,是指沿途各驿站依次传送。驿,驿马。

【译文】

仁义征服不义,比骠马良弓还要快;用仁义招来远人,比飞奔的驿马传车还要迅速。

论功

夫以智谋愚,以义伐不义,若因秋霜而振落叶①。

———

①振:振动,振击。

【译文】

智慧者谋伐愚蠢者,以仁义者讨伐不义者,就如同秋霜扫落叶一般。

事省而致用①,易成而难弊。

———

①事省:事务简单。致用:耐用。

【译文】

事务简省而耐用,容易做成而不容易坏掉。

法约而易辨,求寡而易供。

【译文】

法令简约就易于辨别,要求很少就易于提供。

嫚于礼而笃于信①,略于文而敏于事②。

———

①笃:厚。

②文:文书。

【译文】

他们慢于礼节,却厚于信用,文书简略,却办事迅速。

兵者凶器,不可轻用也。

【译文】

战争是凶器,决不可轻易用它。

顺风而呼者易为气,因时而行者易为力。

【译文】

顺风而呼的人容易运用声气,适应时势行动的人容易借力发挥。

外无敌国之忧,而内自纵恣也。

【译文】

在外没有敌国的忧患,在内就会自我恣意放纵。

自非圣人,得志而不骄佚者①,未之有也。

————

①佚:通"逸"。

【译文】

如果不是圣人,得志而不骄奢淫逸的人,还从来没有过。

论邹

将一曲而欲道九折①,守一隅而欲知万方②。

————

①曲:隈曲,河湾。道:通。九折:多个曲折河湾。

②隅:墙角。万方:所有方向。

【译文】

看到一个河湾就想通达所有河湾,守着一个墙角就想知道所有方向。

无补于用者,君子不为;无益于治者,君子不由①。

————

①由:实行。

【译文】

对实用无补的事,君子不做;对于治国无益的事,君子不为。

论菑

夫道古者稽之今，言远者合之近。

【译文】

谈论古代的人应该考察当今，探讨远处的人应该合于近处。

言远必考之迩^①，故内恕以行^②，是以刑罚若加于己，勤劳若施于身。

———

①迩：近。

②恕：推己及人之谓恕。

【译文】

讨论远方的事情一定要考察近处的事，因此要用推己及人的方法，对他人施加刑罚，就如同对自己施加刑罚，看到民众勤劳，就如同自身勤劳。

不知味者，以芬香为臭，不知道者，以美言为乱耳。

【译文】

那些不懂得气味的人，会以芬香为臭味，不知大道的人，会把美妙言论当成扰乱视听的奇谈。

春夏生长，利以行仁。秋冬杀藏^①，利以施刑。

———

①杀藏：肃杀收藏。

【译文】

万物在春夏季节生长,此时利于施行仁政。万物在秋冬季节肃杀收藏,此时利于施加刑罚。

天道好生恶杀^①,好赏恶罪^②。

————

①好生:爱好生长。恶杀:厌恶杀人。

②恶罪:厌恶加罪于人。

【译文】

上天之道爱好生长,厌恶杀人;爱好赏赐,厌恶加罪于人。

法令者,治恶之具也,而非至治之风也。

【译文】

法令只是治理邪恶的工具,而不是达到天下大治的风化境界。

刑德

令者所以教民也,法者所以督奸也。

【译文】

禁令是用来教育民众的手段,法条是用来督察奸邪的工具。

令严而民慎,法设而奸禁。

【译文】

禁令严格,民众就会谨慎;法条设立,奸邪就会禁止。

网疏则兽失,法疏则罪漏。

【译文】

罗网疏漏,就会失掉野兽;法条空疏,罪犯就会漏网。

道径众①,人不知所由②;法令众,民不知所辟③。

——

①道径众:道路众多。径,原作"德",据王先谦说校改。

②由:经过。

③辟:通"避"。

【译文】

道路众多,人们就不知道该走哪条路;法令繁多,民众就不知道应该如何去规避。

王者之制法,昭乎如日月①,故民不迷;旷乎若大路②,故民不惑。

——

①昭:明白。

②旷:宽广。

【译文】

君王制定法令,应该像日月一样昭著,这样民众才不至于迷惑;应该像大路一样宽广,这样民众才不至于困惑。

治民之道①,务笃其教而已②。

——

①治民之道:"之"字原无,据杨沂孙说校补。

②笃：厚。教：教化。

【译文】

治民的方法，不过是务求使教化敦厚而已。

千仞之高^①，人不轻凌^②，千钧之重^③，人不轻举。

①仞：古代以八尺或七尺为一仞。

②凌：凌驾，此处指攀登。

③钧：古代三十斤为一钧。

【译文】

千仞的高山，人们不会轻易攀登，千钧的重鼎，人们不轻易抓举。

德明而易从，法约而易行。

【译文】

德行显著就易于随从，法令简约就易于施行。

德教废而诈伪行，礼义坏而奸邪兴。

【译文】

废弃了道德教化就会导致奸诈作伪盛行，礼义崩坏就会导致奸邪兴起。

仁者，爱之效也；义者，事之宜也。

【译文】

仁是爱的体现，义是事物的适宜。

君子爱仁以及物,治近以及远。

【译文】

君子爱好仁义,推仁及物,治理近处,推治及远。

法者,缘人情而制^①,非设罪以陷人也。

———

①缘:因,根据。

【译文】

法是根据人情而制定的,并非设定罪名来陷害民众。

志善而违于法者免,志恶而合于法者诛。

【译文】

本意善良而违犯法令的人可以免罪,本意邪恶而合于法令规定的人应该诛杀。

辔衔不饬^①,虽王良不能以致远^②;维楫不设,虽良工不能以绝水^③。

———

①饬:整治。

②王良:春秋时期晋国的优秀驾车人。

③良工:优秀的船工。绝水:渡河。

【译文】

如果马缰绳和马嚼子得不到整治,即使是优秀车夫王良也不能驾车到达远方;如果不设置系船大绳和船桨,即使是优秀船工也不能驾船渡过河水。

申韩

夫善为政者,弊则补之,决则塞之。

【译文】

善于执政的人,有了弊政就加以弥补,有了决口就予以堵塞。

有国者选众而任贤^①,学者博览而就善^②。

———

①有国者:指君主。选众:从众人之中选拔人才。

②就善:择善而从。

【译文】

拥有国家的君主都会从众人中选拔贤才而加以任用,学者都会博览群书择善而从。

犀铫利钼^①,五谷之利而间草之害也^②。明理正法,奸邪之所恶而良民之福也。

———

①犀铫(yáo):犀利的大锄。钼:同"锄"。

②间草:苗间杂草。

【译文】

犀利的大锄,锋利的锄头,对于五谷有利,而对苗间杂草有害。明确的审理,公正的法令,是奸邪之人所厌恶的,对于良民百姓来说却是福音。

法能刑人而不能使人廉,能杀人而不能使人仁。

【译文】

法律能够给人判刑，但不能使人廉洁；法律能够判人死罪，但不能使人变得仁义。

所贵良吏者，贵其绝恶于未萌，使之不为，非贵其拘之囹圄而刑杀之也^①。

——

①囹圄(líng yǔ)：监狱。

【译文】

人们看重一个优秀官员，是看重他能够在罪恶尚未萌生之际斩断恶念，使人不去犯罪，而不是看重他把犯人关进大牢而将其定刑杀死。

非患铫耨之不利，患其舍草而芸苗也^①。非患无准平^②，患其舍枉而绳直也^③。

——

①芸：锄。原作"去"，据王利器说校改。
②准平：测量水平的仪器。
③舍枉：舍弃弯曲。绳直：纠正直木。

【译文】

不怕锄草工具不锋利，怕的是舍弃杂草而锄掉禾苗。不怕没有测量水平的仪器，怕的是放下曲木而纠正直木。

亲近为过不必诛^①，是锄不用也；疏远有功不必赏，是苗不养也。

①不必诛：不坚决处罚。

【译文】

关系亲近的人犯错不坚决处罚，相当于有锄头而不用；关系疏远的人有功劳不坚决给予奖赏，相当于禾苗得不到养育。

世不患无法，而患无必行之法也。

【译文】

世上不怕没有法令，怕的是没有坚决执行的法令。

周秦

未尝灼而不敢握火者①，见其有灼也。未尝伤而不敢握刃者，见其有伤也。

①灼：烧伤。

【译文】

人们未尝被灼伤却不敢用手握火，是因为他看到有人被灼伤。人们未尝被割伤却不敢用手握刀刃，是因为他看到过有人被割伤。

慈母有败子，小不忍也。严家无悍虏①，笃责急也②。

①严家：严厉的家庭。悍虏：强悍的家奴。
②笃责：督责，管教。

【译文】

慈母会有败家之子,这是因为她不忍心对孩子的小错误进行惩罚。严厉的家庭没有强悍家奴,这是因为管教严格。

政宽则下亲其上①,政严则民谋其主②。

①政宽则下亲其上:"其"字原无,据王利器说校补。

②政严则民谋其主:"其"字原无,据王利器说校补。

【译文】

政令宽松民众就会亲近上级,政令苛严就会导致民众谋害其主。

诏圣

民之仰法①,犹鱼之仰水。

①仰:依赖。

【译文】

民众依赖法律,如同鱼依赖水。

非可刑而不刑①,民莫犯禁也;非可赏而不赏,民莫不仁也。

①可刑而不刑:可以判刑而不判刑。

【译文】

不是可以判刑而不判刑,而是由于民众没有人犯禁;不是可以奖赏而不赏,而是民众没有人不仁义。

罢马不畏鞭棰^①，罢民不畏刑法。

———

①罢：同"疲"。

【译文】

疲惫的马不怕鞭棰，疲惫的民众不怕刑法。

法令可仰而不可逾，可临而不可入^①。

———

①临：面对。入：侵入，触犯。

【译文】

法令可以信赖而不可逾越，可以面对而不可侵犯。

礼让不足禁邪，而刑法可以止暴。

【译文】

礼让不足以禁止奸邪，而刑法可以防止强暴。

与其刑不可逾，不若义之不可逾也。

【译文】

与其让刑法不可违反，不如让仁义不可违反。

闻礼义行而刑罚中，未闻刑罚行而孝悌兴也。

【译文】

听说过礼义施行而刑罚适中，没有听说过刑罚施行而孝悌之风兴起。

高墙狭基,不可立也①。严刑峻法②,不可久也。

————

①也:原作"矣",据王利器说校改。

②严刑峻法:原作"严法峻刑",据王利器说校改。

【译文】

在狭窄的地基上修筑高墙,这个高墙是修不起来的。运用严刑峻法来治国,是不能长久的。

过任之事①,父不得于子;无已之求②,君不得于臣。

————

①过任:超过自身能力。任,原作"往",据王利器说校改。

②无已:没有止境。

【译文】

超过能力的事,连父亲也得不到儿子的帮助;无穷无尽的苛求,连君主也得不到臣子的尽忠。

瞽师不知白黑而善闻言①,儒者不知治世而善訾议②。

————

①瞽师:盲人乐师。

②訾(zī)议:诽谤,批评。

【译文】

盲人乐师虽然不知道白黑,但他们善于听别人说话;儒生虽然不知道如何治国,但他们善于批评。

夫善言天者合之人,善言古者考之今。

【译文】

善于谈论天道的人应该符合人事,善于讨论古代的人应该考察当今。

令者教也,所以导民人;法者刑罚也,所以禁强暴也。

【译文】

令就是教育的意思,是用来教导民众的工具;法意味着施行刑罚,是用来禁止强暴的手段。

大论

残材木以成室屋者①,非良匠也。残贼民人而欲治者,非良吏也。

——

①残:糟蹋,破坏。成:建成。

【译文】

糟蹋木材来构建房屋,不算好木匠。残害民众来进行治理,不能算好官。

圣人从事于未然,故乱原无由生①。

——

①原:同"源"。

【译文】

圣人在事件未发生之前进行教化,因而动乱根源无由产生。

杂论

公卿知任武可以辟地^①,而不知广德可以附远^②;知权利可以广用^③,而不知稼穑可以富国也。

———

①公卿:指桑弘羊等朝廷大臣。任武:凭借武力。辟地:开疆拓土。

②广德:原作"德广",据王利器说校改。附远:使远方异族归附。

③广用:拓展财用。

【译文】

朝廷公卿只知道凭借武力可以开疆辟土,而不知道广施仁德可以使远方异族归附;只知道权力财利可以拓展财用,而不知道勤于耕种可以富国。

新 序

《新序》,西汉刘向撰。刘向,字子政,为西汉皇室宗亲,汉高祖刘邦异母弟楚元王刘交的第四代孙,其本传亦列在《汉书·楚元王传》中。刘向历仕汉宣、元、成三朝,一生坎坷,几次入狱,仕途起落沉浮,终身不得志。

《新序》是刘向"采传记行事"而成的一部"谏书",是一部有关君臣之道的历史故事汇集。共十卷,分为杂事、刺奢、节士、义勇、善谋五类,集中体现了刘向的德治仁爱、任用贤人、崇谋尚义等政治思想。《新序》材料多采自《吕氏春秋》《韩诗外传》《荀子》《庄子》《韩非子》《左传》《国语》《战国策》《史记》等,包含大量历史文化信息,保存了丰富的先秦资料,具有重要的史料、文献价值;其中许多章节故事完整,情节曲折,人物形象丰富,已具备了小说的元素,具有很高的文学价值。

本书选文据中华书局三全本《新序》。

杂事一

知而不进，是不忠也；不知，是不智也。

【译文】

知道贤人而不举荐，就是不忠君；不知道谁是贤人，就是不明智。

外举不避仇雠，内举不回亲戚，可谓至公矣。

【译文】

从外举荐不回避仇人，从内举荐不回避亲人，可以说是达到公平的极限了。

唯善，故能举其类。

【译文】

只有贤能的人，才能举荐他的同类。

良君将赏善而除民患，爱民如子，盖之如天，容之若地。民奉其君，爱之如父母，仰之如日月，敬之如神明，畏之若雷霆。

【译文】

贤明的国君能奖赏做善事的人，替百姓除掉祸害，爱护他们就像爱护自己的孩子，像苍天一样覆盖他们，像大地一样容纳他们，百姓事奉国君，爱护他就像爱护父母一样，仰慕他就像仰慕日月一样，敬爱他就像敬爱神灵一样，畏惧他就像畏惧雷霆一样。

夫君，神之主也，而民之望也。

【译文】

国君,是主持祭祀神灵的人,也是百姓的指望。

为人君而侮其臣者,智者不为谋,辩者不为使,勇者不为斗。智者不为谋,则社稷危;辩者不为使,则使不通;勇者不为斗,则边境侵。

【译文】

作为君主而侮辱臣子,智慧之人就不会给他出谋划策,雄辩之人就不会为他担任使者,勇敢之人也不会为他奋勇作战。智慧之人不出谋划策,那么国家就会陷入危险;雄辩之人不担任使者,那么国与国之间就不会互通使节;勇敢之人不奋勇作战,那么边境就会受到侵略。

百羊之皮,不如一狐之腋[①]。

———

[①]一狐之腋(yè):狐狸腋下的皮毛,非常珍贵。腋,胳肢窝,这里指狐狸腋下之毛。

【译文】

一百张羊皮,比不上一只狐狸的腋皮。

其君仁者,其臣直。

【译文】

如果君主仁德,那么臣子就会正直。

今君苟好士,则贤士至矣。

【译文】

现在您如果真的喜好贤士,贤士自然就会来到您身边了。

其曲弥高者^①,其和弥寡。

──

①弥:更加,越发。

【译文】

曲调越高雅,能够和唱的人就越少。

杂事二

不肖嫉贤,愚者嫉智,是贤者之所以鬲蔽也^①,所以千载不合者也。

──

①鬲(gé)蔽:阻隔,蔽障。鬲,通"隔",阻隔。

【译文】

不贤之人嫉妒贤能之人,愚昧之人嫉妒才智之士,这就是贤能之人被阻隔、蔽障的缘故,所以千年也难得君臣遇合。

所以尚干将、莫邪者^①,贵其立断也;所以贵骐骥者^②,为其立至也。必且历日旷久乎? 丝氂犹能挈石^③,驽马亦能致远^④。

──

①干将、莫邪:均为宝剑名。

②贵骐骥(qí jì):以骐骥为贵,指看重骏马。

③氂(máo):牦牛尾。这里指牦牛尾上的长毛。挈(qiè):举,提起。

④驽马:劣马,跑得不快的马。

【译文】

之所以看重干将、莫邪这样的宝剑,是因为它们能立即削断东西;之所以看重骏马,是因为它能迅速地到达目的地。如果一定要旷日持久,那么丝线和牦牛尾上的长毛积多了也能吊起石头,劣等的马也能到达很远的地方。

聪明捷敏,人之美材也。

【译文】

聪明敏捷,是人上好的才能。

财者,君之所轻;死者,士之所重也。君不能施君之所轻,而求得士之所重,不亦难乎?

【译文】

财物,是君主应该轻视的;生死,是士人所重视的。您不能把应该轻视的东西给士人,却想得到士人所重视的东西,这不是很困难么?

诸侯梦恶则修德,大夫梦恶则修官,士梦恶则修身,如是而祸不至矣。

【译文】

诸侯要是梦到不祥之物就要修养德行,大夫要是梦到不祥之物就要尽职地处理公务,士人要是梦到不祥之物就要加强自我修养,这样的话,祸患就不会降临了。

喜者无赏,怒者无刑。

【译文】

高兴的人不要给别人奖赏,发怒的人不要给别人惩罚。

夫神果不胜道,而妖亦不胜德,奈何其无究理而任天也? 应之以德而已。

【译文】

神怪果然不能战胜正道,妖邪果然不能战胜仁德,为什么不追究祸福道理,却要听天由命呢? 用德行去回应它就是了。

虎豹之居也,厌闲而近人,故得;鱼鳖之居也,厌深而之浅①,故得。

――――

①之:往,到。

【译文】

虎豹在山林里居住,它们厌倦安静的生活而接近人,所以被人抓住;鱼鳖在水里居住,厌倦深水里的生活而游到浅水,所以被人捕获。

居上位而不恤其下①,骄也;缓令急诛②,暴也;取人之言而弃其身,盗也。

――――

①恤:体恤,体察。

②缓令急诛:慢于教令而急于责求。诛,要求,索取。

【译文】

高居上位的人不体恤他的臣民,就是骄纵;慢于教令而急于责求,就是残暴;接受了别人的善言却把别人抛弃,就是盗窃。

良医之治疾也,攻之于腠理,此事皆治之于小者也。夫事之祸福,亦有腠理之地,故圣人蚤从事矣①。

———

①蚤:通"早"。

【译文】

医术高明的医生治病,会在病症萌发于表皮时下药,这就是凡事都要从问题还小时治理的例子。事情的祸福,也有类似处于表皮的时候,所以圣人总是及早从事。

亡羊而固牢,未为迟;见兔而呼狗,未为晚。

【译文】

羊虽已丢失,及时修补羊圈尚不为迟;已经看到了兔子,再呼叫狗去追也不为晚。

下不安者,上不可居也。

【译文】

下面不安定,居上位的人也不能安居。

忠信者,士之行也;言语者,士之道路也。

【译文】

忠信,是士人的品行;言语,是士人的道路。

君独不闻海大鱼乎? 网弗能止,缴不能牵①,砀而失水②,陆居则蝼蚁得意焉③。

———

①缴：这里指钩丝。《淮南子·人间训》作"钩"。

②砀（dàng）：冲荡。

③蝼（lóu）蚁：蝼蛄和蚂蚁。

【译文】

您难道没有听说过海里的大鱼么？海里的大鱼，渔网不能够将它捕获，钩丝也不能牵动它，它被冲荡到陆地上失去了水，那么蝼蛄、蚂蚁也可以如愿吃掉它。

杂事三

上得天时，下得地利，后之发，先之至，此用兵之要术也。

【译文】

上能得到天时，下能得到地利，发兵于敌人之后，却先到达，这就是用兵的要领啊。

凡战，用兵之术，在于一民。

【译文】

大凡战争，用兵的要领在于统一民心。

善用兵者，务在于善附民而已。

【译文】

善于用兵的人，要务在于善于使百姓亲附罢了。

夫兵之所贵者，势利也；所上者，变诈攻夺也。

【译文】

用兵最重要的,是乘势争利;所崇尚的,是用机变、巧诈的方法去攻占夺取。

语曰:"仁不轻绝,智不轻怨。"

【译文】

谚语说:"仁德之人不轻易拒绝别人,聪明之人不轻易怨恨别人。"

谚曰:"厚者不损人以自益,仁者不危躯以要名。"故覆人之邪者,厚之行也;救人之过者,仁之道也。

【译文】

谚语说:"忠厚之人不会损害他人的利益来使自己受益,仁德之人不会冒着生命危险来博取虚名。"所以遮掩别人的错误行为,是一种忠厚的行为;纠正别人的错误,是仁德的做法。

国有封疆,犹家之有垣墙,所以合好覆恶也。

【译文】

一个国家有他的疆域,就像家宅有围墙,是用来和好遮短的。

室不能相和,出讼邻家,未为通计也;怨恶未见,而明弃之,未为尽厚也。

【译文】

家中不能相处融洽,找邻居评理,不能算是通达之计;怨恨和厌恶还没有完全表现出来,就公然离弃,不能算是忠厚的。

谚曰："仁不轻绝，知不简功。"简功弃大者，仇也；轻绝厚利者，怨也。

【译文】

谚语说："仁者不轻易断绝利益，智者不轻视自己的功业。"怠慢放弃自己卓越功劳的人，是仇恨的表现；轻易丢弃有丰厚利益回报的人，是怨愤的表现。

察能而授官者，成功之君也；论行而结交者，立名之士也。

【译文】

量才而给予官职，才是成就功业的君主；分析他人的品行后再结交，是能够树立名声的人士。

善作者不必善成，善始者不必善终。

【译文】

善于首创并不一定能够善于完成，有好的开始并不一定有好的结局。

夫免身而全功，以明先王之迹，臣之上计也；离亏辱之诽，堕先王之明，臣之大恐也。临不测之罪，以幸为利，义之所不敢出也。

【译文】

免于杀身之祸而又保全功业，以彰显先王的功绩，这是臣子的上策；遭受屈辱的毁谤，败坏先王的美名，这是臣子最为担心的。面临不可预测的罪名，以侥幸的举动为个人谋取私利，这是崇尚道义的人所不敢做的。

君子绝交无恶言,去臣无恶声。

【译文】

君子之间停止交往时不会互相责骂,遭到君主抛弃的臣子不会指责君主的过失。

忠无不报,信不见疑。

【译文】

待人忠诚没有得不到回报的,待人诚信就不会被怀疑。

谚曰:"有白头而新[①],倾盖而故[②]。"何则? 知与不知也。

————

①白头而新:意谓两个人相交至老还是不互相了解,像新认识的一样。

②倾盖而故:意谓两个人在路上偶然相遇,在停车立谈之间,就已互相了解,像老朋友一样。倾盖,停车对语时双方车盖互相依靠。《志林》云:"倾盖者,道行相遇,骈车对语,两盖相切,小敧之谊,故云倾盖也。"

【译文】

谚语说:"有人相交到老却还像新识一样,有人停车对语片刻便如同故友。"这是为什么呢? 这就是知心与不知心的区别了。

明月之珠、夜光之璧,以暗投人于道路[①],众无不按剑相眄者[②],何则? 无因至前也。蟠木根柢,轮囷离奇[③],而为万乘器者[④],以左右先为之容也[⑤]。

————

①以暗投人于道路:在黑暗的道路上把东西扔给人。投,投赠。

②按剑相眄（miǎn）：恼怒欲斗的样子。眄，斜视。

③蟠木根柢（dǐ），轮囷（qūn）离奇：那些树根弯曲盘蜒的大树，弯曲而姿态奇特。柢，树的主根，也泛指树根。

④为万乘器：成为帝王的观赏物。

⑤容：颜师古曰："雕刻加饰。"

【译文】

明月之珠，夜光之璧，暗中扔给道路上的行人，众人无不手握长剑警惕凝视，这是为什么呢？因为它无缘无故地出现在自己的眼前。那些树根弯曲盘蜒的大树，弯曲而姿态奇特，却能够成为大国君主的观赏物，是因为君主的亲近之臣事先对它进行了雕刻装饰。

无因而至前，虽出随侯之珠，夜光之璧，只足以结怨而不见得。

【译文】

无缘无故地出现在自己的眼前，即使是随侯之珠，夜光之璧，只会结怨而不会被感激。

盛饰以朝者，不以私污义；砥砺名号者，不以利伤行。

【译文】

盛装入朝的，不会因为私欲而玷污道义；磨炼操行的，不会因为私利而损害自己的德行。

杂事四

仁人也者，国之宝也；智士也者，国之器也①；博通士也者,国之尊也。

———

①国之器:国家的利器。

【译文】

仁德之人,是国家的宝器;智谋之士,是国家的利器;博学通达之人,是国家的尊长。

君子不乘人于利,不迫人于险。

【译文】

君子不乘人之危,不在别人危难之时去逼迫别人。

君臣争以过为在己,且君下其臣犹如此,所谓上下一心,三军同力,未可攻也。

【译文】

君主和臣子争着承担过错,而且作为君主能够如此谦虚地屈身于臣子之下,这就叫做君臣上下一心,全军齐心协力,这是不可以进攻的。

天道无亲,惟德是辅。

【译文】

上天对人无亲疏之分,只有有德行的人才会得到上天的辅助。

好学,智也;受规谏,仁也。

【译文】

好学,是智慧;能接受劝谏,是仁德。

悲在心也,非在手也,非木非石也。悲于心而木石应之,以至诚故也。

【译文】

悲伤发自于内心,而不是发自于手上,也不在木石之上。悲伤发自于心而木石感应发出悲凉之声,这是情感至为真诚的缘故。

勇士一呼,三军皆辟,士之诚也。

【译文】

勇士一声怒吼,三军将士全都退避,这是勇士的至诚之心所致。

杂事五

不学而能安国保民者,未尝闻也。

【译文】

不学习治国之道,就能使国家安定百姓安居乐业,这样的人我从没听说过。

夫不学不明古道,而能安国家者,未之有也。

【译文】

不学习就不会通晓古代圣贤的治国之道,这样却能使国家安定,是从未有过的。

且夫天生人而使其耳可以闻,不学,其闻则不若聋;使其目可以见,不学,其见则不若盲;使其口可以言,不学,其言则不若喑;使其心可以智,不学,其智则不若狂。故凡学非能益之也,达天性也。能全天之所生而勿败之,可谓善学者矣。

【译文】

况且上天生人,使人耳朵可以听,不学习,他的听觉还不如聋人;使人眼睛可以看,不学习,他的视觉还不如盲人;使人嘴巴可以说话,不学习,他说话还不如哑巴;使人心有智慧,不学习,他的智慧还不如痴呆之人。因此所有的学习,不是能增强人的天赋,而是能使人充分发挥出自己的天性罢了。如果能保全上天给予的天赋而不毁坏它,就可以说是善于学习的人了。

有天下者,天下之主也;有一国者,一国之主也。

【译文】

拥有天下的人,便是天下之人的主人;拥有一国的人,便是一国之人的主人。

语曰①:"桓公任其贼,而文公用其盗。"

————

①语:这里特指民间谣谚。

【译文】

俗语说:"齐桓公能任用刺杀过自己的人,而晋文公能任用偷窃过自己财物的人。"

明主任计不任怒,暗主任怒不任计。计胜怒者强,怒胜计者亡。

【译文】

贤明的君主用谋略而不听任怒气,昏暗的君主听任怒气而不用谋略。计谋胜过怒气的便会强大,怒气胜过计谋则会灭亡。

人固难全,权用其长者。

【译文】

人本来就是不完美的,权且用他的长处就可以了。

夫君子善用兵也,不见其形,而攻已成,其此之谓也。

【译文】

善于用兵的君子,你还没看见动静,便已大功告成,说的就是这种情形啊。

势在人上,则王公之才也;在人下,则社稷之臣、国君之宝也。

【译文】

如果他的地位在众人之上,便是王公诸侯之才;如果居于臣位,那他就是朝廷的重臣、国君的至宝。

儒者在本朝则美政,在下位则美俗。

【译文】

儒者在朝廷为官,则能使政策完善;不为官而为民,则能使民风淳朴。

苟虑害人,人亦必虑害之;苟虑危人,人亦必虑危之。

【译文】

如果你谋划着损害别人,别人也一定会谋划损害你;如果你谋划着使人居于危险当中,别人也一定会谋划将你置于险境。

兽穷则触^①,鸟穷则啄,人穷则诈。自古及今,有穷其下能无危者,未之有也。

———

①穷:处于困境。触:抵,顶。

【译文】

野兽急了会乱撞,鸟类急了会乱啄,人若急了会变得狡诈。从古至今,用尽民力还能不出危险的人,从来没有过。

数战则民疲,数胜则主骄。以骄主治疲民,此其所以亡也。

【译文】

多次作战,百姓会疲惫穷困;多次胜利,君主会骄傲自大。让一个骄傲自满的君主治理疲惫穷困的百姓,这就是它灭亡的原因。

吝则不能赏贤,不忍则不能罚奸。

【译文】

吝啬则不对贤能之士行赏,不狠心则不能惩治奸恶之人。

独视不如与众视之明也,独听不如与众听之聪也。

【译文】

一个人看不如和大家一起看得清楚,一个人听不如和大家一起听得明白。

大臣重禄而不极谏,近臣畏罚而不敢言,下情不上通,此患之大者也。

【译文】

大臣们看重俸禄而不尽力规劝君主,亲信们因为害怕惩罚而不说真话,下情不能上达,这是国家最大的祸患了。

布衣也,其交皆孝悌,笃谨畏令,如此者其家必日益,身必日安,此所谓吉人也。

【译文】

一般的平民,他所结交的都是孝顺父母、敬爱兄长、忠厚守法的人,这样的人他的家庭会越来越兴旺,他自己会越来越安逸,这就是所说的有福气的人。

官,事君者也,其交皆诚信,有好善如此者,事君日益,官职日进,此所谓吉人也。

【译文】

官吏,是为君主办事的人,他所结交的都是讲诚信、品德高尚的人,这样德行良好的人,为君主办事会越来越得力,他的官职会越来越高,这就是所说的有福气的人。

夫姜桂因地而生,不因地而辛;妇人因媒而嫁,不因媒而亲。

【译文】

生姜和肉桂因为土地而生长,但并不因为土地而辛辣;女子靠媒人而出嫁,但不会靠媒人而得到宠爱。

食其食者，不毁其器；荫其树者，不折其枝。

【译文】

吃别人的饭，不损毁人家做饭的器具；在树下乘凉，不攀折树上的枝条。

不慎其前，而悔其后，何可复得？

【译文】

事前不慎重，事后才后悔，失去的机会怎么能重新得到呢？

夫尺有所短，寸有所长。

【译文】

尺有其短处，寸有其长处。

刺奢

上若无礼，无以使其下；下若无礼，无以事其上。

【译文】

在上位的人如果无视礼法，就无法支使他的属下；属下们如果无视礼法，就不能事奉他们的长上。

人之所以贵于禽兽者，以有礼也。

【译文】

人之所以比禽兽高贵，就是因为有礼法。

贤者得民，仁者能用人。

【译文】

贤明就会得到民心,仁德就能够任用人才。

节士

以至无欲至公之行示天下,故不赏而民劝①,不罚而民畏。

———

①劝:勉励,鼓舞。

【译文】

以最没有私心贪欲、最公正的行为昭示天下,所以不行赏百姓也会受到鼓舞,不用刑罚百姓也都畏惧。

主暴不谏,非忠臣也;畏死不言,非勇士也。见过则谏,不用则死,忠之至也。

【译文】

君主暴虐,臣子如果不劝阻,就不算忠臣;如果畏惧被杀而不直言规劝,就不算勇士。看到君主有过错就规劝,不被采纳就赴死,这才是最大的忠诚。

圣达节,次守节,下不失节。

【译文】

圣人能够做到进退合于节义,次一等的人能坚守节义,再次一等的不失基本的节义。

其知弥精，其取弥精；其知弥粗，其取弥粗。

【译文】

见识越广博深刻，选择就越精当；见识越粗陋浅薄，选择就越粗疏。

受鱼失禄，无以食鱼；不受得禄，终身食鱼。

【译文】

收下鱼会丢掉官职失去俸禄，就无法买鱼吃了；不收鱼就能保住俸禄，一辈子都可以买鱼吃。

无财之谓贫，学而不能行之谓病。

【译文】

没有钱财叫做贫穷，学习许多道理却不实行才叫做病。

养志者忘身，身且不爱，孰能累之？

【译文】

磨炼心志的人不在意自己的身体，连自己都不顾惜了，还有谁能牵绊他呢？

君子诎乎不知己①，而信乎知己者②。

———

①诎(qū)：屈服。

②信：通"伸"。

【译文】

君子屈从于不了解自己的人，而伸张于了解自己的人。

察实者不留声,观行者不几辞。

【译文】

考察人的实质不必在意他的声名,观察人的行为不必在意他的言辞。

俗人之有功则德,德则骄。

【译文】

一般人有功于人便自以为有恩德,自以为有恩德就会骄傲自大。

新浴者必振衣,新沐者必弹冠。又恶能以其泠泠①,更事之嘿嘿者哉?

———

①泠泠(líng):清洁的样子。

【译文】

刚洗完澡的人一定要整理衣服,刚洗完头发的人一定要掸掉帽子上的灰尘。又怎能以清廉高洁之身,去事奉那些污浊混沌的人呢?

不私其父,非孝也;不行君法,非忠也;以死罪生,非廉也。君赦之,上之惠也;臣不敢失法,下之行也。

【译文】

不为自己的父亲徇私情,是不孝;不执行君主的法令,是不忠;犯了死罪还苟且地活着,是不廉正。您赦免我,是您的恩德;我不敢废弃法令,是我的品行。

直而不枉,不可与往;方而不圆,不可与长存。

【译文】

只知直走而不知转弯,是无法前进的;为人刚直但不懂变通,是不能长期相处的。

君子之道,谒而得位^①,道士不居也;争而得财,廉士不受也。

———

①谒:请,请求。

【译文】

君子行事的准则,因请求而得到的官职,有道的人不会任职;由争夺得到的财物,刚正的人不会接受。

孔子席不正不坐,割不正不食,不饮盗泉之水,积正也。

【译文】

坐席摆放的方向不合礼制,孔子就不坐;不按规定的方法切肉,孔子就不吃;泉水名叫盗泉,孔子就不喝,就是要长期培养、积蓄自身的正气。

世不己知而行之不已者,是爽行也;上不己知而干之不止者,是毁廉也。行爽廉毁,然且不舍,惑于利者也。

【译文】

世人不了解自己还不停地做下去,是错误的行为;当政者不了解自己还不停地求取官职,是败坏廉洁的。行为错误,廉洁败坏,然而还不停止,是因为受到了利益的诱惑。

廉夫,刚哉!夫山锐则不高,水狭则不深,行特者其德不厚①,志与天地疑者②,其为人不祥③。

———

①特:不同一般,异常。

②疑:通"拟",比拟。

③不祥:这里指不幸。

【译文】

廉洁的人,刚烈啊! 山头太尖就不会很高;水面太窄就不会很深;行为奇特的人,德行不会太深厚;心志要和天地比拟的人,他的人生会不幸的。

君子不为危易行①。

———

①易行:改变行事宗旨。

【译文】

君子不因为处境危险就改变行为。

义勇

生于乱世,不得正行;劫于暴上,不得道义。

【译文】

生在乱世之中,正直的行为难以践行;遭受残忍的暴君威逼,就无法坚持道德和正义。

回以利而背其君者①,非仁也;劫以刃而失其志者,非勇也。

———

①回:诱惑。

【译文】

因为利益的诱惑而背叛他的君主，算不上仁德；因为刀剑的威胁而丢掉志气，算不上勇敢。

虎豹在山林，其命在庖厨。驰不益生，缓不益死。

【译文】

虎豹在山林里生活，但是它们的性命却掌握在厨师手里。快马加鞭也不会增加生还的机会，徐徐前进也不会增加死亡的可能。

义死不避斧钺之罪，义穷不受轩冕之服。无义而生，不仁而富，不如烹。

【译文】

为正义而死的人不会躲避斧钺的诛罚，为正义而穷困的人不会接受高官厚禄。与其没有道义而生存，摒弃仁德而富贵，还不如被烹死。

一人举而万夫俛首，智者不为也；赏一人以惭万夫，义者不取也。

【译文】

一个人被重用却让万人抬不起头来，聪明的人不做这样的事；奖赏一个人而使万人感到惭愧，有道义之人也不接受这样的事。

知命之士，见利不动，临死不恐。

【译文】

知晓天命的人，看到利益不动心，面对死亡不恐惧。

见国而忘主，不仁也；劫白刃而失义，不勇也。

【译文】

为了得到王位就忘记自己的君主，算不上仁德；受到刀剑的威胁就丧失道义，算不上勇敢。

惧者，吾私也；死义，吾公也。闻君子不以私害公。

【译文】

害怕，是我的私事；为道义而死，是我的公心。听说贤德之人不会因为私利而妨害公心。

死君，义也；无勇，私也。不以私害公。

【译文】

为国君牺牲生命，这符合道义；缺乏勇气，这是个人私事。不能因为个人的私事而损害国家的利益。

仁者无余爱，忠臣无余禄。

【译文】

仁人对于他人的爱必有回报，没有余爱不报的；忠臣对于国君的俸禄必有回报，没有余禄不报的。

节士不以辱生。

【译文】

有操守的士人不会苟且偷生。

善谋上

通心则其言之略,懦则不能强谏。
【译文】
心胸通达他的言语就会简略,性情懦弱就不会强行劝谏。

语曰:"唇亡则齿寒矣。"
【译文】
俗语说:"失去嘴唇,牙齿就会寒冷。"

因人之力以弊之,不仁;失其所与①,不知②;以乱易整③,
不武。

————
①所与:同盟者。与,联合。
②知:同"智",明智。
③乱:两国的相互攻伐。整:两国的联盟。
【译文】
依靠了别人的力量,反过来去损害别人,这不是仁德;失去了同盟
国,这不是明智;用两国的攻伐来替代联盟,这不是勇武。

唯天所相,不可与争。
【译文】
上天所要帮助的,不能与他相争。

君子不为匹夫兴师。

【译文】

君子是不为一个人而兴兵的。

知者作法，而愚者制焉；贤者更礼，不肖者拘焉。

【译文】

智慧的人能创制法度，而愚昧的人却被其制约；贤能的人变革礼制，而无能的人却被其拘束。

穷乡多怪，曲学多辩。愚者之笑，知者哀焉；狂夫之乐，贤者忧焉。

【译文】

偏僻地方的人往往少见多怪，学识鄙陋的人常常喜欢诡辩。愚昧的人所讥笑的，正是聪明的人所感到悲哀的；狂妄的人所高兴的，正是贤能的人所担忧的。

争名者于朝，争利者于市。

【译文】

争名要到朝廷上去争，争利要到集市上去争。

物至则反，冬夏是也；致高则危，累棋是也。

【译文】

物极必反，冬夏变换就是这样；积累过高就会危险，垒叠棋子就是这样。

语曰："强者善攻，而弱者不能守。"

【译文】

常言说："强者善于攻打别人，弱者不能守卫。"

其言一也，言者异，则人心变矣。

【译文】

同样一句话，因为说话的人身份不同，别人的看法也就不同。

小国之与大国从事也，有利，大国受福；有败，小国受祸。

【译文】

小国和大国之间联盟，有了好处，大国得到好处；有了害处，小国承受灾祸。

善谋下

知天之天者，王事可成；不知天之天者，王事不可成。

【译文】

能知道关键中的关键的人，可以成就帝王之业；不知道关键中的关键的人，帝王之业就不能成功。

于人之功无所记，于人之过无所忘。

【译文】

对别人的功劳从来不记，对别人的罪过却又从来不忘。

有德则易以王，无德则易以亡。

【译文】

有德之君容易称王天下，无德之君就容易灭亡。

夫与人斗，而不搤其亢、拊其背^①，未全胜也。

①搤(è)：同"扼"。掐住，握住。亢(gāng)：咽喉，喉咙。拊(fǔ)：拍击，拍打。

【译文】

与别人搏斗，不掐住他的咽喉、击打他的后背，是不能够大获全胜的。

夫明于形者，分则不过于事；察于动者，用则不失于利；审于静者，恬则免于患。

【译文】

明白形势的人，对事情的分析就不会有过失；体察动态的人，处理事情就不会失利；详审静态的人，安然不动就会免去祸患。

利不什不易业，功不百不变常。

【译文】

如果没有十倍的利益，绝不轻易换掉原来的职业；如果没有百倍的功效，绝不改变常规。

夫神蛟济于渊，而凤鸟乘于风，圣人因于时。

【译文】

神龙遨游深渊，凤凰乘风而飞，圣人随机而变。

夫冲风之衰也①,不能起毛羽;强弩之末力,不能入鲁缟②。盛之有衰也,犹朝之必暮也。

———

①冲风:暴风,猛烈的风。

②鲁缟:一种白色的薄绢。以古时鲁国所产为最薄最细,故称鲁缟。

【译文】

猛烈的大风在即将停息时,就连一根羽毛也吹不起来;强弓射出去的箭到最后,就连鲁缟也射不穿。强盛到了极点也会有衰微的时候,就像早晨一定会转入黄昏一样。

夫草木之中霜雾,不可以风过;清水明镜,不可以形遁也;通方之人,不可以文乱。

【译文】

那受到霜雾侵袭的草木,经不起风吹;清水与明镜面前,是无法掩饰外形的;通达道理的人,不会让文饰的言辞扰乱自己。

说
苑

　　《说苑》,西汉刘向撰。刘向幼承庭训,在经学、诸子、辞赋方面均有深湛的学养,他根据皇家藏书和民间图书遴选而编撰出杂著类编《说苑》。

　　在《说苑》中,刘向"以著述当谏书",用大量对话体的历史故事讲述治国修身之道,希望为主政者提供借鉴,从而实现国泰民安的政治理想。内容上既阐发以民为本、清静无为、尊贤纳谏等经世致用思想,也强调好学为本、立节贵德、恭敬谨慎等修身之道,其中《谈丛》篇还汇编整理了古代文献、诸子语录、民间谚语中的格言警句,至今仍有借鉴意义。

　　《说苑》博采群书,具有重要的文献价值;多用对话体展开故事,很多篇章甚至可以视为古代短篇小说,开魏晋南北朝笔记小说之先河,文学价值很高。

　　本书选文据中华书局三全本《说苑》。

君道

人君之道：清净无为，务在博爱，趋在任贤^①；广开耳目，以察万方；不固溺于流俗^②，不拘系于左右。

――――

①趋(cù)：通"促"，急速，急促。

②固溺：固执，拘泥。

【译文】

做国君的方法是：要清静无为，务必做到博大仁爱，急于任用贤能；广开耳目，以此明察各方面的情况；不拘泥于世俗的偏见，不受左右人的约束和羁绊。

人君之事，无为而能容下。夫事寡易从，法省易因。

【译文】

国君的政事，清静无为又能够宽容臣民。政事减少了，就容易顺从；法令简省了，就容易遵守。

大道容众，大德容下，圣人寡为而天下理矣。

【译文】

大路宽广能容纳众人，美德博大能包容天下臣民，圣人少做纵欲扰民的事，天下就能得到治理了。

凡处尊位者，必以敬下^①：顺德规谏，必开不讳之门，蹲节安静以藉之^②。

———

①以:犹"能",能够。

②蹲(dǔn)节:即"撙(zǔn)节",谦退,节制。蹲,通"撙",谦退。藉(jiè):慰藉,抚慰。

【译文】

凡是身居高位的人,一定要能够恭敬地对待下属:遵循道德与正言劝诫,必须打开毫无忌讳的进谏大门,谦让宁静地抚慰进谏的人。

夫有文无武,无以威下;有武无文,民畏不亲;文武俱行,威德乃成。

【译文】

如果只有文治而无武功,就不能威慑臣民;只有武功而没有文治,臣民就会畏惧而不亲近;文治武功同时并行,威望与德政才能建立。

夫上之化下,犹风靡草①。东风则草靡而西,西风则草靡而东,在风所由,而草为之靡。是故人君之动不可不慎也。

———

①犹风靡草:好像风吹草伏一样。靡,倒,伏。

【译文】

国君在上教化下面的臣民,就好像风吹草伏一样。吹东风草就倒向西,吹西风草就倒向东;在风所经过的地方,草就随风而倒。所以国君的举动不能不谨慎。

夫树曲木者,恶得直影①?人君不直其行、不敬其言者,未有能保帝王之号、垂显令之名者也②。

①恶(wū)：疑问词。哪里。

②显：显赫。令：善，美好。

【译文】

如果树立弯曲的木头，哪能有端直的影子？国君不能端正自己的行为，不能谨慎自己的言语，就不能保有帝王的称号，流传显赫而美好的名声。

明王圣主之治，若夫江海无不受，故长为百川之主；明王圣君无不容，故安乐而长久。

【译文】

圣明的君王治国，好比那大江大海无所不受，因此能长久成为天下河流的主宰；圣明的君王无所不容，所以能安乐而国运长久。

先君能以人之长续其短，以人之厚补其薄。

【译文】

先君能用别人的长处弥补自己的短处，用别人的深厚弥补自己的浅薄。

帝者之臣，其名臣也，其实师也；王者之臣，其名臣也，其实友也；霸者之臣，其名臣也，其实宾也；危国之臣，其名臣也，其实虏也。

【译文】

称帝者的臣子，名义上是臣子，其实是称帝者的老师；称王者的臣子，名义上是臣子，其实是称王者的朋友；霸主的臣子，名义上是臣子，其实是霸主的宾客；危国之君的臣子，名义上是臣子，其实是奴仆。

其君贤者也,而又有师者王;其君中君也,而又有师者霸;其君下君也,而群臣又莫若君者亡。

【译文】

那君主是贤明的君主,又有老师辅佐的就可以称王;那君主是中等的君主,也有老师辅佐的就可以称霸;那君主是下等的君主,而群臣又不如君主的就要败亡。

明主者有三惧:一曰处尊位而恐不闻其过;二曰得意而恐骄;三曰闻天下之至言而恐不能行。

【译文】

英明的君主有三种警戒:一是居高位时恐怕不知道自己的过失,二是得意时恐怕骄傲自满,三是听到天下至理名言时唯恐不能实行。

苟有志,则无非事者。

【译文】

如果有志向,没有做不成的事情。

天之应人,如影之随形,响之效声者也①。

————

①响:回音。效:随,跟着。

【译文】

上天对人事的感应,就像那影子伴随形体,回音跟随声音一样。

安不忘危,故能终而成霸功焉。

【译文】

安定时不忘记危亡，所以最终能成就霸王的功业。

春致其时，万物皆及生；君致其道，万人皆及治。

【译文】

春天按时来到，万物都能及时生长；君王实行王道，万民都能得到治理。

上下相亏也，犹水火之相灭也，人君不可不察。

【译文】

上与下相互损害，犹如水与火相互消灭，作为君王不可不明察。

胫大于股者难以步，指大于臂者难以把。本小末大，不能相使也。

【译文】

小腿粗过大腿的人难以举步，手指大过手臂的人难以把握。主体小而枝末大，就不能驱使它。

赏当则贤人劝，罚得则奸人止。赏罚不当，则贤人不劝，奸人不止。

【译文】

奖赏适当，贤人就会得到鼓励；刑罚恰当，坏人就会被禁止。赏罚不适当，好人就得不到鼓励，坏人也不能禁止。

臣术

人臣之术①,顺从而复命②,无所敢专;义不苟全③,位不苟尊,必有益于国,必有补于君,故其身尊而子孙保之。

———

①术:方法,策略。

②复命:完成使命后回报。

③义不苟全:坚持正义,不苟且保全自己。苟,随便,勉强。

【译文】

做人臣的方法:要顺从君主并及时回报,什么都不能专断;坚持原则而不苟且保全自己,在上位不妄自尊大,一定要对国家有好处,对君主有补益,这样不仅自身尊贵而且子孙也能保住地位。

三公者,知通于大道①,应变而不穷,辩于万物之情②,通于天道者也③。

———

①知:同"智"。智慧。大道:人世间的根本规律。

②辩:通"辨",辨别,区分。

③天道:天地间自然规律。

【译文】

位居三公的人,他的智慧应通晓人世间的根本规律,能应付各种变化而不会陷入困境;能够分辨万事万物的真情实状,通晓天地自然的规律。

九卿者,不失四时,通沟渠,修堤防,树五谷,通于地理者也。

【译文】

位居九卿的人,是不错过春夏秋冬四时,能疏通沟渠,修筑堤防,种植五谷,通晓地理的人。

贱不谋贵,外不谋内,疏不谋亲。

【译文】

卑贱的人不能为尊贵的人谋划,外臣不能为君主谋划内事,关系疏远的人不能为关系亲近的人谋划。

与人者有以责之也^①,受人者有以易之也^②。

———

①责之:诘问他,要求他。

②易之:与之交易。此指用同等价值回报。

【译文】

给予别人东西的人有权利来责问他,接受别人东西的人有义务来报答。

为人下者,其犹土乎! 种之则五谷生焉,掘之则甘泉出焉,草木植焉,禽兽育焉,生人立焉,死人入焉,多其功而不言^①。

———

①多:赞赏。

【译文】

为人之下的人,那大概就像泥土吧! 耕种它就有五谷长出来,挖掘它就有甘泉涌出来,草木在它上面生长,禽兽在它上面繁育,活着的人在它上面立身,死了的人葬入它里面,人们赞赏它的功劳而它却默默无言。

少事长,贱事贵,不肖事贤,此天下之通义也。

【译文】

年少的人服事年长的人,卑微的人服事地位高的人,无才的人服事贤明的人,这是天下通行的道理。

建本

夫本不正者末必陭①,始不盛者终必衰。

———

①陭(yī):偏于一边,不正。

【译文】

如果根本不正,它的枝末就必然会偏斜;一开始就不兴盛的,最终必定衰亡。

多闻而择焉,所以明智也。

【译文】

要广采博闻并从中选择,以此来使自己心智聪明。

立体有义矣①,而孝为本;处丧有礼矣,而哀为本;战陈有队矣②,而勇为本;治政有理矣,而农为本;居国有礼矣,而嗣为本;生才有时矣③,而力为本④。

———

①立体:立身。

②战陈:即战阵。作战布阵。

③才:通"财"。

④力：尽力，努力。

【译文】

立身要有原则，以行孝为根本；居丧期间要遵守礼仪，以尽哀为根本；参战临阵要有队列，以勇敢为根本；治理政事要有顺序，以农业为根本；管理国家要守礼制，以立嗣为根本；生财要掌握时机，以努力为根本。

反本修迩①，君子之道也。

①修迩：与近处的人修好。

【译文】

回到根本并做好身边的事，才是君子的原则和方法。

天之所生，地之所养，莫贵于人。

【译文】

上天所生，大地所养，没有比人更加宝贵的。

子者，亲之财也，无所推而不从命，推而不从命者，惟害亲者也。

【译文】

做儿子的，是父母的根本，没有什么理由可以推托而不遵从父母的命令，推托而不遵从命令的，只能是危害父母的人。

人之行莫大于孝①。孝行成于内，而嘉号布于外，是谓建之于本，而荣华自茂矣。

①人之行莫大于孝:此语又见《孝经·圣治章》。

【译文】

人的行为没有什么比尽孝更重要。尽孝的行为在内心养成,但它的美名却能传布在外,这好比草木的根本牢固了,那花朵就自然会繁茂。

枯鱼衔索①,儿何不蠹? 二亲之寿,忽如过隙②!

①枯鱼衔索:干鱼被穿在绳索上。

②忽如过隙:比喻时间过得很快。《庄子·知北游》:"人生天地之间,若白驹之过隙,忽然而已。"

【译文】

干鱼穿在绳索上,还有多少时间不被虫蛀呢? 父母的寿命,像骏马穿过缝隙一样快。

草木欲长,霜露不使;贤者欲养,二亲不待!

【译文】

草木想要生长,严霜寒露却不让;贤德的人想要赡养老人,父母却不等待!

小棰则待①,大棰则走,以逃暴怒也。

①棰(chuí):棍杖。

【译文】

小木杖打他就等着,大木杖打他就逃走,为的是逃避父亲的暴怒。

时禁于其未发之曰预,因其可之曰时,相观于善之曰磨^①,学不陵节而施之曰驯^②。

①磨:琢磨,切磋,研究。

②陵节:超越程序。陵,超越。

【译文】

把握时机在事情未发生之前禁止叫预防,在可以教育时进行教育叫适时,互相观摩学习长处叫磨砺,学习不超越制度叫有顺序。

孟子曰:"人皆知以食愈饥,莫知以学愈愚。"故善材之幼者^①,必勤于学问,以修其性。

①善材:优秀的人才。

【译文】

孟子说:"人们都知道用食物来疗饥,却不知道用学习来医治愚昧。"所以优秀的人才在幼小的时候,一定要勤奋地学习和请教,以此来修养自己的本性。

夫学者,崇名立身之本也。

【译文】

学习,是提高名声立身处世的根本。

骐骥虽疾^①,不遇伯乐不致千里;干将虽利^②,非人力不能自断焉;乌号之弓虽良^③,不得排檠不能自正^④;人才虽高,不务学问,不能致圣。

———

①骐骥：千里马的别称。

②干将：古代传说中的名剑。

③乌号：古代良弓名。

④排檠（qíng）：矫正弓弩的器具。

【译文】

千里马虽然跑得快，不遇见伯乐就得不到驰骋千里的机会；干将宝剑虽然锋利，没有人力就不能自己割断东西；乌号宝弓虽然优良，但是得不到矫弓器就不能自己矫正；人的才能虽高，不努力学习请教，就不能达到圣人的境界。

水积成川，则蛟龙生焉；土积成山，则豫樟生焉①；学积成圣，则富贵尊显至焉。

———

①豫樟：木名。

【译文】

水流累积成河，就有蛟龙产生；泥土堆积成山，就有大树生长；学问积累成为圣人，就有富贵尊荣显赫到来。

讯问者，智之本；思虑者，智之道也。

【译文】

向人询问请教，是智慧的本源；善于深思熟虑，是智慧的大道。

入知亲其亲，出知尊其君；内有男女之别，外有朋友之际。

【译文】

入门懂得亲爱自己的父母,出仕懂得尊重自己的君主;在室内有男女的区别,在外有朋友的交际。

人知粪其田①,莫知粪其心。粪田莫过利苗得粟,粪心易行而得其所欲。何谓粪心?博学多闻。何谓易行?一性止淫也②。

①粪其田:用肥料养其田。粪,本意为肥料,此名词用作动词,引申为"养",下同。
②一性:全性,保全本性。淫:邪恶。

【译文】

人们知道施肥养田,却不知道养自己的心。养田不过有利禾苗收获粮食,养心改变行为却能实现自己的愿望。什么叫养心?就是广泛学习多长见识。什么叫改变行为?就是保全本性禁止邪恶。

学所以益才也,砺所以致刃也。

【译文】

学习是为了增长才干,磨砺是为了使刀刃锋利。

顺风而呼,声不加疾,而闻者众;登丘而招,臂不加长,而见者远。

【译文】

顺着风向呼喊,声音并没有加大,但很多人都能听见;登上山丘招手,手臂并没有加长,但很远的人都能看见。

鱼乘于水^①,鸟乘于风,草木乘于时。

————

①乘(chéng):利用,凭借,趁机会。

【译文】

鱼儿凭借于水,鸟儿凭借于风,草木生长凭借的是时机。

可以与人终日而不倦者,其惟学乎!

【译文】

能够使人终日都不会厌倦的,那该只有学习吧!

君子不可以不学,见人不可以不饰。

【译文】

君子不能不学习,接见别人时不能不修饰。

生而尊者骄,生而富者傲;生而富贵,又无鉴而自得者鲜矣^①。

————

①无鉴:没有借鉴。鉴,本意为镜,引申为借鉴。

【译文】

生来就尊贵的人骄纵,生来就富有的人傲慢;生来就富贵,又没有借鉴却能自有所得的人太少了。

少而好学,如日出之阳;壮而好学,如日中之光;老而好学,如炳烛之明。炳烛之明,孰与昧行乎^①?

———

①昧行：在昏暗中行走。

【译文】

少年时好学，好像日出时的阳光；壮年时好学，好像正午的阳光；老年时好学，好像点燃蜡烛的光亮。点燃蜡烛的光亮，与在黑暗中行走相比，哪一个更强呢？

惟学问可以广明德慧也①。

———

①广明德慧：显明德行，增广智慧。

【译文】

只有勤学好问才能显明德行，增长智慧。

为者常成，行者常至。

【译文】

坚持做事的人常常成功，坚持行走的人常常到达目的地。

人将休，吾将不休；人将卧，吾不敢卧。

【译文】

别人将要休息时，我不休息；别人将要睡觉时，我不睡觉。

夫人君无谏臣则失政，士无教友则失听①。狂马不释其策，操弓不返于檠②。

———

①教友：能获得教益的朋友。失听：所闻不广。

②返于檠:返还矫正器。返,此指放弃。檠,古代弓弩的矫正器。

【译文】

国君没有直言进谏的臣子,政治上就会有缺失;读书人没有能获得教益的朋友,所闻就不广。驾驭狂奔的马不能丢开马鞭,使用弓弩不能不用矫正器。

不顺其初①,虽欲悔之,难哉!

————

①顺:通"慎"。

【译文】

做事情开头不谨慎,即使要悔改,那是很难的啊!

不慎其前而悔其后,虽悔无及矣。

【译文】

事前不谨慎而在事后痛悔,就是后悔也来不及了。

工者久而巧,色者老而衰。

【译文】

工匠的技艺是时间越久就越精巧,人的姿色是越老就越衰退。

有技者不累身而未尝灭,而色不得以常茂。

【译文】

有技艺的人不会累及自身也不曾销声匿迹,但姿色却不能永远丰润美好。

夫谷者,国家所以昌炽①,士女所以姣好②,礼义所以行,而人心所以安也。

————

①昌炽:昌盛。

②士女:指男女或未婚男女。泛指人民、百姓。

【译文】

那粮食,国家要靠它繁荣昌盛,年轻男女靠它美丽姣好,礼义以此能够实行,人心也以此安宁。

夫一兔走于街,万人追之;一人得之,万人不复走。分未定①,则一兔走使万人扰;分已定,则虽贪夫知止。

————

①分(fèn):名分。

【译文】

一只兔子在街上跑,上万人去追逐它,有一个人捉到了它,那上万人就不再跑了。名分未确定,就会像一只兔子奔跑使万人扰乱;名分已经确定,即使是贪婪的人也知道罢手。

立节

士有杀身以成仁,触害以立义,倚于节理①,而不议死地②,故能身死名流于来世。非有勇断,孰能行之?

————

①节理:气节和伦理。

②不议死地:不论死在何处。意即不怕死亡的危险。

【译文】

读书人有杀身成仁、舍身犯难而取义的，为坚守气节和伦理，不惧怕死亡的危险，所以能够在他死后名声传播于后世。没有勇敢果断的精神，谁人能够做到这样？

夫士欲立义行道，毋论难易，而后能行之；立身著名，无顾利害，而后能成之。

【译文】

读书人想要树立原则、推行道义，要不论艰难或容易，然后才能实行它；立身于世显露名声，要不顾及利害，然后才能成功。

卑贱贫穷，非士之耻也。夫士之所耻者，天下举忠而士不与焉，举信而士不与焉，举廉而士不与焉。

【译文】

卑贱贫穷，并非士人的耻辱。士人所感到耻辱的是：天下推举忠直的人，自己却不在其中；推举诚信的人，自己却不在其中；推举清廉的人，自己却不在其中。

能不失己，然后可与济难矣①。

———

①济难：解救危难。

【译文】

能够不丧失自己的节操，然后才能与他共度危难。

国亡而不知，不智；知而不争，不忠；忠而不死，不廉①。

---

①廉：刚直，刚烈。

【译文】

国家灭亡却不知道，这是不智；知道了却不斗争，这是不忠；忠于国家却不殉死，这是不廉。

受人者畏人，予人者骄人。

【译文】

接受别人东西的人会惧怕别人，给予别人东西的人会对别人傲慢。

妄与不如遗弃物于沟壑①。

---

①弃物：废物。

【译文】

随便给人东西，不如把它当成废物丢在山沟溪谷中。

忠不暴君①，智不重恶，勇不逃死。

---

①不暴（pù）君：不能暴露君主的过错。暴，暴露。

【译文】

忠臣不暴露君主的过失，智者不加重自己的罪恶，勇者不逃避死亡。

古之士怒则思理，危不忘义，必将正行以求之耳。

【译文】

古代的勇士发怒时能思考事理，危难时不忘记道义，必定要以正当的行为来求得自己的目的。

廉士不辱名,信士不惰行①。

————

①惰行:败坏操行。惰、堕(duò),两字本可通,然堕又古同"隳",读作 huī,意为毁坏、败坏。

【译文】

廉洁之士不辱没名声,诚信之士不败坏操行。

食其禄者死其事。

【译文】

享受别人俸禄的,要为别人的事而死。

贵德

圣人之于天下百姓也,其犹赤子乎①! 饥者则食之,寒者则衣之;将之养之,育之长之;唯恐其不至于大也。

————

①赤子:婴儿。

【译文】

圣人对待天下的老百姓,就像对待婴儿一样啊! 饥饿时就给他饭吃,寒冷时就给他衣服穿;扶持他调养他,抚育他成长;唯恐他不能长大。

仁人之德教也,诚恻隐于中①,悃愊于内②,不能已于其心③。故其治天下也,如救溺人。

①恻隐：同情。对遭受灾祸或不幸的人产生同情之心。

②悃愊（kǔn bì）：至诚。

③已：停止，歇息。

【译文】

仁爱之人的道德教化，确实是出自内心的同情，发自内心的至诚，这在他心中是不能消释的。所以他治理天下，如同拯救落水的人。

山致其高，云雨起焉；水致其深，蛟龙生焉；君子致其道德①，而福禄归焉。

①道德：意即通晓外物，掌握事理。

【译文】

山达到一定的高度，云雨就从那里兴起；水达到一定的深度，蛟龙就在那里产生；君子达到高尚的道德境地，福运与禄位就归于他了。

凡所以贵士君子者①，以其仁而有德也。

①士君子：指有学问而品德高尚的人。

【译文】

大凡君王尊重贤人的原因，是因为他们仁爱而有德行。

夫仁者，必恕然后行。

【译文】

仁人，必定是有宽恕之心然后行事。

大仁者恩及四海,小仁者止于妻子①。

①妻子:古代对于妻子、儿女连称。

【译文】

有大仁的人,他的恩德遍及天下;有小仁的人,他的恩惠只停留在妻子儿女身上。

乐贤而哀不肖,守国之本也。

【译文】

喜爱有才德的贤人而哀怜无才德的人,这是守国的根本。

俗语云:"画地作狱,议不可入;刻木为吏,期不可对①。"此皆疾吏之风②,悲痛之辞也。

①"画地作狱"四句:四句俗语。《汉纪·孝宣皇帝纪一》作"画地为狱,誓不入;刻木为吏,议不对"。司马迁《报任安书》中引作:"画地为牢,势不可入;削木为吏,议不可对。"于义均较长。期,必。颜师古曰:"期犹必也。"

②风:通"讽",婉言讽喻。

【译文】

俗话说:"画地为牢,绝不可入;刻木为吏,必不可对。"这些都是痛恨狱吏的讽喻,发出悲痛的言辞啊。

王者盛其德而远人归,故无忧。

【译文】

称王的人恩德盛大而使远方百姓归顺,所以没有忧患。

务施而不腐余财者①,圣人也。

----

①务施:致力于施舍。

【译文】

极力施舍而不使多余财物腐败的人,就是圣人。

居不为垣墙,人莫能毁伤;行不从周卫①,人莫能暴害。此君子之行也。

----

①从周卫:侍卫跟从。从,侍从。周卫,防卫,侍卫。

【译文】

居住的地方不建围墙,却没有人能够毁伤他;出行时不要侍卫随从保护,却没有人能够用暴力残害他。这就是君子的行为。

君子之富,假贷人,不德也①,不责也②;其食饮人,不使也,不役也;亲戚爱之,众人善之,不肖者事之,皆欲其寿乐而不伤于患。此君子之富也。

----

①不德:不要人感恩。德,感激。
②不责:不向人追债。责,同“债”。

【译文】

君子的富有,借贷给别人,不要人感恩,也不向人追债;他供给别人吃喝,不驱使别人,也不劳役别人;亲戚敬爱他,众人称赞他,没有才德的人侍奉他,都希望他长寿快乐而不被祸患伤害。这就是君子的富有。

吾不能以春风风人,吾不能以夏雨雨人,吾穷必矣!

【译文】

我不能像春风那样温暖人,也不能像夏雨那样滋润人,我必定会遭受困厄了!

凡人之性,莫不欲善其德①,然而不能为善德者,利败之也。故君子羞言利名。

①善其德:使自己品德良好。善,使……善。

【译文】

大凡人的本性,没有不想使自己品德优秀的,但是不能使自己品德优秀的原因,是由于私利败坏了它。所以君子为言说名利感到羞耻。

上之变下,犹风之靡草也①。故为人君者,明贵德而贱利以道下②。

①靡:倒下。

②道:同"导",引导。

【译文】

在上的人改变在下的人,好像那风吹草伏一样。因此做国君的人,应该明白重视德行而轻视私利的道理,并以此来引导在下的臣民。

凡斗者,皆自以为是,而以他人为非。

【译文】

大凡好争斗的人,都自以为正确,而认为别人不对。

人之斗,诚愚惑失道者也。

【译文】

人们的争斗,真是愚蠢迷惑而失去了正道的结果。

君子以忠为质^①,以仁为卫,不出环堵之内^②,而闻千里之外。

———

①质:本质,禀性。

②环堵:四周环着每面一方丈的土墙。形容狭小、简陋的居室。

【译文】

君子以忠诚为本性,以仁爱为防卫,不出陋室之内,却闻名千里之外。

巧诈不如拙诚。

【译文】

奸巧欺诈反不如笨拙诚实。

夫君子能勤小物,故无大患。

【译文】

君子能勤察细小的事物,所以没有大的祸患。

复恩

施德者贵不德①,受恩者尚必报。

———

①贵不德:以不让人感恩戴德为贵。

【译文】

施行恩德的人以不让人感恩为贵重,接受恩惠的人以必定报答为高尚。

请而得其赏,廉者不受也;言尽而名至,仁者不为也。

【译文】

经过请求才得到封赏,廉洁的人是不会接受的;话说尽了才得到名声,仁义的人是不会去做的。

为一人言施一人,犹为一块土下雨也,土亦不生之矣。

【译文】

如果因为一人说了话就施惠给一人,就好像为一小块土地下雨一样,整个大地也不会生出禾苗。

有阴德者必飨其乐①,以及其子孙。

———

①飨:通"享",享有,享受。

【译文】

有阴德的人一定会享受安乐,而且会延及他的子孙。

惠君子,君子得其福;惠小人,小人尽其力。夫德一人活其身,而况置惠于万人乎? 故曰德无细,怨无小。

【译文】

施惠给君子,君子能得到你的福佑;施恩惠给小人,小人能为你尽他的力量。给一个人恩惠就能救活自己性命,何况施恩惠给万民呢? 所以说恩惠不论大小,怨恨也无论大小。

事君以死,事主以勤,为其赐之多也。

【译文】

要以死来事奉君主,要以勤劳来事奉主人,因为给予的赏赐很多。

士为知己者死,而况为之哀乎?

【译文】

士人能为知己的人去死,何况为他尽哀呢?

养及亲者,身更其难①。

――――

①更:换易,替代。

【译文】

对赡养过自己父母亲的人,应该用生命来替他受难。

唯贤者为能报恩,不肖者不能。夫树桃李者①,夏得休息,秋得食焉;树蒺藜者,夏不得休息,秋得其刺焉。

――――

①树:种植,栽种。

【译文】

只有贤人才能报恩,不贤的人是不能的。那种植桃李的人,夏天能在树荫下得到休息,秋天能得到果实吃;那栽种蒺藜的人,夏天得不到树荫休息,秋天得到的是那棘刺。

择人而树,毋已树而择之。

【译文】

要选择人才而加以栽培,不要已经栽培了才加以选择。

物之难矣^①,小大多少,各有怨恶,数之理也^②,人而得之,在于外假之也。

———

①难(nuó):繁盛。这里指事物的复杂。

②数之理也:命运的规律。数,命运。理,规律。

【译文】

事物太复杂了,小大多少,各有怨恨和厌恶,这是命运的规律,人能掌握它,在于对外物的利用。

政理

政有三品^①:王者之政化之,霸者之政威之,强国之政胁之。

———

①三品:上中下三个等级,或三个种类。

【译文】

政治有三种类型:王道的政治教化百姓,霸道的政治威慑百姓,强国的政治胁迫百姓。

王者尚其德而希其刑①,霸者刑德并凑②,强国先其刑而后德。

——

①希:罕,少。

②并凑:并用。凑,会合,这里指合用。

【译文】

行王道的人重德教而罕用刑罚,行霸道的人刑罚与德教并用,强暴之国是先用刑法而后用德教。

夫有功而不赏,则善不劝;有过而不诛,则恶不惧。

【译文】

如果有功而不奖赏,那善良的人就得不到鼓励;有罪过而不惩罚,那罪恶的人就不会惧怕。

水浊则鱼困,令苛则民乱,城峭则必崩,岸竦则必阤①。故夫治国譬若张琴,大弦急则小弦绝矣②。

——

①阤(zhì):崩塌。

②大弦急则小弦绝:大弦绷得太紧,小弦则会绷断。大弦,弦乐器的粗弦。小弦,弦乐器的细弦。

【译文】

水浑浊就会使鱼儿困死,政令苛刻就会使百姓动乱,城墙陡峭就必定会崩塌,河岸高耸就必定会溃塌。所以治理国家好比调琴定音,大弦拉得太紧了,小弦就会绷断。

急辔衔者^①,非千里御也;有声之声,不过百里;无声之声,延及四海。

———

①急辔衔:拉紧缰绳。急,拉紧。此作动词。辔衔,拴马的笼头与缰绳。

【译文】

紧拉马缰的人,不是驰驱千里的驭手;有声响的声音,传不过百里;没有声响的声音,可以传遍四海。

顺针缕者成帷幕,合升斗者实仓廪,并小流而成江海。

【译文】

顺着针线就可以织成帷幕,汇积升斗粮食可以充实仓库,合并小水流可以汇成江海。

知得之己者,亦知得之人。

【译文】

知道从自身获得的人,也知道从别人身上获得。

所谓不出于环堵之室而知天下者^①,知反之己者也^②。

———

①环堵:四周环着每面一方丈的土墙。形容狭小、简陋的居室。

②反之己:返回到自己身上。

【译文】

所谓不走出四面土墙的斗室,而知道天下大事的人,是懂得反省自己的人。

憛憛焉^①,如以腐索御奔马。

———

①憛憛(lǐn)焉:危惧貌,戒慎貌。

【译文】

战战兢兢,就像用腐朽的缰绳驾驭奔马一样。

夫短绠不可以汲深井^①,知鲜不可以与圣人之言^②;惠士可与辨物^③,智士可与辨无方^④,圣人可与辨神明^⑤。

———

①短绠不可以汲深井:此语又见《庄子·至乐》《荀子·不苟》《淮南子·说林训》,皆用《管子》语。短绠,短的打水绳。常比喻才识浅陋。绠,汲水用具的绳索。

②知鲜:见识少,智慧少。

③惠士:聪明人。惠,通"慧",聪慧。

④无方:没有范围、处所的限制。谓无所不至,没有极限。

⑤神明:英明,圣明。本意是指人的德行修炼到了很高境界,即内外如一、无人可及的境界。

【译文】

短绳不能在深井中打水,知识少的人不能告诉他圣人的言论;可与聪明的人辨别事物,可与智慧的人辨析没有边际的宇宙,可与圣人辨明精神上的最高境界。

夫一仞之墙^①，民不能逾；百仞之山，童子升而游焉；凌迟故也^②。

————

①仞：古代长度单位，周制八尺，汉制七尺。

②凌迟：斜平不陡的斜坡。

【译文】

那七尺高的墙，人不能跨越；七百尺高的山，小孩都能爬上去游玩；那是因为坡度斜平不陡。

薄赋敛则民富，无事则远罪^①，远罪则民寿。

————

①无事：或当作"无争"。远罪：远离罪过。意指不会犯罪。

【译文】

减轻赋税，百姓就会富足；没有争斗，百姓就会远离犯罪；远离犯罪，百姓就会长寿。

治国之道，爱民而已。

【译文】

治国的根本方法，不过是爱护百姓罢了。

利之而勿害，成之勿败，生之勿杀，与之勿夺，乐之勿苦，喜之勿怒。此治国之道。

【译文】

使他们获利而不要损害他们，使他们成功而不要破坏他们，使他们生存而不要杀害他们，给他们衣食而不要掠夺他们，使他们欢乐而不要使他们痛苦,使他们高兴而不要使他们怨怒。这就是治国的根本方法。

善为国者,遇民如父母之爱子,兄之爱弟,闻其饥寒为之哀,见其劳苦为之悲。

【译文】

善于治国的人,对待百姓如同父母爱护子女,兄长爱护弟弟一样,听说他们饿了冷了就为之哀叹,见他们劳碌辛苦就为之悲伤。

贤君之治国,其政平,其吏不苛,其赋敛节,其自奉薄①。

①自奉薄:自己的日常供给很节省。

【译文】

贤明君主治理国家,他的政治清平,官吏不苛刻,赋税有节制,他的个人享用很节省。

天地之间,四海之内,善之则畜也①,不善则仇也。

①畜:喜爱,相好。

【译文】

天地之间,四海之内,你善待他们,就会与你相好;不善待他们,就会成为仇敌。

敢于不善人①。

①不善人:不做老好人。

【译文】

要敢于不做老好人。

夫耳闻之不如目见之,目见之不如足践之,足践之不如手辨之。

【译文】

耳朵听到的不如眼睛看见的,眼睛看见的不如脚踩到的,脚踩到的不如亲手辨别的。

人始入官,如入晦室,久而愈明,明乃治,治乃行。

【译文】

人刚到任做官,如同进入昏暗的房间,时间久了就越看越清楚,心明眼亮就可以处理政事,处理政事就能行得通。

任力者固劳,任人者固佚①。

———

①佚:通"逸",轻松,安逸。

【译文】

用力的人当然劳苦,用人的人当然轻松。

恭以敬,可以摄勇①;宽以正,可以容众;恭以洁,可以亲上。

———

①摄勇:统领、辖制勇士。

【译文】

只要恭敬有礼,就能辖制勇士;执政宽缓公正,就能容纳民众;自身谨慎廉洁,就能够亲近上司。

力之顺之①,因天之时②,无夺无伐③,无暴无盗。

———

①力之顺之:努力去做,谨慎从事。顺,通"慎"。

②因:顺应。天:原文作"子",此依向宗鲁《校证》据卢文弨校、关嘉校改。

③夺:侵夺,此谓以贤人取代贤人。伐:伤害,败坏,此谓以不贤者取代贤者。

【译文】

努力去做,谨慎从事,顺应天时,不要侵夺贤人的职权,更不要伤害贤人,不要施政暴虐,不要欺世盗名。

匿人之善者,是谓蔽贤也;扬人之恶者,是谓小人也;不内相教,而外相谤者,是谓不足亲也。

【译文】

隐藏别人优点的,这就叫障蔽贤人;宣扬别人缺点的,这就叫小人。在内不相互教导,却在外相互诽谤,这种人是不能够亲近的。

言人之善者,有所得而无所伤也①;言人之恶者,无所得而有所伤也。

———

①无所伤:原文作"无所亡伤",依下文例,"亡"字必衍,此据删。

【译文】

宣扬别人善事的,会有所得而不会有伤害;宣扬别人短处的,不会得到什么反而会有损失。

君子慎言语矣，毋先己而后人；择言出之，令口如耳。

【译文】

君子说话要谨慎，不要自己先说而让别人后说；说出来的话要经过选择，使口说的如同耳听到的一样。

夫吞舟之鱼不游渊^①；鸿鹄高飞，不就污池^②；何则？其志极远也。黄钟大吕^③，不可从繁奏之舞^④，何则？其音疏也^⑤。

———

①不游渊：《列子·杨朱》作"不游枝流"，此或当作"不游于渊"。

②污池：池塘。

③黄钟大吕：古代乐律名，亦为两种大钟名。其声调舒缓洪亮。

④从繁奏之舞：为繁杂细碎的舞曲伴奏。

⑤疏：疏阔，久远。

【译文】

那吞舟的大鱼不游于水池；鸿鹄高飞，不停在池塘；为什么呢？因为它们的志向极其远大。黄钟大吕，不能为节拍繁碎的舞曲伴奏，为什么呢？因为它们的声音旷远长久。

将治大者不治小，成大功者不小苛^①。

———

①不小苛：不在细小的方面苛求。

【译文】

能办大事的不必会办小事，成就大功的人不苛求小节。

为国之道，食有劳而禄有功^①，使有能而赏必行罚必当。

———

①食(sì)：给人食物。作动词。禄：给人俸禄。作动词。

【译文】

治国的方法是：给劳苦的人饭吃，给有功的人俸禄，任用有才能的人，而且赏赐一定要实行，处罚一定要适当。

左右善，则百僚各得其所宜而善恶分。

【译文】

身边的人善良，那么百官会各自得到适当的人选，并且好人坏人也能分清。

善进，则不善无由入矣；不善进，则善无由入矣。

【译文】

好人被进用，那么坏人就无法进入政权中心了；坏人被进用，那么好人就无法进入政权中心了。

地广而不平，人将平之；财聚而不散，人将争之。

【译文】

土地宽广但不平坦，人们就要铲平它；财物聚集而不分散，人们就要争夺它。

政有三而已：一曰因民，二曰择人，三曰从时。

【译文】

为政只有三条罢了：一是便利民众，二是选择贤人，三是顺从天时。

尊贤,先疏后亲,先义后仁也,此霸者之迹也^①。

———

①迹:足迹,踪迹。此指走过的路。

【译文】

尊重贤人,先用疏远的后用亲近的,先立道义后施仁爱,这是成就霸业的人所走的路。

化其心莫若教也。

【译文】

要感化人的心,没有比身教更管用的了。

尊贤

人君之欲平治天下而垂荣名者,必尊贤而下士^①。

———

①下士:谦恭地礼待贤士。

【译文】

国君想要治理天下并在后世永留荣耀的名声,就必须尊重贤人并屈身礼待士人。

夫朝无贤人,犹鸿鹄之无羽翼也,虽有千里之望,犹不能致其意之所欲至矣。

【译文】

如果朝中没有贤人,就好比鸿雁没有翅膀一样,虽有高飞千里的愿望,也不能达到它所想要飞往的地方。

游江海者托于船,致远道者托于乘,欲霸王者托于贤。

【译文】

横渡大江大海的人得依托舟船,要走远路的人得依托车马,要成就王霸大业的人得依托贤人。

夫智不足以见贤,无可奈何矣;若智能见之,而强不能决①,犹豫不用,而大者死亡,小者乱倾,此甚可悲哀也。

———

①强(jiàng):固执,拘泥。

【译文】

如果国君的智慧不能够发现贤人,那是无可奈何的事;如果国君的智慧能够发现贤人,却拘泥不能决断,犹豫不能任用,大的损失是自身的死亡,小的损失会乱政倾国,这是很令人悲哀的事。

贤圣之接也,不待久而亲;能者之相见也,不待试而知矣。

【译文】

圣人与贤人的相遇,不用很长的时间就能亲近;有才能的人相见,不用试察就能了解。

士之接也,非必与之临财分货乃知其廉也①,非必与之犯难涉危乃知其勇也。

———

①与之:原文误作"举之",此据明钞本改。

【译文】

同士人交接,不一定要与他临财分物才能了解他的廉洁,不一定要与他身冒危难经历艰险才能了解他的勇敢。

举事决断，是以知其勇也；取与有让^①，是以知其廉也。

——

①取与有让：收受给予能谦让。

【译文】

看他办事果决明断，凭这就知道他的勇敢；看他收受给予能谦让，凭这就知道他的廉洁。

以所见可以占未发，睹小节固足以知大体矣。

【译文】

凭已经见到的事物能够预测未发现的事物，见到一小部分，当然就能够知道整体了。

一人之身，荣辱俱施焉，在所任也。

【译文】

一个人的身上，既享受了荣耀也遭遇了耻辱，就在于任人的不同。

国无贤佐俊士，而能以成功立名、安危继绝者，未尝有也。

【译文】

国家没有贤能的臣佐和优秀的人才，却能够成就功业树立美名、安定危难延续亡国的，从来都未曾有过。

国不务大，而务得民心；佐不务多，而务得贤俊。得民心者民往之,有贤佐者士归之。

【译文】

国家不求大,而要务得民心;臣佐不求多,而要务求贤才。得民心的人,百姓追随他;有贤臣辅佐的人,士人归附他。

声同,则处异而相应;德合,则未见而相亲。

【译文】

意气相投的人,居处不同却能互相感应;品性相同的人,虽未见面却能心里亲近。

无常安之国,无恒治之民,得贤者则安昌,失之者则危亡。

【译文】

没有始终安定的国家,也没有永远顺从的百姓,得到贤人的就会安定昌盛,失去贤人的就会危亡。

明镜所以照形也,往古所以知今也。

【译文】

明镜能用来照出事物的形状,往古的事能用来察知当今的事。

虽有贤者,而无以接之,贤者奚由尽忠哉! 骥不自至千里者,待伯乐而后至也。

【译文】

即使有贤人,但没有人来接纳他,贤人又从何尽忠呢? 良马不能自己到达千里之远,要等待伯乐的赏识后才能驰骋千里。

穷者达之,亡者存之,废者起之,四方之士则四面而至矣。穷者不达,亡者不存,废者不起,四方之士则四面而畔矣①。

———

①畔:通"叛"。背离,背叛。

【译文】

使穷困的士人显达,让逃亡的士人生存,重新起用废弃的士人,天下四方的士人就会从四面八方来到了。穷困的士人不能显达,逃亡的士人不能生存,废弃的士人不能起用,天下四方的士人就会向四面八方叛离而去。

夫士存则君尊,士亡则君卑。

【译文】

有贤士存在君王就会尊显,失去贤士君王就会卑弱。

拑者大给利①,不可尽用;健者必欲兼人②,不可以为法也;口锐者多诞而寡信③,后恐不验也。

———

①大给利:过于聪明伶俐。大,读作"太"。按,拑者,即闭口不言者,所谓"沉默是金",故这类人太过聪明伶俐;聪明过甚者,必然心机甚重;心机太重者,当然不可完全信用。

②兼人:胜过别人。

③诞而寡信:夸夸其谈而少信用。

【译文】

缄默不言的人过于聪明伶俐,不可完全信用;过于健谈逞强的人,一定想要胜过别人,不可使人效法;夸夸其谈的人大多夸诞而少信,事后怕不会应验。

夫取人之术也，观其言而察其行。

【译文】

选取人才的方法，就是观其言而察其行。

夫太山不辞壤石，江海不逆小流，所以成大也。

【译文】

那泰山不嫌弃土壤石头，江海不拒绝细小的水流，所以能成为大山大水。

水广则鱼大，君明则臣忠。

【译文】

水域宽广鱼就大，君主英明臣子就忠诚。

夫有道而能下于天下之士，君子乎哉！

【译文】

那有道德修养又能礼待天下贤士的人，真是君子啊！

有命之父母①，不知孝子；有道之君，不知忠臣。

———

①有命：此指长寿。

【译文】

长寿的父母不了解什么是孝子，有道的君主不了解什么是忠臣。

正谏

君有过失者,危亡之萌也;见君之过失而不谏,是轻君之危亡也。夫轻君之危亡者,忠臣不忍为也。

【译文】

君主有过失,那是危国亡身的萌芽;看见君主有过失而不劝谏,是忽视君主的危亡。轻视君主危亡的行为,忠臣是不忍心做的。

蝉高居悲鸣饮露,不知螳螂在其后也;螳螂委身曲附欲取蝉①,而不知黄雀在其傍也;黄雀延颈欲啄螳螂,而不知弹丸在其下也。此三者,皆务欲得其前利,而不顾其后之有患也。

──

①委身曲附:形容弯着身子,屈着前肢。附,通"跗",脚背。此指螳螂前腿。

【译文】

蝉在高处唱哀歌饮露水,不知道螳螂在它的身后;螳螂弯着身子屈着前肢在树枝上想要捕取蝉,却不知道黄雀在它的旁边;黄雀伸长脖子想要啄取螳螂,却不知道弹丸在它的下边。这三种动物,都想要努力获取它眼前的利益,却不顾它身后有祸患。

夫有生者不讳死,有国者不讳亡。讳死者不可以得生,讳亡者不可以得存。

【译文】

长寿的人不忌讳死亡,拥有国家的人不忌讳败亡。忌讳死亡的人不能够因此活着,忌讳败亡的人不能够因此保存。

凡为不善遍于物不自知者,无天祸必有人害。

【译文】

凡是到处做了不好的事自己还不知道的人,即使没有天祸也一定会有人害。

明君在上,下有直辞;君上好善,民无讳言。

【译文】

明君在上,下面就有直言;君主好善,百姓讲话就没有忌讳。

得全者全昌,失全者全亡。

【译文】

能保全自己的人一定兴盛,不能保全自己的人一定败亡。

欲人勿闻,莫若勿言;欲人勿知,莫若勿为。

【译文】

想要别人不听到,不如不要讲话;想要别人不知道,不如不要做。

欲汤之冷,令一人吹之,百人扬之,无益也,不如绝薪止火而已。不绝之于彼,而救之于此,譬犹抱薪救火也。

【译文】

想要沸水变冷,让一人吹火,百人去扬汤,是没有用的,不如断柴灭火。不从那里断绝祸源,却在这里挽救它,好比抱着柴草去救火一样。

福生有基,祸生有胎①。纳其基,绝其胎,祸何从来哉!

———

①胎:胚芽,喻开始,初生。

【译文】

福运的产生是有基础的,灾祸的发生也有胚芽。开纳福基,断绝祸胎,灾祸又从何而来呢?

良药苦于口利于病,忠言逆于耳利于行。

【译文】

良药吃着苦却有利于治病,中肯的话不顺耳却有利于行事。

太山之高,非一石也,累卑然后高也。

【译文】

泰山那样高,不是仅靠一块石头,而是从低处堆积然后才变得高大的。

敬慎

存亡祸福,其要在身①。圣人重诫敬慎所忽②。

———

①要:关键。身:自己。

②圣人重诫:圣人注重警诫自己。诫,此与下文"诫"字,原文皆误作"诚",此据明钞本改。

【译文】

人的生死存亡灾祸幸福,那关键全在自己。圣人特别注重警诫自己在恭敬谨慎方面所忽略的事。

谚曰:"诚无垢,思无辱。"

【译文】

俗话说:"警诫自己就不会有耻辱,多思考就不会受欺侮。"

《易》曰:有一道,大足以守天下,中足以守国家,小足以守其身,谦之谓也①。

——

①"《易》曰"六句:不见于今本《周易》。

【译文】

《周易》中说:有一个道理,它的用途大能保住天下,中能保住国家,小能保住自身,这道理就是谦虚。

天之道,成者未尝得久也①。夫学者以虚受之,故曰得。苟接知持满,则天下之善言不得入其耳矣。

——

①成者:即满者。

【译文】

自然的规律是圆满的事情未必能够长久。那学习的人是以谦虚的态度来接受知识,所以叫有得。假若接受知识却心怀自满,那天下的善言就不能进入他的耳中了。

持满之道,挹而损之①。

———

①挹而损之:贬抑而减损。挹,通"抑",贬抑。

【译文】

保持盈满的方法,在于贬抑和减少盈满。

得其所利,必虑其所害;乐其所成,必顾其所败。

【译文】

要获得某种利益,一定要想到它的害处;喜欢事情的成功,一定要想到它的失败。

虽无能,君子务益①。夫华多实少者②,天也;言多行少者,人也。

———

①务益:努力有所增益。

②华:同"花"。这里指开花,用作动词。实:结果,作动词。

【译文】

即使无能,君子也要努力使自己有所增益。那开花多而结果少,是自然的规律;说得多却做得少,是人间的常态。

存亡祸福皆在己而已,天灾地妖,亦不能杀也①。

———

①杀(shài):减少。引申为改变。

【译文】

人的存亡祸福都在于自己,即使天降灾地加祸,也不能改变。

福生于隐约,而祸生于得意,此得失之效也。

【译文】

福运在暗中滋长,而灾祸在志得意满时发生,这就是得与失的效验。

大功之效,在于用贤积道,浸章浸明。

【译文】

大功业的成就,在于任用贤能,积累道义,逐渐显明。

衰灭之过,在于得意而怠,浸蹇浸亡。

【译文】

衰落灭亡的过错,在于得意而懈怠,逐渐困苦及至覆亡。

位已高而意益下,官益大而心益小,禄已厚而慎不敢取。

【译文】

职位已高态度却更加谦恭卑下,官职越大内心却更加小心谨慎,俸禄已优厚却更加谨慎不敢妄取。

高上尊贵①,无以骄人;聪明圣智,无以穷人②;资给疾速③,无以先人④;刚毅勇猛,无以胜人。

①尊贵:原文作"尊贤",此依向宗鲁《校证》据《荀子》《韩诗外传》《邓析子》诸书改。

②穷人:使人困窘。穷,困窘。

③资给疾速:天资聪敏,应对迅捷。

④先人:抢先于别人,在别人前面。

【译文】

地位高尚尊贵,不要凭此对人傲慢;聪明贤能智慧,不要凭此使人困窘;天资聪明应对迅捷,不要凭此抢先于人;刚强坚毅勇猛,不要凭此压服别人。

士虽聪明圣智,自守以愚;功被天下①,自守以让;勇力距世②,自守以怯;富有天下,自守以廉。此所谓高而不危,满而不溢者也。

———

①功被天下:功盖天下。被,覆盖。

②距世:可与世上任何人抗衡,即盖世之意。距,通"拒",抗拒。

【译文】

士人尽管聪明贤能机智,也要以愚拙自守;功劳覆盖天下,也要以谦让自守;勇力天下无敌,也要以怯弱自守;富有天下,也要以清廉自守。这就是所说的居高而不危险,盈满却不外溢的道理。

小忠,大忠之贼也;小利,大利之残也①。

———

①残:残害,祸害。

【译文】

小忠是大忠的敌人,小利是大利的祸害。

好战之臣①,不可不察也。羞小耻以构大怨,贪小利以亡大众。

——

①好战之臣：原文"战"误作"戮"，此据明钞本改。

【译文】

对好战的臣子，不能不加以考察。对小的羞耻感到羞辱就能结成大的仇恨，贪图小利就会损失众多的军队。

无多言，多言多败；无多事，多事多患。安乐必戒，无行所悔。

【译文】

不要多说话，多说话多败亡；不要多事，多事多祸患。安乐时一定要警戒，不要去做使自己后悔的事情。

夫江河长百谷者，以其卑下也。

【译文】

长江、黄河成为百川之长，就是因为它们地处低下。

贤者不遇时，常恐不终焉①。

——

①不终：得不到好结果。

【译文】

贤人生不逢时，常常担心不得善终。

君子慎所从，不得其人，则有罗网之患。

【译文】

君子应慎重选择自己所跟从的人，跟了不适当的人，就有进入罗网的祸患。

修身正行,不可以不慎。

【译文】

加强自身修养使品行端正,不能够不谨慎。

忧患生于所忽,祸起于细微;污辱难湔洒①,败事不可复追;不深念远虑,后悔当几何。

———

①湔洒(jiān xǐ):洗濯,清除。

【译文】

忧患从所忽略的地方发生,灾祸从细微处引起;污辱难以洗刷,失败的事情不能挽回;不深思远虑,后悔不知有多少。

怨生于不报①,祸生于多福,安危存于自处,不困在于蚤豫②,存亡在于得人。慎终如始,乃能长久。

———

①不报:不报恩。

②蚤豫:及早预防。蚤,通"早"。

【译文】

怨恨从不报恩产生,祸患从多福中产生,安危在于安置自己的方式,不陷入困境在于及早防备,存亡在于任用得人。凡事像开始一样谨慎到最后,才能保持长久。

恭敬忠信,可以为身。恭则免于祸①,敬则人爱之,忠则人与之,信则人恃之。人所爱、人所与、人所恃,必免于患矣。

———

①祸：灾祸。

【译文】

恭敬忠信，能够用来立身处世。遇事恭谨就可以免祸，对人礼敬别人就会爱戴你，对人忠实别人就会结交你，对人诚信别人就会信赖你。被人所爱戴、人愿意结交、人所信赖的人，一定会避免祸患。

敬人者，非敬人也，自敬也；贵人者，非贵人也，自贵也。

【译文】

礼敬别人，不是礼敬别人而是礼敬自己；尊重别人，不是尊重别人而是尊重自己。

君子敬以成其名，小人敬以除其刑。

【译文】

君子谨慎能够成就自己的名声，小人谨慎能够免除刑罚。

君子好恭，以成其名；小人学恭，以除其刑。

【译文】

君子喜好恭谨，能成就自己的名声；小人学习恭谨，可免除刑罚。

善说

唯君子为能贵其所贵也。

【译文】

只有君子才能做到使自己看重的东西贵重起来。

人之不善而能矫之者,难矣。

【译文】

在人不喜欢你的时候要能纠正他,是很难的。

人而无辞,安所用之?

【译文】

一个人如果不善言辞,在哪里可以使用他呢?

夫辞者,乃所以尊君、重身、安国、全性者也。故辞不可不修,而说不可不善。

【译文】

言语辞令,乃是用来尊崇君主、推重自身、安定国家、保全性命的。所以言语辞令不能不修饰,而说辞不能不美好。

夫说者,固以其所知谕其所不知,而使人知之。

【译文】

那说话的人,当然要用人们所知道的来比喻人们所不知道的,从而使人懂得所说的东西。

缕因针而入,不因针而急;嫁女因媒而成,不因媒而亲。

【译文】

丝线通过针穿入,但不能靠针而加快缝纫;嫁女通过媒人说成,但不能靠媒人使夫妻亲密。

夫狐者,人之所攻也;鼠者,人之所熏也。臣未尝见稷狐见攻①,社鼠见熏也②,何则? 所托者然也。

①稷狐:栖身在谷神庙中的狐狸。稷,此指谷神庙。

②社鼠:栖身在土神庙中的老鼠。社,此指土地庙。

【译文】

狐狸,是人们要捕杀的;老鼠,是人们要熏灭的。但我从未见过谷神庙里的狐狸被捕杀,土地庙里的老鼠被火熏,这是为什么呢? 那是因为它们托身的地方保护了它们。

夫善亦有道,而遇亦有时。

【译文】

好事有途径,而遇合也要有时机。

上士可以托色①,中士可以托辞②,下士可以托财。

①上士:高明的人。托色:犹"托以色",此指以神色来表示委托。

②中士:中等人品的人。托辞:犹言"托以辞",此指用言语委托人。

【译文】

上士能用神色委托他,中士能用言语委托他,下士能用财物委托他。

物之相得,固微甚矣。

【译文】

人能互相投合,的确是很微妙的啊。

小人得位,不争不义①;君子在忧,不救不祥。

———

①不争：不规谏。争，同"诤"。

【译文】

小人得势，不规谏就是不义；君子在患难中，不去拯救就不吉祥。

善为国者，赏不过，刑不滥。

【译文】

善于治国的人，赏不过度，刑不滥罚。

救人之患者，行危苦而不避烦辱①，犹不能免。

———

①烦辱：同"繁缛"，繁重杂乱。

【译文】

拯救别人患难的人，所做的事危险艰苦而又要不嫌繁重杂乱，有时还不能解救受难的人。

衣新而不旧，则是修也①；仓庾盈而不虚，则是富也。

———

①修：修整，治办。

【译文】

衣服常新而不旧，那是因为修整；粮仓常满而不空，那是因为富足。

夫大臣重禄而不极谏，近臣畏罪而不敢言，左右顾宠于小官而君不知①，此诚患之大者也。

①顾宠：犹邀宠，收买拉拢讨好。顾，通"雇"，收买。宠，此指讨好。

【译文】

大臣贪恋厚禄而不极力进谏，身边的近臣怕得罪国君也不敢说话，左右的侍从被小官收买拉拢讨好而国君却不知道，这些才真正是很大的祸患。

夫子其犹大山林也，百姓各足其材矣①。

①各足其材：各自满足需要的材料。

【译文】

孔子好比大山林一样，人们能够从他那里得到满足各自需要的东西。

赐譬渴者之饮江海①，知足而已。孔子犹江海也，赐则奚足以识之？

①赐：此为子贡自称，孔子弟子，姓端木，名赐。

【译文】

我好比那口渴的人到大江大海去饮水，只知道满足罢了。孔子好比大江大海，我又怎么能够了解他？

今谓天高，无少长愚智皆知高。高几何？皆曰不知也。

【译文】

如果说天很高，无论年幼年长愚笨聪明的人都知道天很高。但高到什么程度呢？都只能说不知道。

智不知其士众，不智也；知而不言，不忠也；欲言之而不敢①，无勇也；言之而不听，不贤也。

———

①言之：指举荐贤人。

【译文】

才智不能了解他的士子民众，不算有才智；了解贤士却不举荐，这是不忠；想要举荐却又不敢，这是没勇气；举荐了贤士而不被采纳，这是不贤。

奉使

明君之使人也，任之以事，不制以辞。

【译文】

英明的君主派人出使，只把事情托付给他，而不规定具体辞令。

夫远贤而近所爱，非社稷之长策也。

【译文】

疏远贤人而亲近所爱的人，不是国家长治久安的策略。

欲知其子视其友，欲知其君视其所使。

【译文】

想要了解儿子就要看他交的朋友，想要了解君主就要看他所派遣的使者。

乞火不得，不望其炮矣①。

———

①炮（páo）：烧烤。

【译文】

求不到火种，不能指望烧烤。

冠虽敝，宜加其上；履虽新，宜居其下。

【译文】

帽子虽然破旧，也应该戴在头上；鞋子虽然是新的，也应该穿在脚下。

微事不通，粗事不能者，必劳；大事不得，小事不为者，必贫；大者不能致人①，小者不能至人之门者②，必困。

——

①致人：招致人才。

②至人之门：上门求人。

【译文】

精微的事情不懂，粗笨的事情不能做的人，必定会劳苦；大事不能做，小事又不愿做的人，必定会贫困；大的方面不能招致人才，小的方面又不能上门求助的，必定会遭困顿。

谋利而得害，由不察也。

【译文】

谋划利益却受到损害，这是因为不明了情况。

权谋

众人之智，可以测天。兼听独断，惟在一人。

【译文】

众人的智慧,能够预测上天的旨意。广泛听取众人的意见,独立地作出决断,全在一人。

谋有二端:上谋知命,其次知事。

【译文】

智谋有两种:上等的智谋就是懂得自然规律,次一等的懂得事物变化的原理。

知命者,预见存亡祸福之原,早知盛衰废兴之始,防事之未萌,避难于无形。

【译文】

懂得自然规律的人,能预见存亡祸福的本原,预知盛衰废兴的起始,能在坏事未萌生时就加以预防,在灾难未形成时就设法避免。

夫非知命知事者,孰能行权谋之术?

【译文】

如果不是懂得自然规律,了解事物的变化原理,哪能实行权变谋略的方法呢?

夫诈则乱,诚则平。

【译文】

欺诈,世道就会混乱;真诚,世道就会太平。

知命知事而能于权谋者,必察诚诈之原,而以处身焉,则是亦权谋之术也。

【译文】

懂得自然规律和事物变化原理又能权谋的人,一定要详察忠诚与奸诈的本原,并以此立身处世,这也是权变谋略的方法。

夫知者举事也,满则虑溢,平则虑险,安则虑危,曲则虑直。

【译文】

有智慧的人做事情,盈满时就想到会溢出,平坦处就想到险阻,安定时就想到危亡,曲折处就想到端直。

事之可以之贫①,可以之富者,其伤行者也②;事之可以之生,可以之死者,其伤勇者也。

————

①之贫:即"致贫",使人致贫。"之",犹"致"也,下同。

②伤行:伤害人的品行。

【译文】

做事能够使人致贫,也能使人致富,那会伤害人的品行;做事能够使人生存,也能够使人致死,那会妨害人的勇气。

君子重伤其类者也①。

————

①重伤其类:特别感伤自己的同类。

【译文】

君子对同类的不幸遭遇特别伤感。

天之与人,必报有德。

【译文】

上天要帮助人,一定回报有德行的人。

君子善谋,小人善意①。

———

①善意:善于揣测。意,臆想,揣测。

【译文】

君子善于谋划,小人善于猜测。

圣人之听于无声,视于无形。

【译文】

圣明的人能在无声中听到声音,能在无形中看见事物。

天生民,令有辨。有辨,人之义也,所以异于禽兽麋鹿也,君臣上下所以立也。

【译文】

上天降生了人,让他们互相有区别。有区别,是做人的原则,这也是人不同于禽兽麋鹿的地方,是建立君臣上下关系的依据。

有道者言,不可不重也。

【译文】

有道德的人所说的话,不能不重视。

人主之务在乎善听而已矣。

【译文】

君主的要务,就在于善于听取别人的意见罢了。

病之将死也,不可为良医;国之将亡也,不可为计谋。

【译文】

害病将要死的人,不能为他请良医;国家将要灭亡时,不能为它出谋献计。

言之者,行之役也;行之者,言之主也。

【译文】

能说话的人,是能行动者的仆役;能行动的人,是能说话者的主人。

能言者未必能行,能行者未必能言。

【译文】

能说的人不一定能够行动,能够行动的人不一定能说出道理。

福不重至,祸必重来①。

————

①福不重至,祸必重来:此为后世成语典故"福不双降,祸不单行"出处。

【译文】

福运不会双至,灾祸却一定要双降。

圣人转祸为福,报怨以德①。

————

①报怨以德:用恩惠回报别人的怨恨。《老子·六十三章》:"大小多

少,报怨以德。"

【译文】

圣人能转祸为福,用恩惠来回报仇怨。

服义之君,不足于信^①;服战之君,不足于诈。

①不足:犹"不厌",即不嫌恶,不排斥。

【译文】

信服道义的君主,不会厌弃诚信;信服战争的君主,不会厌弃用诈。

不能令则莫若从。

【译文】

不能号令别人就不如听从别人。

其言人之美也,隐而显;其言人之过也,微而著。

【译文】

他说别人的好处,含蓄却很明显;他说别人的过失,微妙却很显著。

以财事人者,财尽而交疏;以色事人者,华落而爱衰^①。

①华落:姿色衰退。华,同"花"。这里比喻如花的容颜。

【译文】

用财物去结交人的,财物用尽交情便疏远;用姿色去事奉人的,花颜凋落宠爱便会衰减。

无方之礼^①,无功之赏,祸之先也。

①无方之礼:没有理由的礼物。

【译文】

无缘无故的礼物,没有功劳的封赏,是灾祸的先兆。

见不意可以生故^①,此小之所以事大也。

①不意:不可预料,意料之外的事。

【译文】

看见意外的事情知道会发生变故,这是小国事奉大国的办法。

至公

君子以其不杀为仁,以其不取国为义。

【译文】

君子认为不行杀戮是仁慈,不攻取国家是正义。

夫不以国私身,捐千乘而不恨,弃尊位而无忿,可以庶几矣^①!

①庶几:相近,差不多。

【译文】

不把国家作为自身的私产,抛弃千乘君主之位毫不遗憾,放弃君主的高位毫不愤恨,算是接近"至公"的境界了!

贤则茂昌,不贤则速亡。

【译文】

贤明就会繁茂昌盛,不贤就会很快灭亡。

夫士民之所以叛,由偏之也。

【译文】

士人百姓之所以会反叛,都是由于偏私造成的。

观近臣,以其所为之主;观远臣,以其所主。

【译文】

观察在朝的臣子,要看他接待的是什么客人;观察远来的臣子,要看他所寄居的主人。

奉公行法,可以得荣;能浅行薄,无望上位;不名仁智,无求显荣;才之所不著,无当其处。

【译文】

奉公执法,能够得到荣耀;才能品德浅薄,就不要指望得到高位;不具备仁义智慧,不要追求显赫尊荣;才能不显著的人,就不要承担那种职务。

久固禄位者,贪也;不进贤达能者,诬也;不让以位者,不廉也。不能三者,不忠也。

【译文】

长久巩固自己官位的人,是贪鄙的;不举贤进能的人,是欺骗国君;不能以职位相让的人,不是正直的人。有这三不能的人,就是不忠。

夫直士持法,柔而不挠,刚而不折。

【译文】

正直的人执法,虽柔和但不枉曲,虽刚正但不会折断。

法者,所以敬宗庙、尊社稷。

【译文】

国法,是用来敬事宗庙、尊奉国家的。

善为吏者树德,不善为吏者树怨。

【译文】

善于做官吏的人树立恩德,不善于做官吏的人树立怨恨。

指武

夫兵不可玩,玩则无威;兵不可废,废则召寇。

【译文】

武力是不能随意玩弄的,随意玩弄就没有威力;武力也不能废除,废除了就会招来敌寇。

明王之制国也,上不玩兵,下不废武。

【译文】

英明的君主裁断国政,在上的统帅不玩弄武力,在下的臣民不废弃武备。

当吉念凶,而存不忘亡也,卒以成霸焉。

【译文】

在平安时想到凶险,在生存时不忘危亡,最终能够因此成就霸业。

大之伐小,强之伐弱,犹大鱼之吞小鱼也,若虎之食豚也①。

———

①豚(tún):小猪,也泛指猪。

【译文】

大国攻打小国,强国攻打弱国,好比大鱼吞食小鱼,像老虎吃小猪一样。

善治国家者,不变故①,不易常。

———

①不变故:不改变过去的成法。

【译文】

善于治理国家的人,不改变成法,不变换常规。

兵者,凶器也;争者,逆德也。

【译文】

武器是凶器,争斗是不好的行为。

虽有广土众民,坚甲利兵,威猛之将,士卒不亲附,不可以战胜取功。

【译文】

即使有广阔的土地,众多的百姓,有精良的武器装备,勇猛的战将,但士卒不亲近归附,就不能够打胜仗取得成功。

内治未得，不可以正外^①；本惠未袭^②，不可以制末。

①正外：征伐外国。正，通"征"。

②本惠未袭：对百姓的恩惠还未遍及。本，指百姓，《尚书·五子之歌》："民惟邦本。"袭，意同"洽"，遍及。

【译文】

国内未治理好，就不能对外征伐；对百姓的恩惠还不普遍，就不能够控制枝末。

一人必死，十人弗能待也；十人必死，百人弗能待也；百人必死，千人不能待也；千人必死，万人弗能待也；万人必死，横行乎天下；令行禁止^①，王者之师也。

①令行禁止：有令则行，有禁则止。《管子·立政》："令则行，禁则止。"

【译文】

一个人抱定必死的信念，十个人也不能对抗他；十个人抱定必死的信念，百人也不能对抗；百人抱定必死的信念，千人也不能对抗；千人抱定必死之心，万人也不能对抗；万人抱定必死之心，就能横行于天下；有命令就能执行，有禁令就能停止，这就是圣王的军队。

将者，士之心也；士者，将之枝体也。心犹与则枝体不用^①。

①犹与：与"犹豫"同。

【译文】

做主将的，是士卒的主心；做士卒的，是主将的肢体。心中犹豫不决,肢体就不能发挥作用。

攻礼者为贼,攻义者为残,失其民制为匹夫^①。

———

①制:号称。此依日人关嘉引《太室》曰:"制,犹号。"

【译文】

攻伐守礼法的人是坏人,攻伐仁义的人是暴徒,失去民心的人号称独夫。

圣人之治天下也,先文德而后武力^①。

———

①文德:礼乐教化。

【译文】

圣王治理天下,先用礼乐教化然后才用武力。

夫下愚不移,纯德之所不能化,而后武力加焉。

【译文】

对那最愚顽不可挽救,最纯正的美德都不能感化的人,然后才对他们施加武力。

《易》曰^①:"不威小,不惩大,此小人之福也。"

———

①《易》曰:所引语句意欠明确,非《周易》原文。《周易·系辞下》:"小惩而大诫,此小人之福也。"

【译文】

《周易》上说："不威慑小害,就不能惩戒大恶,这就是小民的福运。"

圣人不言而知,非圣人者,虽言不知。

【译文】

圣人不用别人说什么就能先知,如果不是圣人,即使说了他也不明白。

谈丛

王者知所以临下而治众①,则群臣畏服矣;知所以听言受事,则不蔽欺矣;知所以安利万民,则海内必定矣;知所以忠孝事上②,则臣子之行备矣。

①临下:驾驭臣下。
②事上:侍奉父母长辈。

【译文】

做君主的懂得用什么来驾驭臣下和治理众人,群臣就会害怕和折服;懂得怎样采纳别人的意见处理事情,就不会受蒙蔽和欺骗;懂得用什么来安定和施惠万民,那么国内就一定会安定;懂得怎样以忠孝来侍奉父母长辈,那么臣子的德行就具备了。

凡吏胜其职则事治,事治则利生;不胜其职则事乱,事乱则害成也。

【译文】

凡是官吏能胜任他的职务的就会使事情得到治理,事情治理好了才会产生利益;不能胜任他的职务的就会把事情搞乱,事情搞乱了就会造成祸害。

百方之事,万变锋出^①。或欲持虚^②,或欲持实;或好浮游^③,或好诚必^④;或行安舒^⑤,或为飘疾^⑥。

──────

①锋出:用同"蜂出"。形容事情繁多,蜂拥而出。

②持虚:保持虚静。与下文"持实"保持务实相对而言,喻指两种不同的处世治国的态度与方法。

③浮游:虚浮不实。与下文"诚必"即诚信相对而言,是同义复词,指某一方面的品格。

④诚必:诚实守信。

⑤安舒:安详舒缓。

⑥飘疾:飞扬疾迅。与上"安舒"皆喻指临事处世的态度。

【译文】

天下的各种事情,千变万化如蜂出巢。有的要保持虚静,有的要保持务实;有的喜好浮夸,有的喜好诚信;有的行动安详纡缓,有的做事飞扬迅疾。

意不并锐^①,事不两隆^②。盛于彼者必衰于此,长于左者必短于右,喜夜卧者不能蚤起也^③。

──────

①并锐:同时急进。《孟子·尽心上》:"其进锐者,其退速。"

②两隆:始终兴盛。

③蚤:通"早"。

【译文】

心意不能同时锐进,事物不能始终兴盛。在那时兴盛的一定会在此时衰落,擅长用左手的右手一定不大灵便,喜欢晚睡的人往往不能早起。

不富无以为人^①,不予无以合亲^②。

①人:通"仁"。字原文作"大",此据向宗鲁《校证》引《六韬》改。

②合亲:融洽亲族,和睦亲族。

【译文】

不富有就不能做仁慈的事,不给予就不能和睦亲族。

夫水出于山而入于海,稼生于田而藏于廪。圣人见所生,则知其所归矣。

【译文】

那水从山中流出而流入大海,粮食由田地里生长而收进仓库。圣人只要看见事物从什么地方生长,就知道它们的归宿在什么地方了。

天道布顺^①,人事取予^②;多藏不用,是谓怨府^③。故物不可聚也。

①天道布顺:即自然规律是分发颁赏。布顺,向宗鲁《校证》疑"顺"为"颁",据文意应是,译文从之。

②人事取予:人情事理是有取得也有给予。

③怨府:众怨归聚之所。

【译文】

上天的规律是分发颁赏，人情事理是有取得也有给予；喜好收藏而不使用，这就是所谓众怨所归。所以财物不能聚敛。

蛟龙虽神①，不能以白日去其伦②；飘风虽疾③，不能以阴雨扬其尘。

————

①蛟龙虽神：此则原文连上，现依卢文弨校另起。

②不能以白日去其伦：不能在白日升天脱离同类。伦，同类。

③飘风：指旋风，暴风。

【译文】

蛟龙虽然神灵，但不能够在白日升天脱离同类；旋风虽然迅猛，但不能够在阴雨天卷起灰尘。

不修其身，求之于人，是谓失伦①；不治其内，而修其外，是谓大废②。

————

①失伦：失序，失去应有的条理次序。

②大废：败坏大事。

【译文】

不加强自身修养，却向别人提要求，这就叫丧失了伦次；不治理好自己内部，却要想整治外表，这就是败坏大事。

邦君将昌①，天遗其道②；大夫将昌，天遗之士；庶人将昌，必有良子。

①邦君：国君，指诸侯国君主。邦，国家。

②遗（wèi）：给予，馈赠。

【译文】

诸侯将要兴盛，上天会传给他方法；大夫将要兴盛，上天会送给他贤士；平民将要兴盛，一定会有优良的子弟。

贤师良友在其侧，诗书礼乐陈于前，弃而为不善者，鲜矣。

【译文】

贤明的老师优秀的朋友在自己的身旁，诗书礼乐等经典陈列在面前，抛弃这些去做坏事的人，恐怕很少吧。

义士不欺心①，仁人不害生。

①欺心：自己欺骗自己，昧心。

【译文】

守正义的人不会昧良心，仁慈的人不会危害生灵。

谋泄则无功，计不设则事不成。

【译文】

密谋泄露了就没有功效，计划不设定事情就不会成功。

贤士不事所非，不非所事。

【译文】

贤士不做自己认为不对的事，也不反对自己认为该做的事。

愚者行间而益固^①,鄙人饰诈而益野^②。

———

①行间:即为非作歹。间,非也。固:鄙陋。

②饰诈:矫饰诈伪。

【译文】

愚蠢的人为非作歹却更加鄙陋,鄙陋的人矫饰诈伪而更加粗野。

声无细而不闻,行无隐而不明^①。

———

①声无细而不闻,行无隐而不明:《荀子·劝学》:"故声无小而不闻,行无隐而不形。"

【译文】

声音无论多细微没有听不到的,行动无论多隐蔽没有不被发现的。

至神无不化也,至贤无不移也。

【译文】

最神妙的事没有什么不能变化,最贤能的人没有什么不能改变。

上不信,下不忠;上下不和,虽安必危。

【译文】

在上的君主不真诚,在下的臣子就不忠实;上下不和睦,即使暂时安定也一定很危险。

求以其道,则无不得;为以其时,则无不成。

【译文】

按照一定的规律寻求事物，就没有什么不能得到；按照一定的时机去行动，就没有什么事情不会成功。

时不至，不可强生也；事不究^①，不可强成也。

———

①究：研究，探求。

【译文】

时机不到，不能强求发生；事情不研究明白，不能强求成功。

权取重，度取长^①。

———

①权取重，度取长：秤杆是称重量的，尺度是测长短的。权，即秤杆与秤锤，测定物体重量的器具。引申为权衡，比较。

【译文】

秤杆是称重量的，尺度是测长短的。

才贤任轻则有名；不肖任大，身死名废。

【译文】

贤才担负的责任虽轻却会有名声；不贤的人虽担大任，却身死名灭。

士不以利移，不为患改，孝敏忠信之事立，虽死而不悔。

【译文】

士人不因为利益而改变，不因为祸患而改变，孝敬忠信的事确立了，即使死了也不会后悔。

学问不倦,所以治己也^①;教诲不厌,所以治人也^②。所以贵虚无者^③,得以应变而合时也。

———

①治己:修炼自己。治,修炼。下文"治人"亦同。

②所以治人也:以上四句本《尸子·劝学》,又见《文子·上仁》载老子语:"学而不厌,所以治身也;教而不倦,所以治民也。"

③虚无:道家指"道"的本体。道无所不在,但又无形可见,所以称为虚无。

【译文】

求学不懈怠,是为了磨炼自己;教诲不厌倦,是为了培养人才。之所以崇尚虚无,是因为这样才能顺应变化而又符合时宜。

冠虽故,必加于首;履虽新,必关于足。上下有分,不可相倍^①。

———

①倍:通"背",违背。

【译文】

帽子虽旧,但必须戴在头上;鞋子虽新,但只能穿在脚下。上下有别,不能相违背。

万物得其本者生,百事得其道者成。

【译文】

万物能保持它的根本就能生存,各种事情能掌握它的规律就能成功。

道之所在，天下归之；德之所在，天下贵之；仁之所在，天下爱之；义之所在，天下畏之。

【译文】

真理在什么地方，天下的人都归向它；道德在谁身上，天下的人都尊崇他；仁爱在谁那里，天下的人都爱戴他；正义在谁那里，天下的人都敬畏他。

衣虽弊，行必修；头虽乱，言必治。

【译文】

衣服虽然破旧，行为一定要整饬；头发虽乱，言论一定要有条理。

时在应之，为在因之。所伐而当①，其福五之②；所伐不当，其祸十之。

———

①伐：本义为攻伐，此引申为从事的事功。

②五之：五倍于事功。下文"十之"用法同此。

【译文】

要顺应时机，凭借它而行动。所进行的事功如果恰当，那福运就是事功的五倍；所进行的事功如果不适当，那祸害就是事功的十倍。

贵必以贱为本，高必以下为基。

【译文】

尊贵的必须以卑贱为根本，高大的必须以低下作基础。

天将与之，必先苦之；天将毁之，必先累之。

【译文】

上天将要给予他,必定首先使他劳苦;上天将要毁灭他,一定先使他犯错误。

孝于父母,信于交友。

【译文】

对待父母孝敬,结交朋友讲诚信。

十步之泽,必有香草;十室之邑,必有忠士。

【译文】

十步大小的洼地,一定会有香草生长;十户人家的地方,一定会有忠实可靠的士人。

乘舆马不劳致千里,乘船楫不游绝江海。

【译文】

利用车马,不劳累就能达到千里之远;利用舟船,不游泳就能横渡江海。

智莫大于阙疑,行莫大于无悔。

【译文】

没有比存疑而不妄解的人更加聪明,没有比做事不后悔的人有更大的德行。

一噎之故,绝谷不食;一蹶之故①,却足不行②。

———

①蹶:跌倒。

②却足:止步。

【译文】

因为一次被噎住,就断粮绝食;因为跌倒一次,就止步不前。

心如天地者明,行如绳墨者章①。

———

①绳墨:匠人用绳蘸墨作打直线的工具,这里喻指正直的行为。章:同"彰",显明。

【译文】

心胸像天地一样宽广的人,眼睛就明亮;行为像墨线一样正直的人,名声就显著。

位高道大者从①,事大道小者凶。

———

①从:顺。

【译文】

地位高道行大的人顺利,事情大道行小的人凶险。

言疑者无犯①,行疑者无从。

———

①犯:使用。

【译文】

言语可疑的人不要使用,行为可疑的人不要跟从。

谋先事则昌,事先谋则亡[①]。

——

①谋先事则昌,事先谋则亡:又见《意林》卷一引《太公金匮》,作"先谋后事则昌,先事后谋则亡",为太公对武王所言。

【译文】

先谋划后做事就会顺利,先做事后谋划就会败亡。

无以淫泆弃业[①],无以贫贱自轻,无以所好害身,无以嗜欲妨生,无以奢侈为名,无以贵富骄盈[②]。

——

①淫泆:纵欲放荡,也作"淫佚""淫逸"。
②骄盈:骄傲自满。

【译文】

不要因为纵欲放荡而抛弃正业,不要因为贫穷低贱而看轻自己,不要因为喜好的事物而危害身体,不要因为嗜好和欲望而妨害生命,不要用奢侈来张扬名声,不要因为尊贵富有而骄傲自满。

喜怒不当,是谓不明;暴虐不得,反受其贼。

【译文】

喜怒不适当,这就是不明智;对别人施暴虐不成,会反受其害。

怨生不报,祸生于福。

【译文】

怨恨由不报恩而产生,灾祸从福运中产生。

一言而非，四马不能追；一言而急，四马不能及。

【译文】

一句话说错了，四匹马也不能追回；一句话说得急，四匹马也不能赶上。

镜以精明①，美恶自服；衡平无私②，轻重自得。

①精明：精细光亮。

②衡：秤。

【译文】

镜子因为精细光亮，照出美丑自然信服；秤公平无私，称出轻重自然适当。

时乎时乎，间不及谋①。至时之极，间不容息②。

①时乎时乎，间不及谋：见《史记·李斯列传》记赵高语。间，本指空隙，这里喻时间短暂。

②间不容息：形容时间急迫，不容喘息。

【译文】

时间啊，时间啊！短暂得使人来不及思索。时间快到了极点，短暂得不容人喘息。

劳而不休，亦将自息；有而不施①，亦将自得。

①有而不施：犹言"为而不舍"。有，犹"为"。施，通"弛"，放松。

【译文】

劳作而不休息,将会自动停止;做事而不放松,也将自有所得。

无不为者^①,无不能成也;无不欲者,无不能得也。

——

①无不为者:顺物之性,因物而为的人。

【译文】

顺物之性因物而为的人,没有什么不能成功;没有什么欲望的人,没有什么不能得到。

力胜贫,谨胜祸^①;慎胜害,戒胜灾。

——

①力胜贫,谨胜祸:努力能战胜贫困,恭谨能战胜灾祸。力,勤力。

【译文】

努力能战胜贫困,恭谨能战胜灾祸;谨慎能战胜危害,戒备能战胜灾难。

为善者天报以德^①,为不善者天报以祸。

——

①德:幸福。

【译文】

做好事的人,上天将用福佑来回报;做坏事的人,上天将用灾祸来回报。

君子得时如水^①,小人得时如火。

———

①得时如水：得到时运如水一样平静。时，时机，时运。

【译文】

君子得到时运，像水一样平静；小人得到时运，像火一样暴烈。

心之得，万物不足为也；心之失，独心不能守也。

【译文】

心有所得，上万件事都不够做；心有所失，就一个信念也坚守不住。

本伤者枝槁，根深者末厚。

【译文】

树干受损伤，树枝就干枯；根须入土深，末梢就肥厚。

为善者得道，为恶者失道。

【译文】

做善事的获得道义，做恶事的丧失道义。

恶语不出口，苟言不留耳。

【译文】

恶言不从自己口中说出，妄语不让它留在耳边。

务伪不长，喜虚不久。

【译文】

竭力作伪长不了，喜好虚假不能长久。

义士不欺心,廉士不妄取。

【译文】

正义的人不欺骗自己的良心,廉洁的人不随便获取。

富必念贫,壮必念老。年虽幼少,虑之必早。

【译文】

富有时一定要想到贫穷,壮年时一定要想到老年。年纪虽然还幼小,考虑将来必须趁早。

蹙人日夜愿一起,盲人不忘视。

【译文】

偏瘫病人日夜希望一朝能站起,盲人念念不忘想看见东西。

知者始于悟,终于谐;愚者始于乐,终于哀。

【译文】

聪慧的人从领悟开始,到和谐告终;愚蠢的人从欢乐开始,以悲哀告终。

慎终如始,常以为戒。

【译文】

事情到最后也要像开始时一样慎重,要经常以此为戒。

好称人恶,人亦道其恶;好憎人者,亦为人所憎[1]。

———

[1] 亦:原文作"而",据明钞本改。

【译文】

喜好说别人坏话,别人也会说他坏;喜好憎恶别人,也被别人所憎恶。

江河之溢,不过三日;飘风暴雨,须臾而毕^①。

————

①"江河之溢"四句:又见《吕氏春秋·慎大》《淮南子·道应训》,文略异。《老子·二十三章》:"飘风不终朝,骤雨不终日。"溢,涨洪水。飘,旋风。

【译文】

江河涨水,超不过三天;旋风暴雨,很快就会过去。

福生于微,祸生于忽^①。日夜恐惧,唯恐不卒^②。

————

①忽:古代极小的度量单位,十忽为一丝。此形容极细微。

②卒:终,善终。

【译文】

幸福从微小的事情中产生,灾祸由极细微的事情中产生。日夜小心谨慎,只怕不能善终。

物之相反,复归于本。

【译文】

事物相互对立,将复归它本来的面貌。

循流而下易以至,倍风而驰易以远。

【译文】

顺流而下容易到达,凭借风力奔跑容易抵达远方。

兵不豫定,无以待敌;计不先虑,无以应卒。

【译文】

用兵不事先定计,就不能对付敌人;计谋不事先考虑,就不能应付突然的变故。

直而不能枉,不可与大任;方而不能圆,不可与长存。

【译文】

刚直而不能弯曲,不能予以重任;方正而不圆熟,不能长期共存。

毒智者莫甚于酒,留事者莫甚于乐,毁廉者莫甚于色,摧刚者反己于弱。

【译文】

毒害智慧没有比酒更厉害的了,延误大事没有比游乐更厉害的了,毁坏廉洁没有比美色更厉害的了,摧毁坚物的人要使自己返回柔弱。

富在知足,贵在求退。

【译文】

富有贵在知足,尊贵在于早求隐退。

先忧事者后乐,先傲事者后忧。

【译文】

事先忧虑的人事后会欢乐,事先骄傲的人事后会忧愁。

河以委蛇故能远,山以陵迟故能高,道以优游故能化,德以纯厚故能豪。

【译文】

黄河因为蜿蜒曲折所以能够长远,大山因为有舒缓的斜坡所以能够高大,大道因为宽广所以能够化育无穷,道德因为深厚纯朴所以能够气魄宏大。

言人之善,泽于膏沐;言人之恶,痛于矛戟。

【译文】

宣扬别人的好处,比发油还要滋润人心;宣扬别人的坏处,比矛戟还要刺痛人心。

为善不直,必终其曲;为丑不释,必终其恶。

【译文】

做好事不行直道,最终一定会枉曲;做坏事不罢手,最终一定会成为坏人。

一死一生,乃知交情;一贫一富,乃知交态;一贵一贱,交情乃见;一浮一没,交情乃出。

【译文】

经过生死考验,才知道朋友交情;经过穷富变迁,才知道人情世态;经过贵贱易位,友谊才能显现;经过仕途升降,友情才会突出。

德义在前,用兵在后。

【译文】

道德仁义施行在前,武力用兵使用在后。

初沐者必拭冠,新浴者必振衣。

【译文】

刚洗过头一定要擦净帽子,才洗过澡一定要抖去衣上尘土。

败军之将,不可言勇;亡国之臣,不可言智。

【译文】

败军的将领,不可侈谈勇敢;亡国的臣子,不可侈谈智谋。

自请绝易①,请人绝难。

①请绝:求死。绝,绝命,死亡。

【译文】

自己求死容易,求人处死自己困难。

人激于名,亦毁为声。

【译文】

人被功名激励,也会被名声毁灭。

祸福非从地中出,非从天上来,己自生之。

【译文】

祸福不会从地里冒出,也不会从天上降来,两者都是由自己造成的。

明者视于冥冥^①,智者谋于未形^②,聪者听于无声^③,虑者戒于未成。

————

①冥冥:晦暗,黑夜。

②未形:事情尚未显出迹象、征兆。

③聪:耳力敏锐。《庄子·知北游》:"视之无形,听之无声。"

【译文】

眼睛明亮的人能在晦暗之中看见东西,智慧出众的人能在事物未显出征兆之前谋划,听力敏锐的人能从无声无息中听到声音,善于思考的人能防患于未成。

江河大溃从蚁穴^①,山以小阤而大崩^②。

————

①江河大溃从蚁穴:《韩非子·喻老》:"千丈之堤,以蝼蚁之穴溃。"

②阤(zhì):崩塌。

【译文】

江河大堤崩溃是从蚂蚁洞穴开始的,高山大崩溃是由小塌方造成的。

祸生于欲得,福生于自禁。

【译文】

灾祸从欲求中产生,福运从自我抑制中产生。

为人上者,患在不明;为人下者,患在不忠。

【译文】

做君主的祸患在不英明,做臣下的祸患在不忠诚。

端身正行,全以至今①。

——

①全:保全,指身心两方面而言。

【译文】

挺直身躯走正路,能始终保全身心。

见亡知存,见霜知冰。

【译文】

看见败亡就知道怎样生存,看见严霜就知道天寒冰冻。

广大在好利①,恭敬在事亲。

——

①广大在好利:"广大"语意未明,且补"财源"二字作译文。

【译文】

财源广大在于好利,为人恭敬在于事亲。

因时易以为仁①,因道易以达人②。

——

①因时:依循时机。

②因道:因循正道。达人:使人通达。

【译文】

顺应时机容易做仁爱的事,顺应大道容易使人通达。

营利者多患,轻诺者寡信①。

———

①轻诺者寡信：此语又见《老子·六十三章》："轻诺必寡信。"

【译文】

营求私利的人多忧患，轻易许诺的人少信用。

欲贤者莫如下人，贪财者莫如全身。

【译文】

要想成为贤人不如甘居人下，贪恋财物不如保全生命。

问善御者莫如马，问善治者莫如民。

【译文】

要了解善于驾车的人，没有比问被驾驭的马更好的了；要了解善于治国的人，没有比问被治理的百姓更清楚的了。

以卑为尊，以屈为伸。

【译文】

把卑贱当作尊贵的起点，把屈曲当作伸直的开端。

君子行德以全其身，小人行贪以亡其身。

【译文】

君子施行恩惠而保全自身，小人竭力贪财而失去性命。

言善毋及身，言恶毋及人。

【译文】

说好处不要提到自己，说坏事不要连及他人。

来事可追也，往事不可及。

【译文】

未来的事情能够抓紧去做，过去的事情却不能挽回。

善不可以伪来，恶不可以辞去。

【译文】

善良不能用虚伪招来，恶行不能凭言辞除去。

非仁义刚武，无以定天下。

【译文】

没有仁义刚武，就不能安定天下。

水倍源则川竭[①]，人倍信则名不达。

———

①倍：同"背"，背离。

【译文】

水背离了源头河流就会枯竭，人背离了信义名声就不能显达。

义胜患则吉，患胜义则灭。

【译文】

正义胜过祸患就吉祥，祸患胜过正义就会灭亡。

五圣之谋[①]，不如逢时；辩智明慧，不如遇世。

———

①五圣：指神农、尧、舜、禹、汤。

【译文】

有五个圣王的智谋，不如遇上好时运；有辩才多智慧，不如遇上好世道。

多易多败，多言多失。

【译文】

政令多改变就会多失败，多说话就会多失误。

官尊者忧深，禄多者责大。

【译文】

官位高的人忧虑深，俸禄优厚的人责任大。

积德无细①，积怨无大②；多少必报，固其势也。

①无细：无论细小。

②无大：无论大小。

【译文】

积德不论细小，积怨不论大小；恩怨不论多少必有回报，这是固有的趋势。

圣人之衣也，便体以安身；其食也，安于腹。适衣节食①，不听口目②。

①适衣节食：量体穿衣节制饮食。

②不听口目：不听任食色的欲望。

【译文】

圣人的衣服,使身体方便安适就行;圣人的饮食,使肚子感到满足就行。他们量体穿衣,节制饮食,不听任嘴巴眼睛的欲望。

君子苟不求利禄①,则不害其身。

①苟:如果,假如。

【译文】

君子假若不追求功名利禄,就不会危害自身。

狎甚则相简也①,庄甚则不亲。

①狎:亲近,亲密。简:怠慢。

【译文】

过分亲近就会互相怠慢,过分庄重彼此就不会亲近。

口者关也①,舌者机也②;出言不当,四马不能追也。口者关也,舌者兵也;出言不当,反自伤也。

①关:闭门的横木,即门闩。
②机:弩机,弓上发箭的装置。

【译文】

口好比开关,舌好比弩机;说出的话不妥当,四匹快马也不能追回。口好比关隘,舌好比兵器;说出的话不恰当,反而会伤害自己。

言出于己,不可止于人;行发于迩,不可止于远^①。

———

①"言出于己"四句:《文子·微明》作:"言出于口,不可止于人;行发于近,不可禁于远。"

【译文】

言语从自己口中发出,不能由别人制止;行为从近处开始,不能在远处停止。

中不正,外淫作^①;外淫作者多怨怪,多怨怪者疾病生。故清净无为,血气乃平。

———

①外淫:体外的邪气。

【译文】

体内没有正气,体外的邪气就发作;体外邪气发作的人又经常怨恨生气,经常怨恨生气的人疾病就容易发生。所以内心纯净,任其自然,血气才会平和。

百行之本^①,一言也。一言而适,可以却敌;一言而得^②,可以保国。

———

①百行:各种品德行为。

②得:得当。

【译文】

各种行为的根本,全在一句话。一句话合适了,能够使敌人退却;一句话妥当了,能够保全国家。

响不能独为声，影不能倍曲为直①。

———

①倍：同"背"，离，这里有矫正的意思。

【译文】

回响不能独自成声，影子不能离曲形变为直。

君子虽穷①，不处亡国之势；虽贫，不受乱君之禄②。

———

①穷：困厄。

②乱君：昏庸无道的君主，暴君。

【译文】

君子即使遭困厄，也不在亡国的形势下做官；虽然贫穷，也不接受昏君的俸禄。

众人以毁形为耻①，君子以毁义为辱②。

———

①毁形：毁坏身体容貌。

②毁义：损害道义。

【译文】

众人把毁伤形体当作耻辱，君子把毁伤正义看作耻辱。

明君之制：赏从重，罚从轻①；食人以壮为量②，事人以老为程③。

———

①赏从重，罚从轻：《尚书·大禹谟》："罪疑惟轻，功疑惟重。"

②食人：养人，供给人食物。壮：强健者。

③事人：驱使人，用人。老：老者。程：度量的总名，这里指限度。《礼记·王制》："凡使民，任老者之事，食壮者之食。"与此同义。

【译文】

英明君主的制度：奖赏要从重，处罚要从轻；养人按强壮者的饭量提供食物，用人按老者的标准安排工作。

君子之言寡而实，小人之言多而虚。

【译文】

君子的话少而真实，小人的话多而虚假。

君子虑福不及，虑祸百之①。

①虑祸百之：思虑祸患百倍于思考幸福。

【译文】

君子考虑幸福往往不能周全，但思考祸患却百倍于思考幸福。

君子择人而取，不择人而与。

【译文】

君子在领取财物时要选择对象，施与财物时却不选择对象。

君子实如虚，有如无。

【译文】

君子充实如同空虚，有如同没有。

君子不以愧食，不以辱得。

【译文】

君子不为了求食而蒙羞，不为了获取而受辱。

君子乐得其志，小人乐得其事。君子不以其所不爱，及其所爱也。

【译文】

君子高兴的是实现他的志向，小人高兴的是办成他的事情。君子不把他不喜爱的东西，施加给他所喜爱的人。

君子有终身之忧，而无一朝之患①。

————

①君子有终身之忧，而无一朝之患：《孟子·离娄下》："是故君子有终身之忧，无一朝之患也。"

【译文】

君子有终身忧虑的事情，但没有一时的忧患。

顺道而行，循理而言①；喜不加易②，怒不加难③。

————

①顺道而行，循理而言：又见《韩诗外传》卷七："正直者顺道而行，顺理而言。"

②加易：更易，改变。

③加难：为难。

【译文】

顺从正道做事，依循真理说话；高兴时不会改变自己，生气时不会为难别人。

夫智者不妄为，勇者不妄杀。
【译文】
聪明的人不任意胡为，勇敢的人不随便杀人。

君子比义，农夫比谷。
【译文】
君子关心正义，农民关心谷物。

人皆知取之为取也，不知与之为取之①。

———

①人皆知取之为取也，不知与之为取之：当本《老子·三十六章》："将欲夺之，必固与之。"

【译文】
人们都知道获得叫取，不知道给予也是获取。

高山之巅无美木，伤于多阳也；大树之下无美草，伤于多阴也。
【译文】
高山的顶峰上没有高大的树木，是因为多受阳光的伤害；大树底下没有丰盛的青草，是因为多受阴湿的伤害。

修身者，智之府也；爱施者，仁之端也；取予者，义之符也①；耻辱者②，勇之决也；立名者，行之极也。

——

①符：喻指凭证。

②耻辱：以受辱为羞耻，"耻"意动用法。

【译文】

修身，是聚集智慧的府库；好施，是仁爱的开端；受取和给予，是正义的凭证；对侮辱感到羞耻，是勇敢的决断；树立名声，是操行的顶点。

进贤受上赏，蔽贤蒙显戮①，古之通义也。

——

①显戮：明正典刑，处决示众。

【译文】

引进贤人的应受到重赏，埋没贤才的应被公开处决，这是自古以来通行的道理。

道微而明，淡而有功。非道而得，非时而生，是谓妄成。得而失之，定而复倾。

【译文】

道理微妙而显明，平淡而有成效。不按道理取得，不按时宜发生，这叫非分的成功。得到的也会失去，安定的也会倾覆。

福者，祸之门也；是者，非之尊也①；治者，乱之先也。事无终始而患不及者，未之闻也。

——

①非之尊：错误的酒杯。尊，《说文解字》："尊，酒器也。"

説 苑

【译文】

　　福,是祸的门户;正确,是错误的酒杯;治理,是混乱的先导。做事不论始终患难都不殃及的,从来没听说过这样的事。

　　枝无忘其根,德无忘其报,见利必念害身。故君子留精神寄心于三者,吉祥及子孙矣。

【译文】

　　树枝不能忘记根本,受恩不能忘记回报,看见有利的事一定要想到是否会危害自身。所以君子留神专心在这三件事上,吉祥就会传到子孙。

　　两高不可重,两大不可容,两势不可同,两贵不可双。夫重、容、同、双,必争其功。故君子节嗜欲,各守其足①,乃能长久。

————

　　①足:满足,知足。

【译文】

　　两者同高不能并重,两者同大不能相容,两方势力不能等同,两者尊贵不能双显。如果并重、相容、等同、双显,一定会各自争功。因此君子节制嗜好欲望,各自知足,就能长久。

　　默无过言,悫无过事①。木马不能行②,亦不费食;骐骥日驰千里,鞭椎不去其背③。

————

　　①悫(què):朴实谨慎。

　　②木马:古代用来练习骑术的木制马。

　　③鞭椎(chuí):马鞭。

【译文】

沉默便不会有错话,朴实谨慎不会有错事。木马不能行走,也不耗费食料;良马日行千里,马鞭不离开它的脊背。

吞舟之鱼,荡而失水①,制于蝼蚁者②,离其居也;猿猴失木,禽于狐貉者③,非其处也。腾蛇游雾而升④,腾龙乘云而举⑤,猿得木而挺⑥,鱼得水而骛⑦,处地宜也。

———

①荡:来回摇动,这里指翻腾震荡。

②蝼蚁:蝼蛄和蚂蚁,这里泛指小昆虫。

③禽:同"擒"。狐貉(hé):狐狸。

④腾蛇:传说中能飞的蛇。

⑤腾龙:传说中能飞的龙。

⑥挺:挺拔,矫捷。《淮南子》作"捷"。

⑦骛:奔驰,这里喻指任意游动。

【译文】

能吞掉船只的大鱼,翻腾振荡而离开水,就被蝼蚁所制服,是因为脱离了它的居所;猿猴失去树木,就被狐狸所擒获,也是因为它不在自己的住处。飞蛇驾雾升天,飞龙腾云升天,猿猴在树上就很矫捷,鱼儿得水就能畅游,是因为它们所处的地方很适宜。

君子博学,患其不习。既习之,患其不能行之。既能行之,患其不能以让也。

【译文】

君子学问广博,担心自己不能经常复习。已经复习了所学的东西,又担心自己不能实行它。已经实行了它，又担心自己不能保持谦让。

君子不羞学，不羞问。

【译文】

君子不以求学为羞耻，不以向人请教为羞耻。

贵因人知而知之^①，不贵独自用其知而知之。

———

①贵因人知而知之：原文"而"下衍"加"字，据向宗鲁《校证》删。贵，注重。因人知，通过别人的智慧。知之，了解事物。

【译文】

要注重通过别人的智慧来了解事物，不专重独自用自己的智慧来了解事物。

天地之道，极则反，满则损。五采曜眼^①，有时而渝^②；茂木丰草，有时而落。物有盛衰，安得自若^③？

———

①五采曜眼：五彩耀人眼目。五采，青、赤、白、黑、黄五种颜色，也指多种颜色。曜，同"耀"。

②渝：变更。

③自若：自如，保持原状。

【译文】

天地的规律，到了尽头就会反复，盈满了就会亏损。五彩耀人眼目，到一定时候就会改变；繁盛的树木丰茂的青草，到一定时候就会衰落。事物有盛有衰，怎能一直保持原貌？

民苦则不仁①,劳则诈生。安平则教,危则谋,极则反,满则损。故君子弗满弗极也。

———

①不仁:麻木不仁,麻痹愚钝。

【译文】

百姓困苦就会麻痹愚钝,劳累就会产生欺诈。在安定太平时就要施行教化,危难时就要事先谋划,事物到了极端就会反复,盈满后就会亏损。因此君子不要自满、不要走极端。

杂言

贤人君子者,通乎盛衰之时,明乎成败之端,察乎治乱之纪①,审乎人情,知所去就。

———

①纪:头绪。

【译文】

贤人君子通达盛衰的时势,明白成败的缘由,了解治乱的头绪,审察人们的常情,知道去留的时机。

君子穷则善其身,达则利于天下①。

———

①穷则善其身,达则利于天下:《孟子·尽心上》:"穷则独善其身,达则兼善天下。"

【译文】

君子在困厄时就要完善自身,显达时就要有利于天下人。

道有时而后重,有势而后行。

【译文】

一种主张要遇上时机然后才被重视,有了权势然后才能实行。

先名实者^①,为人者也;后名实者,自为者也。

———

①先名实者:把名誉和功业放在前面的人。

【译文】

看重名声和功业的人,是有志于救民的人;看轻名声和功业的人,是独善其身的人。

物各有短长。谨愿敦厚^①,可事主,不施用兵;骐骥騄駬,足及千里,置之宫室,使之捕鼠,曾不如小狸;干将为利,名闻天下,匠以治木,不如斤斧。

———

①谨愿敦厚:诚实厚道。

【译文】

事物各有长处和短处。诚实厚道的人,能事奉君主,却不能用兵;骐骥騄駬这样的良马,可以到达千里,把它放在屋子里,让它捉老鼠,还不如小猫;干将是利剑,天下闻名,木工用来做木活,还不如斧子。

世异则事变,事变则时移,时移则俗易。

【译文】

世道不同了事情就有变化,事情的变化又随着时间而推移,时间的推移又会使习俗改变。

世以易矣，不更其仪^①，譬如愚人之学远射。目察秋毫之末者，视不能见太山^②；耳听清浊之调者，不闻雷霆之声。何也？唯其意有所移也。

———

①仪：法度，标准，原则。

②太山：同"泰山"。

【译文】

世道已经改变，不改变自己的处世原则，就像学远射的愚人一样。有的人眼睛能看清秋毫的末端，却不能看见泰山；有的人耳朵能听出清浊的音调，却听不见雷霆的声响。为什么呢？是因为他心思转移到别的地方去了。

麋鹿成群，虎豹避之；飞鸟成列，鹰鹫不击；众人成聚，圣人不犯。

【译文】

成群的麋鹿在一起，虎豹也要避开；成队的飞鸟在一起，鹰鹫也不敢攻击；众多的人聚集在一起，圣人也不冒犯他们。

聪者耳闻，明者目见。聪明形则仁爱著^①，廉耻分矣。

———

①聪明形：聪明显现。

【译文】

听力好的人靠耳朵听，视力好的人靠眼睛看。聪明显现仁爱之心就会显著，廉正与耻辱就会分明。

非其道而行之,虽劳不至;非其有而求之,虽强不得。智者不为非其事,廉者不求非其有,是以远害而名章也①。

———

①远害:原文作"远容",《韩诗外传》作"远害","害"与"容"形近易误。此径改。

【译文】

不是正道却要去走,即使劳累也到不了目的地;非自己应当所有的却要去追求它,即使努力去求也得不到。聪明的人不做自己不该做的事,廉洁的人不求取不是自己应该有的,因此能够远离祸害而名声显著。

夫善恶之难分也,圣人独见疑①,而况于贤者乎?是以圣贤罕合,谄谀常兴也。故有千岁之乱,而无百岁之治。

———

①独:通"犹",尚且。

【译文】

善和恶很难区分,圣人尚且被怀疑,又何况贤人呢?因此圣君贤臣很少能遇合,谄媚阿谀常常很兴盛。所以有千年的动乱,却无百年的太平。

居不幽则思不远,身不约则智不广。

【译文】

人不处困境思考就不能长远,自身不受拘束智谋不会广博。

语不云乎?三折肱而成良医①。

———

①三折肱(gōng)而成良医:多次折断手臂就成了良医。

【译文】

古语不是说吗？多次折断手臂就成了良医。

人君不困不成王，列士不困不成行①。

———

①列士：同"烈士"，坚贞刚强的士人。

【译文】

君主不受困厄不能成就王业，正直刚强的人不受困厄不能成就品行。

凡人为善者，天报以福；为不善者，天报以祸。

【译文】

凡是人做了好事的，上天要用福运作回报；做了坏事的，上天要用灾祸作回报。

贤、不肖者，才也；为、不为者，人也；遇、不遇者，时也；死、生者，命也。有其才不遇其时，虽才不用。苟遇其时，何难之有？

【译文】

贤与不贤在于才能，作与不作在于人为，遇合不遇合在于时机，死与生在于命运。有才能却不遇时机，即使有才能也无用。如果遇上时机，施展又有什么困难呢？

芝兰生深林，非为无人而不香。故学者非为通也，为穷而不困也，忧而志不衰也，先知祸福之始而心不惑也。

【译文】

芝草兰花长在幽深的树林里,不因为没人欣赏就不香。因此求学的人不是为了显达,而是为了在逆境中不困顿,在忧患中志向不减退,预知祸福的开始而内心不惑乱。

君子疾学,修身端正,以须其时也。

【译文】

君子应努力学习,加强自身修养,端正品行,等待适当的时机。

夫形非为影也①,而影随之。呼非为响也,而响和之。故君子功先成而名随之。

———

①形:原文误作"行",乃音误,径改。

【译文】

形体不是为了影子,但影子总跟随它。呼喊不是为了有回响,但回响总是应和它。因此君子先成就功业,而后就有名声伴随他。

夫所谓至圣之士,必见进退之利、屈伸之用者也。

【译文】

所谓最圣明的人,一定能预见进和退哪样有利,屈和伸哪样有效。

夫櫽括之旁多枉木①,良医之门多疾人,砥砺之旁多顽钝②。

———

①櫽括:矫正弯曲竹木的工具。

②顽钝:不锋利的器物。

【译文】

隐括旁边弯木多,良医门内病人多,磨石旁边钝器多。

君子上比,所以广德也①;下比,所以狭行也②。比于善,自进之阶也;比于恶③,自退之原也。

────

①广德:德行广大。

②狭行:品行狭隘。

③"比于善"至"比于恶"之"比"九字:原文脱,此据向宗鲁《校证》依卢文弨校引《韩诗外传》补。

【译文】

君子向上比,因此德行广大;如向下比,会因此品行狭邪。向好的比,是使自己进步的阶梯;向坏的比,是使自己落后的根源。

贲于言者①,华也;奋于行者,伐也②;夫色智而有能者③,小人也。

────

①贲(bì):装饰,美饰。

②伐:自夸。

③色智:因有才智而流露出骄矜神色。

【译文】

在言语上装饰的,是浮华;在行为上骄傲的,是自夸;因有智慧才能而显露骄矜神色的,是小人。

君子知之为知之,不知为不知,言之要也。能之为能之①,

不能为不能,行之要也②。言要则知,行要则仁。既知且仁,
夫有何加矣哉?

———

①能之为能之:后一"之"字原脱,依向宗鲁《校证》与文例及《韩诗
外传》补。

②行之要:原文作"行之至",卢文弨以为当依下文例及《韩诗外传》
作"行之要"。此径改。

【译文】

君子对事物了解就是了解,不了解就是不了解,这是言辞的要领。
能做就是能做,不能做就是不能做,这是行动的要领。言辞有要领就是
明智,行动有要领就是仁爱。既明智又仁爱,那还有什么增益的呢?

君子之修其行,未得①,则乐其意;既已得,又乐其知②。
是以有终身之乐,无一日之忧。

———

①得:指得官。

②又乐其知:当作"乐其治",《荀子·子道》:"君子,其未得也,则乐
其意;既已得之,又乐其治。"即此文所本,《孔子家语·在厄》同。

【译文】

君子修养自己的品行,没有获得名位,就为实践自己的意愿而高兴;
已经获得名位,就为自己能施行治理而高兴。因此有终身的欢乐,没有
一天忧愁。

夫贫者,士之常也;死者,民之终也。处常待终,当何
忧乎?

【译文】

贫困，是士人的常情；死亡，是人们的归宿。处在常情中等待归宿，还忧愁什么呢？

夫子见人之一善，而忘其百非，是夫子之易事也^①。夫子见人有善，若己有之，是夫子之不争也。闻善必躬亲行之，然后道之^②，是夫子之能劳也。

————

①易事：容易侍奉，容易向人学习。

②道：同"导"，引导。

【译文】

先生看见别人有一种长处，就忘了那人的很多毛病，这说明先生容易向人学习。先生看到别人有长处，就像自己有了这种长处，这说明先生不与人竞争。先生听到一个好道理一定要亲身实践它，然后引导别人，这说明先生能耐劳苦。

君子之道四：强于行己，弱于受谏^①，怵于待禄^②，慎于持身。

————

①弱于受谏：接受劝谏时柔顺。

②怵（chù）于待禄：得到官禄时戒惧。怵，恐惧。待，《孔子家语》王肃注云："待，宜为'得'。"译文从此说。

【译文】

君子的四种品行：对自己要求很严格，在接受劝谏时很柔顺，对做官感到恐惧，对立身处世很谨慎。

不仕而敬上,不祀而敬鬼,直能曲于人。

【译文】

不做官却能敬奉居上位者,不祭祀却能敬事鬼神,正直又能受人委屈。

与人交者,推其长者,违其短者,故能久长矣。

【译文】

与人结交要推崇他的长处,回避他的短处,这样才能长久。

君子居必择处,游必择士①。居必择处,所以求士也;游必择士,所以修道也。

———

①游必择士:《荀子·劝学》作"游必就士"。

【译文】

君子居住一定要选择地方,交游一定要选择贤士。居住一定要选择地方是为了寻求贤士,交游一定要选择贤士是为了道德修养。

饮食有量,衣服有节,宫室有度,畜聚有数①,车器有限,以防乱之源也。

———

①畜聚:即"蓄积",聚集财物。

【译文】

饮食要有定量,衣服要有节制,宫室要有标准,聚敛要有定数,车辆器物要有限制,以便杜绝祸乱的根源。

巧而好度必工①,勇而好同必胜②,知而好谋必成。

———

①好度:善于计算。

②好同:善于合众。

【译文】

灵巧又善于计算的人一定精工,勇敢又善于合众的人一定胜利,明智又善于谋划的人一定成功。

君子不急断,不意使,以为乱源。

【译文】

君子不急于决断,不随意驱使百姓,以免造成祸乱的根源。

终日言,不遗己之忧;终日行,不遗己之患。唯智者有之。故恐惧所以除患也,恭敬所以越难也。终身为之,一言败之,可不慎乎?

【译文】

整天谈话,不给自己留下忧虑;整天做事,不给自己留下祸患。只有明智的人才会这样。所以心存恐惧就可以排除祸患,为人恭敬就可以渡过危难。终身在做的事情,一句话可以使它失败,能不谨慎吗?

夫富而能富人者①,欲贫而不可得也。贵而能贵人者,欲贱而不可得也。达而能达人者,欲穷而不可得也。

———

①富人:使人富。下"贵人""达人"同此用法。

【译文】

自己富有又能使别人富有的人,想贫穷也不可能。自己尊贵又能使别人尊贵的人,想卑贱也不可能。自己显达又能使别人显达的人,想处困境也不可能。

非其地而树之^①,不生也;非其人而语之,弗听也。得其人,如聚沙而雨之;非其人,如聚聋而鼓之。

———

①非其地:不是合适的土地。下"非其人"用法同此。

【译文】

不是适合的土地而去种植,是不能生长的;不是合适的人却与他交谈,是不会听从的。遇到合适的人,就像把沙子聚拢来给它淋雨;不是合适的人,就像把聋人集中起来敲鼓给他们听。

船非水不可行,水入船中则其没也。

【译文】

船没有水不能航行,水进入船中船就会沉没。

依贤固不困,依富固不穷。

【译文】

依靠贤人当然不会困厄,依靠富人当然不会贫穷。

丹之所藏者赤^①,乌之所藏者黑^②,君子慎所藏。

———

①丹:朱砂。

②乌：这里指煤。

【译文】

朱砂埋藏的地方是红的，煤埋藏的地方是黑的，君子应该慎重对待自己所处的环境。

多所知者出于利人即善矣，出于害人即不善也。

【译文】

知识多出于利人的目的，就是好的；出于害人的目的，就是不好的。

不肖人自贤也，愚者自多也，佞人者皆莫相其心①。

①佞人：善于花言巧语、阿谀奉承的人。相：观察，了解。

【译文】

不贤的人自以为贤，愚蠢的人往往自负，阿谀逢迎的人谁都不能察知他们的心思。

夫君子爱口①，孔雀爱羽，虎豹爱爪，此皆所以治身法也。

①爱口：惜口慎言，慎于开口。

【译文】

君子吝于开口，孔雀爱惜羽毛，虎豹爱惜利爪，这都是用来修养自身的方法。

君子择人与交①，农人择田而田②。君子树人③，农夫树田。田者择种而种之，丰年必得粟；士择人而树之，丰时必得禄矣④。

——

①与：用同"而"，连词。

②择田而田：选田耕种。第一个"田"指田地，第二个"田"指种田。

③树：指培养，下同。

④丰时：盛世，时运亨通时。

【译文】

君子选择人结交，农夫选择田地耕种。君子培养人，农夫培养田。种田的选择种子下种，丰年一定获得粮食；士人选择人才加以培养，盛世时一定会获得俸禄。

凡善之生也，皆学之所由①。一室之中，必有主道焉②，父母之谓也。故君正则百姓治，父母正则子孙孝慈③。

——

①由：缘由，经由。此字原文误作"里"，此据明钞本径改。

②主道：主持家政的人。原文误作"王道"，此据明钞本改。

③孝慈：对上孝敬，对下慈爱。

【译文】

凡是好品行的养成，都是学习的缘故。一家之中，必定有主持家政的人，父母亲就是。所以国君正派，百姓就能治理好；父母正派，子孙就会对上孝敬对下慈爱。

夫仁者好合人①，不仁者好离人②。故君子居人间则治，小人居人间则乱。

——

①合人：使人融洽。

②离人：使人分离。

③居人间：处于人与人的关系中。间，间隙。

【译文】

仁爱的人喜欢使人融洽，不仁的人喜欢使人分离。所以君子处在人们中间就能治理，小人处在人们中间就会混乱。

敏其行，修其礼①，千里之外，亲如兄弟。若行不敏，礼不合，对门不通矣。

①敏其行，修其礼：使自己行为勤勉，学习好礼仪。敏，勤勉，使动用法。

【译文】

如果行为勤勉，讲究礼仪，千里之外的人也会亲如兄弟。如果行动不勤勉，行事不合礼仪，就是住在对门内心也不能相通。

辨物

穷神知化①，德之盛也。

①穷神知化：穷究事物之神妙，了解事物之变化。

【译文】

穷究事物的神奇变化，是德行盛大的标志。

道也者，物之动莫不由道也。是故发于一，成于二，备于三，周于四，行于五。

【译文】

所谓"道"，就是事物变化不能不遵循它。因此，万物从一产生，由阴、阳二气构成，大备于天、地、人三才，四季循环不已，五行相克相生。

春秋冬夏，伏见有时。失其常，离其时，则为变异；得其时，居其常，是谓吉祥。

【译文】

春秋冬夏四季，各个星的隐伏和显现有一定的时间。它们失去常轨，背离时令，就会形成变异；它们符合时令，处于常轨，这就叫吉祥。

物之所以有而不绝者，以其动之时也。

【译文】

物资之所以常有而不会断绝，是因为它们按时地生长变化。

夫天地之气，不失其序。若过其序，民乱之也。

【译文】

天地间的气候，不会错乱次序。如果越过次序，是人搞乱它的。

夫国必依山川，山崩川竭，亡之征也。

【译文】

国家必须依赖山河，山崩河枯，是亡国的征兆。

阳贵而阴贱，阳尊而阴卑，天之道也。

【译文】

阳贵阴贱，阳尊阴卑，这是自然的规律。

夫天地有德合①，则生气有精矣；阴阳消息②，则变化有时矣。时得而治矣,时得而化矣,时失而乱矣。

——

①德:此字《韩诗外传》无,向宗鲁《校证》引卢文弨说,以此字为衍文。译文从之。

②消息:消长。

【译文】

天地有交合,就能产生精气;阴阳消长,事物变化就有一定时间。得时就能治理,得时就能变化,失时就会混乱。

德泽不加,则君子不享其质①;政令不施,则君子不臣其人②。

——

①质:通"贽",聘问的礼物。

②不臣其人:不使那些人称臣。

【译文】

没有给人施加过仁德恩泽,君子不会享用他们的礼物;不曾对人施行过政令,君子不会使别人称臣。

夫肉自生虫,而还自食也①;木自生蠹,而还自刻也②;人自兴妖,而还自贼也。

——

①还(xuán):随即,很快地。下二句"还"字义同此。

②刻:削减,这里意指蛀蚀。

【译文】

肉上自己长出虫子,虫子很快便吃掉肉;木头自己长出蠹虫,蠹虫很快便朽蚀木头;人自己作怪,会很快害了自己。

予非能生死人也，特使夫当生者活耳。

【译文】

我并不能使死人复生，只是使那应当活着的人活过来罢了。

修文

移风易俗，莫善于乐；安上治民，莫善于礼。

【译文】

移风易俗，没有比音乐更好的；稳定政权、治理民众，没有比礼仪更好的。

积恩为爱，积爱为仁，积仁为灵①。灵台之所以为灵者，积仁也。神灵者，天地之本，而为万物之始也。

―――

①灵：神灵，指思想道德修养的最高境界。下文"神灵"义同。

【译文】

积聚恩惠就成为爱，积聚爱就成为仁，积聚仁就成为神灵。灵台之所以称"灵"，就是因为积聚了仁。神灵是天地的根本，又是万物的开始。

德不至，则不能文。

【译文】

德政达不到最高境界时，就不能实行文治。

德弥盛者文弥缛①，中弥理者文弥章也②。

————

①缛:繁密。

②中:指内心。章:同"彰",显明。

【译文】

德泽越盛大文采越繁密,内心越有修养文采越显明。

礼者,所以御民也;辔者,所以御马也。

【译文】

礼仪,是用来驾驭民众的;络头,是用来驾驭马的。

衣服容貌者,所以悦目也。声音应对者,所以悦耳也。嗜欲好恶者①,所以悦心也。

————

①嗜欲好恶:好恶,偏义复词,只取"好"义。

【译文】

衣服容貌,是要用它来悦目的。声音应答,是要用它来悦耳的。嗜欲喜好,是要用它来使内心欢悦的。

修德束躬①,以自申饬②,所以检其邪心,守其正意也。

————

①束躬:检点约束自身。

②申饬:检点,整肃。

【译文】

修养品德约束自身,自我检点整肃,以此检束自己歪邪的思想,坚守端正的意念。

服不成象①,而内心不变。内心修德,外被礼文,所以成显令之名也②。

———

①服不成象:服饰不成图像。古代贵族以各种图像装饰衣服,以区别尊卑等级。

②显令:显著美好。

【译文】

衣服不成图像,内心就不会改变。内心修养品德,外表才能显出礼仪,以此成就显著美好的名声。

圣人举事必反本。

【译文】

圣人做事一定要追寻本源。

射者必心平体正,持弓矢,审固,然后射者能以中。

【译文】

射箭的人一定要心平气和身体端正,凡拿起弓箭,瞄准固定目标,然后才发射的,都能以此射中。

夫三年之丧,固优者之所屈①,劣者之所勉。

———

①屈:此指抑制自己。

【译文】

三年的丧期,本来是对优秀人物的一种抑制,对顽劣人物的一种勉励。

吾不为人之恶我而改吾志,不为我将死而改吾义。

【译文】

我不会因为有人厌恶我就改变我的志向,不会因为我快要死亡就改变我的原则。

不言而信,不动而威,不施而仁,志也①。

———

①志:志向,心之所向。

【译文】

不说话就有信用,不行动就有威仪,不施予就有仁爱,这是出于心志。

夫外厉者必内折①;色胜而心自取之者,必为人役。是故君子德行成而容不知②,闻识博而辞不争③,知虑微达而能不愚④。

———

①内折:内心受挫折。

②不知:不理智。知,同"智"。

③不争:不与人争高下。《老子·七十七章》:"天之道,不争而善胜。"

④微达:通达于细微之处。

【译文】

外表严厉的人必定内心受挫;神色上争强好胜并自以为是的人,必定被别人驱使利用。因此君子道德品行修养成功能包容不理智的人,见闻广博而不在言辞上与人相争,智谋思虑洞达幽微而不愚昧。

君子修礼以立志,则贪欲之心不来;君子思礼以修身,则怠惰慢易之节不至;君子修礼以仁义,则忿争暴乱之辞远。

【译文】

君子学礼是为了立志,这样贪欲的念头就不会产生;君子想着礼是为了修身,这样懈怠懒惰简慢轻忽的品节就不会产生;君子学礼是为了实行仁义,这样愤怒争斗粗暴放肆的言辞就会远离。

夫民有血气心知之性,而无哀乐喜怒之常。

【译文】

人都有感情理智的本能,没有固定不变的喜怒哀乐。

德者,性之端也。乐者,德之华也。金石丝竹,乐之器也。诗言其志,歌咏其声,舞动其容。

【译文】

道德,是人性的表露。音乐,是道德的光华。金石丝竹,是奏乐的工具。诗表达人的志向,歌唱咏叹人的心声,舞蹈能感动人的容貌。

乐者,心之动也;声者,乐之象也;文彩节奏,声之饰也。

【译文】

欢乐,是内心的活动;声音,是音乐的形象;文采节奏,是声音的组织形式。

凡音之起,由人心生也。人心之动,物使之然也。感于物而后动,故形于声。声相应,故生变,变成方①,谓之音。

———

①方:犹言文章,即音乐的旋律结构。

【译文】

大凡音乐的兴起,都是由人心产生的。人内心的变化,是外物使它这样的。人感受外物而内心有所触动,因而表现在声音上。声音互相应和,就显出变化来,变化中形成一定的旋律结构,就叫"音乐"。

乐者,音之所由生也。其本在人心之感于物。

【译文】

乐是由音所产生的。它的本源在于人心受到外物的感动。

凡音生人心者也①。情动于中,而形于声,声成文谓之音②。

———

①生人心:从人心中产生。

②声成文谓之音:声音组成一定的旋律结构形式就叫音乐。此句又见《毛诗序》。

【译文】

凡音乐都是从人心中产生的。情感在内心触动,就表现为声音;声音经过美化修饰,就称之为音乐。

凡人之有患祸者,生于淫泆暴慢。

【译文】

凡人有灾祸和患难的,都是由恣纵逸乐、凶暴傲慢产生的。

乐者,德之风①。

———

①德之风：音乐是道德风俗的体现。风，这里有外在表现或象征的
意思。《礼记·乐记》："乐者，所以象德也。""乐者，德之华也。"

【译文】

音乐，是德行的外在表现。

乐之动于内，使人易道而好良①；乐之动于外，使人温恭
而文雅。

———

①易道而好良：易于引导而好善。道，同"导"。

【译文】

音乐触动人的内心，使人易于引导而好善；音乐也改变人的外表，使
人温和恭敬、文质彬彬。

君子执中以为本①，务生以为基②。

———

①执中：保持中和之道，无过无不及。

②务生：致力于生存，犹言养生。

【译文】

君子保持中和之道作为根本，把努力养生作为基础。

反质

丹漆不文，白玉不雕，宝珠不饰。何也？质有余者，不受
饰也。

【译文】

红色的漆不用文饰,白玉不用雕琢,宝珠不必装饰。为什么呢?因为它们本质有余,不受任何雕饰。

圣人抑其文而抗其质^①,则天下反矣^②。

———

①抑其文而抗其质:抑制奢华不实而推崇质朴。抗,高举,推崇。

②反:同"返"。意即返璞归真。

【译文】

圣人抑制奢华不实而推崇质朴,天下就会返璞归真了。

夫诚者,一也;一者,质也。君子虽有外文,必不离内质矣。

【译文】

诚实就是专一,专一就是本质。君子即使有外在的仪表文饰,也一定不能离开内在的本质。

有机知之巧,必有机知之败。

【译文】

有机巧的心思,必定有因机巧而导致的失败。

食必常饱,然后求美;衣必常暖,然后求丽;居必常安,然后求乐。为可长,行可久,先质而后文,此圣人之务。

【译文】

饮食必须平常能吃饱,然后才求精美;衣服必须平常能暖身,然后才求华丽;居处必须平常能安定,然后才求欢乐。做事要考虑长久,应先注重本质，然后才是文饰，这是圣人所追求的。

夫德者，得于我，又得于彼，故可行。

【译文】

所谓德，是既能由我获得，也能由他人获得的东西，所以能够推行。

周公位尊愈卑，胜敌愈惧，家富愈俭。

【译文】

周公地位越高态度越谦卑，战胜敌人后更加小心谨慎，家室富有就更加节俭。

好谏者思其君，食美者思其亲。

【译文】

喜欢进谏的人总想着他的君主，吃到美味的人总想到他的亲人。

《说苑》辑佚

木虽虫，无疾风不折；墙虽隙，无大雨不坏。

【译文】

木头虽然被虫蛀了，没有狂风也不会折断；土墙虽然有了裂缝，没有大雨也不会倒塌。

法言

　　《法言》，西汉扬雄撰。扬雄（前53—18），字子云，蜀郡成都（今属四川）人。西汉末年哲学家、文学家和语言学家。他在哲学和政治思想方面的著作有《太玄》和《法言》，语言学著作有《方言》，文学作品有《甘泉赋》《羽猎赋》等。

　　法，有法则和使物平直的意思，"法言"就是判断事物是非的准则之言。《法言》模仿《论语》而作，采用语录体的形式，内容广泛，从哲学、政治、经济、伦理，到文学、艺术、科学、军事，乃至于历史上的人物、事件、学派、文献等，几乎都有所论述。扬雄从儒家观点出发，捍卫孔子之道，强调治国需要用仁义礼乐教化，同时强调了学习的重要性。《法言》文字简括而含蓄，继承了先秦诸子散文的一些优点，但有时失之于晦涩生硬，在文学史上地位不高，但其中一些文学思想值得一提，如"言，心声也；书，心画也"。

　　本书选文据中华书局三全本《法言》。

学行

学,行之,上也;言之,次也;教人,又其次也;咸无焉,为众人。

【译文】

对于学问,能够推广实行它,最好;能够著书立说解释它,是其次;能够把它传授给别人,又其次;如果这些一样都做不到,便是众多的平常人。

学不羡。

【译文】

好学的人除了学习以外没有别的欲望。

学以治之①,思以精之②,朋友以磨之③,名誉以崇之,不倦以终之,可谓好学也已矣!

———

①治:培养,教育。之:代词。指这段话所说的为学不倦的人。

②精:除去芜杂,抓住精华。

③磨:切磋琢磨。指朋友间的互相批评和讨论。

【译文】

如果能够通过学习提高修养,运用思考吸取精华,依靠朋友互相切磋,获得声誉受到尊崇,还坚持不懈贯彻始终,就可以说是好学了吧!

学者,所以修性也①。视、听、言、貌、思,性所有也。学则正,否则邪。

——

①性：人性。

【译文】

学习是为了培养端正人性。观看、聆听、言谈、容貌、思想，都是人性的组成部分。坚持学习，这些行为才会端正；否则，这些行为就会邪恶。

师哉，师哉！桐子之命也^①。务学不如务求师^②。师者，人之模范也^③。

——

①桐子：即童子，指未成年无知识的人。桐，与"侗""僮""童"通。命：命运。指人一生的各种遭遇，如贫富、贵贱、祸福、寿夭等。

②务：从事。求：寻找。

③模范：范，通"笵"。《说文解字·木部》："模，法也。"又《木部》："笵，法也。"段注曰："以木曰模，以金曰镕，以土曰型，以竹曰笵，皆法也。"可见模、镕、型、笵都是制作器具时所依据的标准件，因所用材料不同而有不同的名称。后来意义逐步演变，于是为器之标准者称为"模型"，为人之标准者则称为"模范"。

【译文】

老师呀，老师呀！他决定儿童的命运。所以单纯努力学习不如努力寻找老师，老师是人的模范。

视日月而知众星之蔑也^①，仰圣人而知众说之小也^②。

——

①蔑：小而少光。

②仰：仰望。众说：指儒家以外的其他各家学说。

【译文】

看见太阳和月亮就知道众多星光的微弱,谛听圣人的道理就知道其他学说的渺小。

学之为王者事①,其已久矣。

———

①王者:统一天下的人。王,我国古时夏、商、周三代中央政权的最高统治者称"王"。

【译文】

学问为帝王的事业服务,那是很长时间的事情了。

吾未见好斧藻其德若斧藻其棁者也①。

———

①斧藻:雕刻文饰。斧,这里用作动词,削,刻。藻,修饰。棁(jié):梁上短柱。旧说以为即斗拱。实际上应该是"斗",即垫拱的方木块,不应该包括"拱"。这是扬雄在发感慨:人们修饰房间里像棁那样不显眼的东西,用心却要超过修养自己的品行。

【译文】

我从来没见过爱好雕刻修饰自己的道德,就像雕刻修饰自己房间里屋梁上的柱头那样的人。

人而不学,虽无忧,如禽何?

【译文】

人如果不学习礼仪,即使没有忧愁,又和禽兽有什么不同呢?

学者,所以求为君子也。求而不得者有矣,夫未有不求而得之者也。

【译文】

学习,是因为企求成为君子。企求成为君子而又成不了君子的人是有的,但是,却没有不企求成为君子而能成为君子的人。

大人之学也为道,小人之学也为利。

【译文】

大人从事学习研究是为了真理,小人从事学习研究是为了私利。

朋而不心①,面朋也②;友而不心,面友也。

——

①心:在这里作动词用,是交心的意思。

②面:表面。

【译文】

作为群体而没有共识,是形式上的群体;作为友好而没有诚心,是表面上的友好。

吾子

诗人之赋丽以则,辞人之赋丽以淫①。

——

①诗人、辞人:我国古代诗歌有两大系统,一是以《诗经》为代表的北方系统,一是以《楚辞》为代表的南方系统,故有诗人、辞人之分。扬雄在这里使用这两个名词是有他的抑扬的。在扬雄看来,创作的诗赋符合他

的原则的人，才配叫诗人；如果过分铺张，不符合他的创作原则，这样的人就只能叫辞人，不能叫诗人。

【译文】

诗人的赋华丽而符合标准，辞人的赋华丽而铺张过度。

中正则雅①，多哇则郑②。

————

①中正：正当正派。

②多："哆"的假借字，音chǐ，同"侈"，邪荡、淫滥的意思。王念孙《读书志余》："引之曰：'"多"读为"哆"。哆，邪也。'"哇：谄佞、邪侈之意。

【译文】

中和平正的就是雅乐，淫滥邪侈的就是郑、卫之音。

事胜辞则伉①，辞胜事则赋②，事辞称则经③。足言足容④，德之藻矣⑤！

————

①胜：超过。伉：同"亢"，质直，质朴无文之意。

②赋：如赋之铺张夸大，即浮夸之意。

③称：适宜，符合。经：规范。

④足言足容：充足的言辞，充足的行事。容，内容。指事实。

⑤藻：藻饰。

【译文】

行事超过言辞就失于质朴，言辞超过行事就流于夸张，行事和言辞相称才合乎规范。既有充足的言辞，又有充足的行事，才是道德的丰富多彩的表现呀！

观书者譬诸观山及水：升东岳而知众山之逦迤也^①，况介丘乎^②！浮沧海而知江河之恶沱也^③，况枯泽乎！舍舟航而济乎渎者^④，末矣！舍五经而济乎道者^⑤，末矣！

————

①升东岳而知众山之逦迤：登上泰山就看见群山在下面蜿蜒曲折。这是用泰山的高大比喻儒家经典的珍贵，用群山的矮小比喻诸子学说的卑微。

②介：纤小孤独之状。丘：土高为丘，即大土堆。

③浮：泛舟。沧海：大海，因大海水深呈青绿色，故称大海为沧海。沧，通"苍"，青绿色。恶沱：借为"洿涂"，污浊不清洁的意思。这是用江河和大海比起来显得如何渺小污浊，来比喻诸子之不配和所谓"大圣"相提并论。

④济：渡。渎：大河。古代把独流入海的大河称为"渎"，以别于注入其他江河的支流。《尔雅·释水》："江、河、淮、济为四渎。四渎者，发源注海也。"按，此句以喻下句舍弃五经而能掌握圣人之道的人也是没有的。

⑤五经：指儒家的《诗》《书》《易》《礼》《春秋》五部书，汉代时称为"五经"。经有恒常和规范的意思。在儒家看来，上述一些书反映了作为众人言行规范的恒久不变的圣人之道，故尊称之为经典。济：渡，引申为完成、达到的意思。

【译文】

读书就好比观看山和水：登上泰山就可以看见群山的蜿蜒曲折，何况那些纤小的土堆呢！泛舟大海就可以知道江河的污浊渺小，何况那些干涸的洼地呢！不用航船而能够渡过大河的事，是没有的！舍弃五经而能够求得真理的事，是没有的！

圣人虎别^①,其文炳也^②;君子豹别,其文蔚也^③。

①别:区别,引申为门类。

②炳:花纹鲜明显著。

③蔚:斑纹华美丰盛。以上两句本《周易·革》象辞"大人虎变,其文炳也""君子豹变,其文蔚也"。

【译文】

圣人像虎一样,文采辉煌绚烂;君子像豹一样,文采鲜明华美。

多闻则守之以约^①,多见则守之以卓^②。寡闻则无约也^③,寡见则无卓也。

①守:把守。这里是掌握的意思。约:简要,引申为根本。

②卓:高超,引申为精华。

③无约:掌握不了根本。

【译文】

学习要多听,然后抓住其中的关键;要多看,然后抓住其中的精华。听得少就不可能抓住关键,看得少就不可能抓住精华。

君子之道有四易:简而易用也^①,要而易守也^②,炳而易见也^③,法而易言也^④。

①简:单纯。用:施行。

②要:根本。守:掌握。

③炳:明显。见:认识。

④法：标准。言：阐释。

【译文】

君子的主张有四个方面是容易的：内容单纯而易于施行，论述扼要而易于掌握，意义明显而易于了解，合乎规范而易于说明。

万物纷错则悬诸天①，众言淆乱则折诸圣②。

①纷错：杂乱。悬：正。古代进行建筑时以细绳系重物作垂线以观正邪谓之"悬"。故借悬为正。在天文学上又曾用悬来观测日影和星位以定时间和季节，所以这里说"万物纷错则悬诸天"。诸：之于。

②众言：诸子之言。折：判断。圣：圣人。

【译文】

世间万物错综复杂，就用天象来测量它们；各种言论淆浊混乱，就由圣人来评判它们。

修身

修身以为弓，矫思以为矢①，立义以为的②，奠而后发③，发必中矣④。

①矫：矫正。思：思想。矢：箭。

②的（dì）：鹄的，习射用的靶子的中心。

③奠：定。这里是说瞄准。

④中（zhòng）：射中靶心，正着目标。

【译文】

把培养道德当作弓,把矫正思想当作箭,把树立正义当作靶子,瞄准了然后发射,一射必中目标。

人之性也善恶混。修其善则为善人,修其恶则为恶人。

【译文】

人的本性是善和恶混杂在一起的。培养人性中的善就成为善人,培养人性中的恶就成为恶人。

圣人乐天知命。乐天则不勤,知命则不忧。

【译文】

圣人顺从天意,懂得命运。顺从天意就不苦恼,懂得命运就不忧虑。

圣人之辞,可为也;使人信之,所不可为也。是以君子强学而力行。

【译文】

圣人的话,人人都可以说;但要使人对你说的话如同对圣人的话一样信服,那就不可能了。因此君子要勤奋地学习并且努力去实行。

珍其货而后市^①,修其身而后交,善其谋而后动,成道也。

———

①珍其货:使其货善美。珍,美化,完善。这里作动词用。市:交易,卖。

【译文】

精制自己的货物然后去交易,陶冶自己的情操然后去交往,完善自己的计谋然后去行动,这是成功的方法。

君子之所慎:言、礼、书^①。

————

①言:言论。礼:礼仪。这里的意思是说君子的行为要处处合乎礼仪。书:书籍。这里实际上指各种学说。

【译文】

君子所要慎重对待的是:言论、礼仪、书籍。

上交不谄,下交不骄,则可以有为矣。

【译文】

和比自己地位高的人交往不谄媚,和比自己地位低的人交往不骄横,就可以有所作为了。

好大而不为,大不大矣;好高而不为,高不高矣。

【译文】

喜好伟大的成就却不去做,伟大的成就便不可能实现;喜好崇高的事业却不去做,崇高的事业就不可能实现。

仰天庭而知天下之居卑也哉^①!

————

①仰:仰望。天庭:星垣名。或作"天廷"。我国古代把星空划分为三垣二十八宿,共三十一个区域。三垣是北天极周围的三个星区,即紫微垣、太微垣、天市垣。天庭就是后来的太微垣。它在北斗星的南面,南方七宿中的翼、轸二宿的北面,包含在现代天文学中所说的狮子座、室女

座、后发座中间。居:所在的地方。卑:低下。

【译文】

仰望高高的天庭星垣,然后才知道世人所在的地方是多么低下呀!

仁,宅也;义,路也;礼,服也;智,烛也;信,符也①。处宅,由路,正服,明烛,执符,君子不动,动斯得矣②。

————

①符:信符。符是古代用作凭据的东西,用竹、木、玉、铜等做成某种特殊形状,上面刻有文字或图画,中剖为二。有关两方各执一半。需要验证时,各出其所执拼合之,看是否符合。

②斯:则,乃。得:得当,成功。

【译文】

仁好像住宅;义好像道路;礼好像衣服;智好像灯烛;信好像符节。住进住宅,顺着道路,穿好衣服,点亮灯烛,拿着符节,这样,君子除非不做事,只要做事就会得到成功。

夫有意而不至者有矣,未有无意而至者也。

【译文】

努力去做而达不到目的是有的,但不努力去做而能够达到目的却是没有的。

日有光,月有明。三年不目日,视必盲;三年不目月,精必蒙①。

————

①"三年不目日"四句:目,视,看。这里作动词用。视、精,这里都

是指人的视力。盲、蒙,都是指人眼瞎了。这里是用日月来暗喻孔丘。《论语·子张》:"仲尼,日月也,无得而逾焉。人虽欲自绝,其何伤于日月乎? 多见其不知量也。"

【译文】

太阳有光芒,月亮有明亮。三年不看太阳,眼睛必然变盲;三年不看月亮,视力必然失明。

　　言重则有法,行重则有德,貌重则有威^①,好重则有观^②。

――――

①威:威仪。

②有观:有可以显示于人的。观,显示。

【译文】

言语庄重就会有准则,行为庄重就会有道德,容貌庄重就会有威仪,爱好庄重就会有显示于人的特长。

　　实无华则野^①,华无实则贾^②,华实副则礼^③。

――――

①实:质,内容。华:文,文饰。野:粗野。

②贾(gǔ):买卖,交易。

③副:相符,相称。

【译文】

有内容而没有文采就显得粗野,有文采而没有内容就显得虚假,文采和内容相称才合乎礼仪。

　　千钧之轻^①,乌获力也^②;箪瓢之乐,颜氏德也。

——

①千钧：古时三十斤为一钧，千钧是形容物体之重。

②乌获：古人名，战国时秦国的大力士。

【译文】

举千钧重的东西却很轻松，是因为有乌获那样大的力气；用竹筐吃饭木瓢喝水却很快乐，是因为有颜回那样高的道德。

天下有三好：众人好己从①，贤人好己正②，圣人好己师③。

——

①好(hào)己从：好从己，喜欢别人顺从自己。

②好己正：好正己，喜欢别人纠正自己。

③好己师：喜欢别人仿效自己。

【译文】

天下有三种爱好：一般人爱好别人顺从自己，贤人爱好别人纠正自己，圣人爱好别人师法自己。

天下有三检①：众人用家检②，贤人用国检③，圣人用天下检④。

——

①检：检验。

②家检：用家庭的情况来检验自己的言行是否正确。

③国检：用一国的情况来检验自己的主张是否正确。这里的"国"指诸侯之国。

④天下检：用普天下的情况来检验自己的理论是否正确。这里的"天下"指整个中国。

【译文】

天下有三种检验方法:一般人用家庭来检验,贤人用国家来检验,圣人用整个天下来检验。

上士之耳训乎德①,下士之耳顺乎己②。

①上士:古代官爵有上士、中士、下士之分,因此又引申为对学问道德不同的人的一种区别性称呼。上士,指学问道德高尚的人。训:顺,从。

②下士:指学问道德低下的人。

【译文】

学问道德高尚的人,耳朵愿意听符合道德标准的话;学问道德低下的人,耳朵愿意听符合自己心意的话。

言不惭、行不耻者,孔子惮焉!

【译文】

言论上没有什么需要惭忿,行为上没有什么需要羞愧的人,孔子都是敬畏的呀!

问道

或问道。曰:"道也者①,通也,无不通也。"

①道:本义为道路,引申为法则、规律、方针、路线等,进而引申为治理国家的方针、学说或世界观、思想体系等。后世儒者往往只承认儒家

的根本原则为道,但扬雄却是在上述广泛的意义上来使用"道"这个概念的,故有"正道"与"奸道""邪道"之分,颇类似于《庄子》所谓"盗亦有道"。从这里也可以窥见道家思想对扬雄的影响之一斑。

【译文】

有人问道是什么。扬子回答说:"道是可以普遍通达的,没有什么地方不能通达的。"

或问道。曰:"道若涂若川,车航混混,不舍昼夜①。"

———

①"道若涂"三句:这三句的言外之意是,人们的生活也离不开"道"。涂,同"途",道路。混混,即"滚滚",本来是形容源泉流水丰盛不绝的样子(见《孟子·离娄下》),这里是形容车船众多来往不断。不舍昼夜,昼夜不停。不舍,不舍弃,不断绝。

【译文】

有人问道是什么。扬子回答说:"道像道路像河流,车船来来往往,昼夜不停。"

一人而兼统四体者①,其身全乎!

———

①统:总,合。四体:四肢。按,这里是用人体及其之不可或残,来譬喻仁的统率作用和道、德、仁、义、礼的不可缺一。

【译文】

这好比一个人,要同时具备四肢,他的身体才是完整的呀!

礼,体也①。人而无礼,焉以为德②?

———

①体：本义为身体，引申为骨干、根本的意思。

②焉以：何以，怎么。

【译文】

礼是人的根本。作为人而不讲究礼，又怎么能有道德呢？

圣人之言，似于水火。或问水火。曰："水，测之而益深①，穷之而益远②；火，用之而弥明③，宿之而弥壮④。"

———

①测之而益深：这是说不可穷尽水之深。

②穷之而益远：这是说不可穷尽水之广。穷，极尽。

③用之而弥明：愈用愈明。弥，愈，益。

④宿之而弥壮：愈积愈盛。宿，本义为止，引申为积、留。按，本段前两句以水喻圣人之言的深与广，后两句以火喻圣人之言的用与蓄。

【译文】

圣人的言论就像水火一样。有人问水火是什么样。扬子回答说："水，越测量它就感到越深，越追寻它就感到越远；火，越使用它就越亮，越保存它就越旺。"

智也者，知也。夫智，用不用，益不益，则不赘亏矣。

【译文】

智力，就是知识。对于智力，把没有运用的运用起来，不够充分的增加起来，就既不多余也不缺乏了。

母怀，爱也①；父怀，敬也②。

———

①母怀，爱也：怀母是由于爱，即怀德。

②父怀，敬也：怀父是由于敬，即怀礼。

【译文】

怀念母亲，是由于爱恋；怀念父亲，是由于崇敬。

问神

潜天而天，潜地而地。

【译文】

心深入天就能了解天，深入地就能了解地。

天神天明①，照知四方。天精天粹②，万物作类③。

———

①天：指整个宇宙。因为扬雄认为整个宇宙乃至人类社会都可以用天来代表。神、明：即神明。这里是为了修辞而分开说。

②精、粹：即精粹。这里也是为了修辞而分开说。

③作：为，成。

【译文】

天的神明照亮了四面八方，天的精粹造作了万物的各个种类。

人心其神矣乎①！操则存，舍则亡。

———

①人心：指人的思维、意识。神：奥妙。

【译文】

人的心真神妙呀！如果能够把握住它，它就存在；如果把握不住它，它就会跑掉。

龙以不制为龙，圣人以不手为圣人①。

①不手：就是时飞则飞、时潜则潜，即随机应变的意思。

【译文】

龙由于其形体不受控制，所以才是龙；圣人由于能随机应变可伸可屈，所以才是圣人。

天俄而可度①，则其覆物也浅矣；地俄而可测，则其载物也薄矣。

①俄而：顷刻，一会儿见，引申为容易的意思。度：测量。

【译文】

如果天一下子可以度量出它的高低，那么天覆盖万物的高度就太浅了；如果地一下子可以测量出它的厚薄，那么地承载万物的厚度就太薄了。

言不能达其心，书不能达其言①，难矣哉！惟圣人得言之解，得书之体②。

①达：表达，反映。按，这句话当是从《周易·系辞上》"子曰：'书不尽言，言不尽意'"变化而来的。

②体：体裁。

【译文】

一般人语言不能完全表达他的思想，文字不能完全表达他的语言，真是难呀！只有圣人能够完全掌握语言的意义，能够完全掌握文字的体裁。

言，心声也；书，心画也。

【译文】

语言是思想的声音，文字是思想的图画。

人病以多知为杂，惟圣人为不杂。

【译文】

一般人的缺点就是知识多了就庞杂，只有圣人知识再多也不庞杂。

书不经，非书也；言不经，非言也。言、书不经，多多赘矣①。

————

①赘：赘疣，瘤子，引申为多余的东西。

【译文】

书籍不规范，就不是合格的书籍；言论不规范，就不是合格的言论。言论和书籍不规范，就是多余的赘疣呀！

问明

聪明①，其至矣乎②！不聪，实无耳也③；不明，实无目也。

①聪明:"聪"谓听觉灵敏,"明"谓视觉锐利,"聪明"指人天资高,有才华,见事明敏。

②其:庶几,大概。至:极,高。矣乎:句末感叹词,相当于现代口语中的"了吧"。

③实:与"是"通。俞樾说:"两'实'字皆当为'是'。不聪,是无耳也;不明,是无目也。非实无耳无目也。'是'通作'寔'。"

【译文】

聪明,大概是一种极高的品质吧! 不聪,就等于没有耳朵;不明,就等于没有眼睛。

惟天为聪,惟天为明。夫能高其目而下其耳者①,匪天也夫!

①高其目:形容看得广。下其耳:形容听得清。

【译文】

只有天最聪,只有天最明。能够把眼睛抬高看见普天下,把耳朵贴近听清每件事的,不就是天吗!

师之贵也,知大知也①。小知之师②,亦贱矣。

①知大知:前一个"知"作动词,当知道、懂得讲;后一个"知"是名词,当道理、学问讲。

②小知之师:只懂得小事的老师。

【译文】

老师的珍贵,在于懂得大道理。只懂得小事的老师,也太卑贱了。

命者,天之命也,非人为也。人为不为命。

【译文】

命指上天决定的命运,不是人为造成的结果。人为造成的结果不是命。

吉人凶其吉①,凶人吉其凶②。

———

①吉人:遇事总是顺利而无凶险的人。凶其吉:对待吉祥的事像对待凶险的事一样。凶,形容词作动词用。吉,吉祥的事。

②凶人:遇事总是凶险而不顺利的人。吉其凶:对待凶险的事像对待吉祥的事一样。吉,形容词作动词用。凶,凶险的事。

【译文】

吉祥的人像对待凶险的事那样谨慎地对待吉祥的事,凶险的人像对待吉祥的事那样轻率地对待凶险的事。

辰乎辰①！曷来之迟②,去之速也！君子竞诸③。

———

①辰:时间。

②曷:同"何",怎么,多么。

③竞诸:与时间竞争,就是及时努力的意思。诸,之,指时间。

【译文】

时间呀时间！怎么来得这样慢,去得这样快呀！所以君子要与时间竞争。

君子谨于言,慎于好,亟于时①。

——

①亟于时：抓紧时间，增进自己的道德修养，即不苟且偷安。亟，急切。

【译文】

君子严谨地对待言谈，慎重地对待嗜好，抓紧时间修养道德。

吾不见震风之能动聋聩也①。

——

①震风：疾风，大风。动：这里是使之听见的意思。聩（kuì）：生而聋曰聩。这句话言外之意是说，如果一个人主观上不具备条件或者不肯接受教育，那么不管别人怎样努力帮助，也是没有用的。

【译文】

我没有见过大风能让聋人听见声音的。

时来则来，时往则往。能来能往者，朱鸟之谓与①！

——

①"时来则来"四句：燕子为候鸟，随季节变化南北迁徙，所以扬雄用来比喻所谓君子应相机进退出处。

【译文】

时候该来了就来，时候该走了就走。能按时来按时走的，就是燕子吧！

或问哲。曰："旁明厥思①。"问行②。曰："旁通厥德③。"

——

①旁：普，广。明：明确，即分清思想上的是非。厥：其。
②行：德行。

③通:达,贯。

【译文】

有人问怎样是有智慧。扬子回答说:"能全面地明确自己的思想,就是有智慧。"问怎样是有德行。扬子回答说:"能全面地实践自己的道德,就是有德行。"

寡见

好尽其心于圣人之道者,君子也。人亦有好尽其心矣,未必圣人之道也。

【译文】

喜欢全心全意努力于圣人学说的人,就是君子。人人都有喜欢全心全意竭力去做的事,但不一定是全心全意努力于圣人的学说。

多闻见而识乎正道者,至识也①;多闻见而识乎邪道者,迷识也②。

①"多闻见"二句:识,第一个"识"作动词,当知道、懂得讲;第二个"识"是名词,当见识、知识讲。至,极,最。这里是至善至美的意思。

②迷:昏乱,迷惑。

【译文】

如果见闻广博又懂得正确的道理,这是至善至美的见识;如果见闻广博却迷恋邪恶的道理,这是昏惑迷人的见识。

古者之学耕且养①,三年通一。

①古者之学：古人的为学。耕且养：耕而且养，还要种地养活自己。这是指儒生的老祖宗——士。士本来是统治阶级的最底层，要负责管理农业生产，所以这样说。

【译文】

古人一边学习，一边耕田养家，三年就能通晓一部经典。

雷震乎天①，风薄乎山②，云徂乎方③，雨流乎渊，其事矣乎④！

①乎：于。

②薄：迫，有逼近、压制之意。

③云徂（cú）乎方：云飞向四面八方。徂，往，逝。方，方位，方向，引申为四面八方。

④其事矣乎：够勤劳了吧。这句话言外之意是说，天都这样勤劳，人该怎么样呢？其，恐怕，大概。事，勤劳。矣乎，句末感叹词。

【译文】

雷在天空震响，风从山上刮过，云飞向八方，雨流入深渊，天是够勤奋了吧！

器宝待人而后宝①。

①器宝：器具之宝，即宝贵的器具。

【译文】

珍贵的器皿需要依靠有德的人然后才能成为宝物。

乘国者其如乘航乎^①！ 航安，则人斯安矣^②！

——

①乘：治理。其：或者，大概。航：船。

②斯：乃，就。

【译文】

治理国家，大概就像驾驶航船吧！ 航船平安无事，那么驾驶航船的人也就平安无事了！

惠以厚下^①，民忘其死；忠以卫上^②，君念其赏。

——

①惠：仁爱。以：而，连接词。厚：宽厚。下：下级，下属，指"民"。

②卫：保卫。上：上级，上层统治者，指"君"。

【译文】

君上仁爱而宽厚地对待属下，民众就会不惜生命地效忠君上；属下忠诚地保卫君上，君上就会想着赏赐属下。

自后者，人先之；自下者，人高之。

【译文】

自己谦让退居后边的人，别人就会推崇他到前边去；自己谦让退居下面的人，别人就会抬举他到上面去。

非其时而望之^①，非其道而行之^②，亦不可以至矣。

——

①非：不是。其：那个。时：时机。望：希望。之：代词，指"其时"。

②道：道路，引申为道理、规律，再引申为理论、方针。之：代词，指

"其道"。

【译文】

不是那样的时机，却抱着那样的奢望；不是通往目标的道路，却要顺着它走下去，这是不可能达到目的的。

五百

圣人重其道而轻其禄①，众人重其禄而轻其道。

———

①重：重视。道：本义为道路，引申为法则、规律、方针、路线等，进而引申为治理国家的方针、学说或世界观、思想体系等。后世儒者往往只承认儒家的根本原则为道。但扬雄却是在上述广泛的意义上来使用"道"这个概念的，故有"正道"与"奸道""邪道"之分，颇类似于《庄子》所谓"盗亦有道"。轻：轻视。禄：俸禄，指职位及报酬。

【译文】

圣人重视他的原则而轻视他的俸禄，一般人重视他的俸禄而轻视他的原则。

众人愈利而后钝①，圣人愈钝而后利。

———

①愈：通"愉"，悦也。

【译文】

一般人喜欢眼前获利但最后要吃亏，圣人喜欢眼前吃亏而最后获利。

事不厌，教不倦，焉得日？

【译文】

做事没有厌烦,教人不会疲倦,哪里还有空闲时间呀?

赫赫乎日之光^①,群目之用也^②;浑浑乎圣人之道^③,群心之用也^④。

———

①赫赫:形容太阳光芒强烈盛大的样子。

②群目之用:即群目之所需要和依靠。

③浑浑:形容圣人之道浑厚博大的样子。圣人之道:圣人的学说、理论。

④群心之用:群心之所需要和依靠。

【译文】

鲜明显赫呀,太阳的光芒,这是人们的眼睛离不开的依靠;浑厚博大呀,圣人的学说,这是人们的思想离不开的依靠。

在德不在星^①。

———

①在德不在星:人事的吉凶在于道德而不在于星象。当时社会上流行着天人感应的迷信思想,认为星象可以预示人事的吉凶。从这句话看,扬雄不完全同意这种说法。但从下文看,他也没有摆脱天人感应的思想,不过把次序颠倒了一下,认为起主要作用的是人事罢了。

【译文】

人事的吉凶决定于道德而不决定于星象。

圣人之言远如天,贤人之言近如地^①。

——

①"圣人之言"二句：这里把圣人之言与贤人之言对比来说，但都是褒义，并无贬义。所谓"远如天"，喻其博大精深。所谓"近如地"，喻其明白切实。

【译文】

圣人的言论博大深远好比天，贤人的言论明白切近好比地。

言可闻而不可殚，书可观而不可尽①。

——

①殚、尽：都是穷尽的意思。

【译文】

圣人的言语可以聆听，但不可能完全领会它的意义；圣人的书可以阅读，但不可能完全掌握它的内涵。

行，有之也①；病，曼之也②。

——

①有之：有所往。之，往。

②曼之：无所往。曼，无。

【译文】

德行高，所以有所适从，随遇皆安；忧患多，所以无所适从，动辄得咎。

夫见畏与见侮，无不由己。

【译文】

不管是让别人敬畏还是被别人侮辱，没有不决定于自己的。

先知

大作纲①，小作纪。如纲不纲，纪不纪，虽有罗网②，恶得一目而正诸③？

———

①作：用。

②罗：捕鸟的网。

③目：罗网上的眼。正：方。这里指张开网眼。此以纲纪喻封建法制，以罗网喻封建政权机构。纲纪不理则罗网不张，罗网不张则难以为用。意谓如果不实行封建法制，封建政权机构就发挥不了作用。

【译文】

治理国家，大事要根据纲常原则，小事要根据法令制度。如果该用纲常原则的时候不用纲常原则，该用法令制度的时候不用法令制度，是不可能治理好国家的，这就好像捕鱼和打猎，即使有罗网，如果不抓住拉网的大绳和小绳，又怎么能使哪怕一个网眼张开呢？

真伪则政核。如真不真，伪不伪，则政不核。

【译文】

辨别真假就是治理国家的关键。如果真的不知道是真的，假的不知道是假的，治理国家就失去了关键。

龙之潜亢，不获其中矣①。是以过中则惕②，不及中则跃③。

———

①"龙之潜亢"二句：龙，是中国古代传说中一种能深潜入水、飞升变化、兴云作雨的神兽。潜，潜伏，隐藏。亢，高亢，飞高。获，得到。中，适

中。《周易·乾》爻辞是用龙的由潜到亢来比喻事物由产生发展到盛极而衰的过程。

②惕：惊惧，忧虑。

③及：达到。跃：跳跃，前进。

【译文】

龙在潜伏或飞得极高的时候，都不可能获得适宜的地位。因此，超过了恰好适宜的地位就要警惕谨慎，没有达到恰好适宜的地位就要努力上进。

圣人之道，譬犹日之中矣①。不及则未②，过则昃③。

①犹：好像。日之中：太阳正在中天，就是正午。

②未：未及。李轨注："不及中，未盛明。"

③昃（zè）：太阳偏西。李轨注："日昃明尽，言昏昧也。"

【译文】

圣人的原则，就好像太阳正在中天。不到中天就不够明亮，过了中天就开始昏昧。

重黎

神怪茫茫，若存若亡，圣人曼云①。

①"神怪"三句：语本《论语·述而》："子不语怪、力、乱、神。"茫茫，遥远不明的样子。若，像。存，有。亡，无。曼，不。

【译文】

神怪的事模模糊糊的,好像有又好像没有,圣人是不谈这些事的。

天不人不因①,人不天不成。

————

①因:就,成。

【译文】

只有好的时机没有人的努力,时机不可能实现;只有人的努力没有好的时机,人的努力也不可能成功。

屈人者克,自屈者负。天曷故焉?

【译文】

能够充分发挥众人的力量的人胜利,自己耗尽自己力量的人失败。这和天有什么关系呢?

夫辩也者,自辩也;如辩人,几矣①。

————

①几:危。

【译文】

巧于言辞,是要用巧妙的言辞为自己辩护;如果拿巧妙的言辞去玩弄别人,那就太危险了。

事得其宜之谓义。

【译文】

办事情做得恰好适当就叫做义。

渊骞

君子绝德^①，小人绝力。

———

①绝：在某一方面有为一般人所不能及的极其高超的才能称"绝"，如绝技、绝学等。

【译文】

君子注重一般人达不到的高超道德，小人注重一般人达不到的巨大力气。

妄誉^①，仁之贼也；妄毁，义之贼也。贼仁近乡原^②，贼义近乡讪^③。

———

①妄：荒诞，荒谬。

②乡原：一乡都称为原人的人，即不讲是非、同乎流俗，因而一乡都称赞的老好人。这是孔丘、孟轲的用语。扬雄在这里主要取其"媚于世"，即"妄誉"的含义。原，同"愿"，谨善的意思。

③乡讪：一乡都称为讪人的人，即妄毁别人、因而一乡的人都说他不好的人。这是扬雄和"乡原"相对应而造出来的一个词。讪，毁谤。

【译文】

虚妄地赞扬别人，就是对仁的破坏；虚妄地诽谤别人，就是对义的破坏。破坏仁就近似于一乡人都说好的"乡愿"，破坏义就近似于一乡人都说坏的"乡讪"。

皓皓者，己也；引而高之者，天也。

【译文】

发出明亮光芒的,是星星自身;牵着星星使它高高在上的,是天。

非正不视,非正不听,非正不言,非正不行。夫能正其视听言行者,昔吾先师之所畏也。

【译文】

不正当的不看,不正当的不听,不正当的不说,不正当的不做。能够使自己看的、听的、说的、做的都正当的人,是连我们古代的先师孔子都畏惧的。

君子

君子不言,言必有中也①;不行,行必有称也②。

————

①中(zhòng):符合。

②称(chèn):适宜。

【译文】

君子除非不说话,一说话就必然恰到好处;除非不行事,一行事就必然正好合适。

君子于仁也,柔;于义也,刚。

【译文】

君子在实行仁爱的时候,态度温柔;在实行道义的时候,态度刚强。

水避碍则通于海,君子避碍则通于理。

【译文】

水曲曲折折避开障碍才能流到海里,君子随机应变避开障碍才能符合道理。

君子好人之好^①,而忘己之好;小人好己之恶,而忘人之好。

——

①好人之好:第一个"好"作动词,读hào,作喜好、爱好讲;第二个"好"是名词,读hǎo,作好处、优点讲。

【译文】

君子喜爱别人的优点,却看不见自己的优点;小人喜爱自己的缺点,却看不见别人的优点。

或曰:"子于天下则谁与^①?"曰:"与夫进者乎^②!"

——

①与:偕同,赞许。

②夫:彼,那。进者:努力进取的人。

【译文】

有人问:"你赞许世界上什么样的人?"扬子回答说:"赞许那些努力进取的人吧!"

夫进也者,进于道,慕于德,殷之以仁义^①。

——

①殷:盛大,众多。这里作动词,是使之盛大、众多的意思。

【译文】

努力进取的人,是努力追求真理,爱慕德行,用仁义来培养丰富自己的人。

通天、地、人^①，曰儒；通天、地而不通人，曰伎^②。

———

①通：了解，懂得。天、地：指自然界。人：指人类社会。

②伎：与"技"通，指技术、才艺。按，这种说法从表面上看是自然和人事并重，实际上反映的是儒家重视社会政治伦理道德而轻视自然研究的传统倾向。因为儒家所谓的"通天""通地"，往往不是真正客观地去了解自然，而是拿自然和人事相互比附，并经常带有神学色彩。

【译文】

只有既懂得天文、地理，又懂得社会人事的人，才能叫做儒者；只懂得天文、地理，却不懂得社会人事的人，只能叫做有技艺的人。

人必先作，然后人名之^①；先求，然后人与之。

———

①名：指称，评价。

【译文】

一个人必须自己先有所作为，然后别人才会有所评价；必须自己先有所追求，然后别人才会有所给予。

人必其自爱也，而后人爱诸；人必其自敬也，而后人敬诸。自爱，仁之至也；自敬，礼之至也。

【译文】

一个人必须自己爱戴自己，然后别人才会爱戴他；一个人必须自己尊敬自己，然后别人才会尊敬他。自己爱戴自己，就是最高的仁；自己尊敬自己,就是最高的礼。

圣人之于天下,耻一物之不知;仙人之于天下,耻一日之不生。

【译文】

圣人对于天下的事物,有一样不懂得也感到耻辱;仙人生活在世界上,有一天不能活着也感到耻辱。

有生者,必有死;有始者,必有终。自然之道也①。

——

①自然:自然而然,即事物本身所有,不是人力所为。道:规律。

【译文】

世界上的事物,凡是有产生的,必然有死亡;凡是有开始的,必然有终结。这是事物本身自然而然的规律。

君子忠人,况己乎? 小人欺己,况人乎?

【译文】

君子对别人都是忠诚的,何况对于自己呢? 小人连自己都要欺骗,何况对于别人呢?

孝至

孝,至矣乎! 一言而该①,圣人不加焉②!

——

①该:兼备,包括。

②加：增益，补充。

【译文】

孝是最高的道德了吧！这一个字就概括了道德的全部内容，就是圣人也没有什么要增加的了。

不可得而久者，事亲之谓也①。孝子爱日②。

———

①事：侍奉。亲：双亲，即父母。

②爱日：珍惜时间。

【译文】

不可能永久继续下去的，就是侍奉父母这件事。所以孝子珍惜能够侍奉父母的有限时日。

不为名之名①，其至矣乎②！为名之名，其次也。

———

①为（wèi）：表示追求的目的。名：名望，声誉。

②其：或许，大概。

【译文】

不是为了追求名声而得来的名声，大概是最高级的名声了吧！为了追求名声而得来的名声，则是比较低级的名声。

天下通道五①，所以行之一，曰勉②。

———

①通道：普遍适用的原则。

②勉：努力。

【译文】

天下有五项普遍适用的原则——仁、义、礼、智、信,实行这些原则的方法只有一个,就是努力。

君子在上^①,则明而光其下;在下^②,则顺而安其上。

———

①在上:指为君。

②在下:指为臣。

【译文】

君子如果做了君主,就明亮而照耀他的臣子;如果做了臣子,就忠顺而安定他的君主。

天下为大,治之在道,不亦小乎? 四海为远,治之在心,不亦迩乎^①?

———

①"天下为大"六句:这段话的言外之意是说,只要在思想上坚持圣人之道,用圣人之道来治理天下,虽然天下很大,也是可以治理好的。四海,全世界。古代认为人居住的陆地周围为海环绕,故以四海为全世界的代称。

【译文】

天下是大的,以道来治理它,不是就像处理小事一样吗? 四海是远的,用心来治理它,不就像处理近处的事一样吗?

知哲圣人之谓俊^①,秀颖德行之谓洪^②。

———

①知哲：即智慧能够明晓的意思。知，同"智"，智慧。哲，了解。

②颖：草木之尖叫"颖"，引申为才德特异超人。这两句说的其实是一个意思，即智慧德行特异超群而符合"圣人之道"的就是俊哲、洪秀了。文辞字句的错综变化不过是为了避免重复而增强表现力罢了。

【译文】

智慧能够通晓圣人的道理，就叫杰出的智慧；道德能够高出常人的德行，就叫超群的道德。

君子动则拟诸事，事则拟诸礼①。

———

①动：作为。拟：忖度。诸：之于。

【译文】

君子一行动就要考虑它是否为事情所需要，一做事就要考虑它是否合乎礼。

群言之长①，德言也；群行之宗②，德行也。

———

①长（zhǎng）：统帅。

②行：行为。宗：根本。

【译文】

各种各样的言论的统帅，是道德的言论；各种各样的行为的根本，是道德的行为。

习治则伤始乱也，习乱则好始治也。

【译文】

人们习惯了政治清明,就会对政治昏乱的一点苗头都感到忧虑;人们习惯了政治昏乱,就会对政治清明的一点苗头都感到喜爱。

法言序

事有本真^①,陈施于意^②。动不克咸^③,本诸身^④。

———

①本真:最根本的性质。这里指礼义、忠孝等封建的政治、伦理原则。本,根本。真,本质。

②陈施:陈设,施行。意:借为"亿",即万事万物的意思。

③动:行事。克:能。咸:感,感应。

④本:根,引申有复返、寻求等义。诸:之于。身:本身,自己。

【译文】

事情都有内在的本质规律,掌握了就能施行于万事万物。如果行事而不能得到事物的感应,那就要从自身找原因。

太
玄

　《太玄》，西汉扬雄撰，是模仿《周易》而写的一部哲学著作。《周易》的卦画分奇－、偶－－，《太玄》的卦画分奇－、偶－－、和－－－三种；《周易》有六位，《太玄》则有方、州、部、家四重；《周易》以八卦相重，共六十四卦，《太玄》以－、－－、－－－三者错布方、州、部、家四重之中，共八十一首；《周易》每卦有卦辞，每爻有爻辞，《太玄》则每首有九赞，赞相当于爻辞。《周易》有经、传之分，《太玄》也有模仿《象传》等的《首》《测》《文》《攡》《莹》《掜》《图》《告》《数》《冲》《错》等十一篇传，用以解释《太玄》经文。

　《太玄》试图构建一个包罗阴阳、五行、天地人、世界万象的系统，展现世界的普遍联系与运动变化。

　本书选文据中华书局《新编诸子集成续编·太玄校释》。

强

君子强梁以德，小人强梁以力。

【译文】

君子强大靠的是德行，小人强大靠的是武力。

盛

天锡之光，大开之疆，于谦有庆。

【译文】

上天赐予他荣光，让他的疆域大开，谦虚的人有福气。

极盛不救，天道反也。

【译文】

事物发展到极盛就无法阻止其衰败了，因为上天的法则就是物极则反。

视

君子视内，小人视外。

【译文】

君子总是向内省察自身，小人总是流于外在表象。

太玄攤

人之所好而不足者，善也；人之所丑而有余者[①]，恶也。

①丑：厌恶。

【译文】

人所喜好而又不够的，是善；人所厌恶而又多余的，是恶。

太玄莹

夫物不因不生，不革不成。故知因而不知革，物失其则；知革而不知因，物失其均①。革之匪时，物失其基；因之匪理，物丧其纪②。

①均：常态。
②纪：秩序。

【译文】

事物不因循就不能产生，不变革就不能形成。所以只懂因循而不懂变革，就违背了事物的法则；只懂变革而不懂因循，事物就会丧失常态。变革如果不合时宜，事物就会丧失发展的基础；因循如果不合规律，事物就会丧失发展的秩序。

太玄文

阴不极则阳不生，乱不极则德不形。君子修德以俟时①，不先时而起，不后时而缩。

①俟（sì）：等待。

【译文】

阴不发展到极致，阳就不会产生；乱不发展到极致，德行就不能凸显。君子修养自己的德行以等候时机，不会在时机到来之前出动，也不会在时机丧失之后再退出。

君子宽裕足以长众①，和柔足以安物。

———

①长（zhǎng）：长养，养育。

【译文】

君子有宽广的胸襟，则可以养育民众；有和柔的德行，则可以安定万物。

太玄图

一昼一夜，然后作一日；一阴一阳，然后生万物。

【译文】

一昼一夜交替，就形成了一天；一阴一阳交合，就形成了万物。

太玄告

日不南不北，则无冬无夏；月不往不来，则望晦不成①。

———

①望：农历每月十五日，月满。《释名·释天》："望，月满之名也。……日在东，月在西，遥相望也。"晦：指农历每月最后一天，月尽。《释名·释天》："晦，月尽之名也。"

【译文】

如果太阳不南北移动的话，就没有冬天和夏天；如果月亮不往来运动的话，就不会有月满和月尽的变化。

新论

《新论》，东汉桓谭撰。桓谭，字君山，沛国相（今安徽淮北相山区）人。初以父任为郎，王莽摄政时为掌乐大夫。新莽亡，更始帝召拜为太中大夫。光武帝即位后，征为待诏。后因人推荐，拜为议郎给事中，多次上书论政。因反对谶纬神学，触怒光武帝，被贬为六安郡丞，死于赴任途中。桓谭好音律，善鼓琴，博学多才，多次与刘歆、扬雄辨析疑难问题。其生平事迹见《后汉书·桓谭传》。

《新论》共十六篇，内容涉及政治、经学、哲学、天文、水利、音律等诸多方面，反对"天人感应"及谶纬神学，强调天即自然，政治方面主张统一法度，任用贤才，因时制宜等，深受王充推重。

本书选文据中华书局《新编诸子集成续编·新辑本桓谭新论》。

求辅篇

国之废兴，在于政事，政事得失，由于辅佐。

【译文】

国家的废兴，决定于政事是否处理得好；政事处理的得失，是由辅佐的大臣决定的。

龙无尺木，无以升天；圣人无尺土，无以王天下。

【译文】

龙如果没有一点树木，就无法升天；圣人如果没有一点土地，就无法在天下称王。

言体篇

夫言行在于美善，不在于众多。

【译文】

言语行为关键是要美好善良，而不一定要很多。

举网以纲①，千目皆张②；振裘持领③，万毛自整。

———

①纲：提网的总绳。

②目：网眼。

③裘：皮衣。

【译文】

拿住总绳来提网，网眼就全都张开了；拿住衣领来甩皮衣，皮毛自然就整齐了。

启寤篇

谚言:"三岁学,不如一岁择师。"

【译文】

谚语说:"独自学习三年,不如选择跟随良师学习一年。"

离事篇

金玉是贱,以人为宝。

【译文】

不看重金玉,把人当成宝物。

闵友篇

夫以人言善我,亦必以人言恶我。

【译文】

因为听了别人的话而喜欢我,也必定会因为听了别人的话而讨厌我。

琴道篇

琴之言,禁也,君子守以自禁也。

【译文】

琴的意思,就是禁,君子以此自我约束。

八音广博①，琴德最优。

———

①八音：古代乐器的统称。通常为金、石、丝、竹、匏、土、革、木八种不同材质所制。

【译文】

各种材质的乐器很多，而琴是最好的。

天道不常盛，寒暑更进退。

【译文】

上天的法则是强盛不会一直持续，寒来暑往，轮流交替。

潜夫论

　　《潜夫论》,东汉王符撰。王符,字节信,安定临泾(今甘肃镇原)人。据《后汉书·王符传》载,王符"少好学,有志操,与马融、窦章、张衡、崔瑗等友善",以耿介不同于俗而不得升进,"乃隐居著书三十余篇,以讥当时失得,不欲章显其名,故号曰《潜夫论》"。

　　全书凡十卷三十六篇,其思想体系可概括为"四大主张、三种批判、两重感叹、一种视角"。"四大主张":一重学、务本;二重德、尚贤;三重法、明刑;四重民、救边。"三种批判":批判弊乱之政、浇薄之俗、贪枉之吏。"两重感叹"即"贤难"之叹、"衰世"之叹。"一种视角"即为衰乱之世分析病情、诊断病因,且开出良方的"医者视角"。《潜夫论》是东汉最重要的一部子书,是先秦子书匡正时弊、解除民瘼的"救世"精神在东汉的传承与弘扬。

　　本书选文据中华书局三全本《潜夫论》。

赞学

天地之所贵者人也,圣人之所尚者义也,德义之所成者智也,明智之所求者学问也。

【译文】

天地所贵重的是人,圣人所崇尚的是义,品德道义所成就的是智慧,聪明睿智所要追求的是学问。

虽有至圣,不生而知;虽有至材,不生而能。

【译文】

即使是最伟大的圣人,也不是生而知之的;即使是最有才能的人,也不是生而能之的。

士欲宣其义,必先读其书。

【译文】

士人想要宣扬他的道义,必须先研读前代圣贤的经典。

夫道成于学而藏于书,学进于振而废于穷①。

──

①振:振奋,奋进。穷:止,这里指懈怠松弛。

【译文】

道义隐藏在书本中,要靠不断地学习才能获得;学问因发奋努力而有所长进,因懈怠松弛而荒废。

君子者,性非绝世,善自托于物也。

【译文】

作为君子,其天性未必世间绝无,只是善于借助外物罢了。

道之于心也,犹火之于人目也。

【译文】

大道之于人的内心,就好比火光之于人的眼睛。

索物于夜室者,莫良于火;索道于当世者,莫良于典。

【译文】

在黑暗的房间找东西,最好的工具就是火光;在当今社会寻求道义,最好的工具便是经典。

圣人以其心来造经典,后人以经典往合圣心也,故修经之贤,德近于圣矣。

【译文】

圣人用他的智慧来创作经典,后人通过经典去迎合圣人的智慧,因而研修经典的贤士,德行也就会接近圣人了。

凡欲显勋绩扬光烈者,莫良于学矣。

【译文】

凡是想要显耀功勋业绩、传扬光辉事业的人,再没有比学习更好的了。

务本

凡为治之大体,莫善于抑末而务本,莫不善于离本而饰末。

潜夫论 *499*

【译文】

凡是治国的大政方针,没有比抑制枝节而致力于根本更好的了,没有比抛开根本而致力于枝节更糟的了。

夫为国者以富民为本,以正学为基。

【译文】

治理国家的人要以富裕百姓为根本大事,把端正学业作为基础。

民富乃可教,学正乃得义,民贫则背善,学淫则诈伪,入学则不乱,得义则忠孝。

【译文】

百姓富裕了才可进行教育,学业端正了才能获得道义,百姓贫困了就会背离良善,学说淫邪就会产生虚伪欺诈,接受了教育就不会去作乱,懂得了道义就会变得忠孝。

夫富民者,以农桑为本①,以游业为末;百工者,以致用为本,以巧饰为末;商贾者,以通货为本,以鬻奇为末②:三者守本离末则民富,离本守末则民贫,贫则厄而忘善③,富则乐而可教。

——

①农桑:耕种与蚕桑养殖。

②鬻(yù)奇:售卖珍奇的物品。鬻,卖。

③厄(è):困厄,处境困难。

【译文】

想要让百姓富足起来,必须把农业蚕桑作为国家的本业,把工商业作为末业；各类工匠，要以致力于生产实用器物为本业，以生产精巧装饰品为末业；商人，要以流通货物为本业，以贩卖珍奇异物为末业：这三个方面，只要抓住本业而舍弃末业，百姓就能富足，抛开本业而专心于末业，百姓就会贫困，贫穷了就会处境困难进而忘记良善，富足了就会快乐进而愿意接受教导。

教训者①，以道义为本，以巧辩为末；辞语者，以信顺为本，以诡丽为末；列士者②，以孝悌为本③，以交游为末；孝悌者，以致养为本④，以华观为末⑤；人臣者，以忠正为本，以媚爱为末⑥：五者守本离末则仁义兴，离本守末则道德崩。慎本略末犹可也，舍本务末则恶矣。

———

①教训：教育，教化。

②列士：此处指有涵养，知礼节的士人。

③孝悌（tì）：孝顺父母为孝，尊敬兄长为悌。

④致养：赡养，尽力奉养。

⑤华观：华丽的外观。这里指孝敬长辈只注重好看的表面行为，讲排场而不注重实际行动。

⑥媚爱：谄媚邀宠。

【译文】

教化，要以德行仁义为根本，以巧言善辩为末事；措辞言谈，要以朴实顺畅为根本，以诡诈华丽为末事；涵养知礼之士，要以孝敬父母、尊敬兄长为根本，以交际应酬为末事；孝敬父母、尊敬兄长，要以尽力奉养为根本，以讲究排场为末事；臣子，要以忠诚正义为根本，以谄媚邀宠为末事；这五个方面，能守住根本而抛开末节，那么仁义就会发扬，抛开根本去把握末节,那么道德就会崩坏。谨慎对待根本而简省末节,还说得过去;抛开根本而致力于末节,那就糟糕了。

夫用天之道①,分地之利②,六畜生于时③,百物聚于野,此富国之本也。

——

①用天之道:利用自然规律。此处指依据自然气候的变化规律来安排农事。

②分地之利:根据土地的肥瘠情况来进行耕种。

③六畜:指马、牛、羊、鸡、犬、猪等家畜。

【译文】

依据自然规律来安排农事,根据土地的特征来进行耕作,六畜按时繁殖,各种作物都生长丛聚在田野中,这是国家富足的根本。

忠信谨慎,此德义之基也;虚无谲诡①,此乱道之根也。

——

①虚无谲(jué)诡:指虚无欺诈。谲,欺骗。诡,诡诈。

【译文】

忠信谨慎,这是道德仁义的基础;虚伪欺诈,这是道义混乱的根源。

物以任用为要,以坚牢为资。

【译文】

物品以实用为主,以牢靠为好。

为政者,明督工商,勿使淫伪;困辱游业①,勿使擅利;宽假本农②，而宠遂学士③，则民富国平矣。

――――

①困辱游业：指压制工商业。

②宽假：提供便利条件。

③宠遂：使之尊荣显贵。遂，通达，成功。

【译文】

治理国家的人，要严明督查手工业、商业，不要使他们弄虚作假；抑制副业末事，不要使他们轻易获利；要为农业提供便利条件，同时尊崇提拔有学问的人，那么百姓就会富足，国家也就会太平了。

夫教训者，所以遂道术而崇德义也。

【译文】

教化人民，是为了成就道术进而崇尚道德仁义。

诗赋者，所以颂善丑之德，泄哀乐之情也，故温雅以广文，兴喻以尽意。

【译文】

诗赋，是为了褒贬善恶的德行，抒发悲喜的感情，所以温柔雅正以铺张文辞，起兴比喻以极尽情感。

尽孝悌于父母，正操行于闺门，所以为列士也。

【译文】

在家孝敬父母，端正品行，才能成为有道德修养的人。

养生顺志，所以为孝也。

【译文】

奉养父母,顺从父母的意愿,是孝顺的表现。

忠正以事君,信法以理下,所以居官也。

【译文】

忠诚刚正地侍奉君主,伸张法律管理下属,这才是为官之道。

夫民固随君之好,从利以生者也。

【译文】

百姓本来就是顺从君主的喜好,追逐利益以求生存。

冻馁之所在,民不得不去也;温饱之所在,民不得不居也。

【译文】

受冻挨饿的环境,老百姓不得不避而远之;温暖饱食的地方,老百姓不会不安居乐业。

遏利

象以齿焚身,蚌以珠剖体;匹夫无辜,怀璧其罪。

【译文】

大象因为有名贵的象牙而遭遇杀身之祸,蚌因为体内有珍珠而被剖割身体;一个人没有罪过,但是因为身藏玉璧就有了罪。

帝以天为制,天以民为心,民之所欲,天必从之。

【译文】

天子以上天的旨意为准则,上天以百姓的意愿为出发点,百姓的意愿,上天一定会顺从。

无功庸于民而求盈者,未尝不力颠也^①;有勋德于民而谦损者,未尝不光荣也。

———

①力:据王宗炎说,当作"立",四库本作"立"。

【译文】

对百姓没有功劳而追求富贵的人,没有不立刻倾覆的;对百姓有功德而谦让的人,没有不荣光显耀的。

自古于今,上以天子,下至庶人,蔑有好利而不亡者^①,好义而不彰者也。

———

①蔑:没有。

【译文】

从古到今,上到天子,下至黎民百姓,没有喜好财利而不致灭亡的,没有喜好德义而不彰显于世的。

信立乎千载之上,而名传乎百世之际。

【译文】

诚信可屹立于千年之上,名誉可传承于百代之间。

财贿不多,衣食不赡^①,声色不妙,威势不行,非君子之忧也；行善不多，申道不明，节志不立，德义不彰，君子耻焉。

——

①赡：充足。

【译文】

财富不多，衣食不丰，音乐美色不够美妙，威严权势无法实行，不是君子所忧虑的；做的善事不多，道义不能申明，节操和志向无法确立，道德仁义无法彰显，这些才是君子的耻辱。

子孙若贤，不待多富，若其不贤，则多以征怨①。

——

①征怨：招致怨恨。征，招致。

【译文】

子孙要是贤能的话，就不会去依靠祖上丰厚的财富，子孙要是不贤能，再多的财富也只是会招致祸乱怨恨。

无德而贿丰，祸之胎也①。

——

①胎：这里指根源。

【译文】

没有德行却富于财货，是祸患的根源啊。

以邪取于前者，衰之于后。

【译文】

先前以不正当的手段获取的，其后必会有灾祸。

论荣

宠位不足以尊我,而卑贱不足以卑己。

【译文】

尊崇的地位不足以让自己觉得尊贵,而卑贱的地位也不足以让自己觉得卑下。

君子未必富贵,小人未必贫贱,或潜龙未用^①,或亢龙在天^②,从古以然。

———

①潜龙未用:比喻隐藏的贤能之人未得到任用。潜龙,隐藏的龙,比喻隐藏的贤人。

②亢龙在天:比喻无德之人居于高位。

【译文】

君子不一定富裕尊贵,小人也不一定贫穷卑贱,有些是隐藏的贤人未被任用,有些是无德的人窃据高位,自古以来就是如此。

仁重而势轻,位蔑而义荣^①。

———

①蔑:细小,轻微。

【译文】

仁德重要而权势轻微,地位微下而道义荣耀。

人之善恶,不必世族;性之贤鄙,不必世俗。中堂生负苞^①,山野生兰芷。

①中堂生负苞:庭院之中长出野草。中堂,中庭与唐途,指庭院与院内之路。负,通"萯",草名。苞,草名。

【译文】

人的善良和邪恶,不一定是由世家宗族决定的;品行的贤能或鄙陋,不一定是由故里习俗决定的。庭院之中会长出负、苞这样的野草,山野之外却能生长出兰花、白芷这样的香草。

夫和氏之璧,出于璞石①;隋氏之珠②,产于蜃蛤③。

①璞石:含玉的石头。

②隋氏之珠:《淮南子·览冥训》载,隋侯救助了一条受伤的大蛇,大蛇为报答隋侯,衔着一颗大宝珠送给了他。隋氏,指隋侯。西周时的诸侯国,姬姓。

③蜃蛤(shèn gé):大蛤和蛤蜊。

【译文】

和氏璧出自璞石,隋侯珠产自蚌壳。

用士不患其非国士①,而患其非忠;世非患无臣,而患其非贤。

①国士:此处当指本国之士。

【译文】

任用士人不必担心他不是本国之士,而要担心他不忠诚;不必担心他不是世家大臣,而要担心他不贤明。

贤难

处士不得直其行^①，朝臣不得直其言，此俗化之所以败，暗君之所以孤也。

———

①直其行：使其行直。谓顺利行事。

【译文】

尚未做官的士人不能顺利行事，朝廷中的大臣不敢直言政事，这就是社会风气、礼仪教化之所以败坏，昏庸的国君之所以孤立无助的原因。

德薄者恶闻美行，政乱者恶闻治言。

【译文】

德行低劣的人不想听到美好的品行，朝政混乱的君主不想听到治理国家的言论。

夫国不乏于妒男也，犹家不乏于妒女也。

【译文】

一个国家不缺少嫉妒的男人，就像一个家庭不缺少嫉妒的女人一样。

谚曰："一犬吠形，百犬吠声。"

【译文】

谚语说："一条狗见到人就狂叫，上百条狗听到声音就跟着狂叫。"

明暗

国之所以治者君明也,其所以乱者君暗也。

【译文】

国家之所以安定是因为国君贤明,之所以混乱是因为国君昏庸。

君之所以明者兼听也,其所以暗者偏信也。

【译文】

国君之所以贤明是因为能广泛听取各方面的意见,之所以昏庸是因为偏听偏信一方面的意见。

人君通必兼听,则圣日广矣;庸说偏信,则愚日甚矣。

【译文】

国君要是能通达听取各方面的意见,那么他的圣明就一天比一天广大;昏庸偏信一方面的意见,他的愚昧就会一天比一天加深。

考绩

凡南面之大务,莫急于知贤;知贤之近途,莫急于考功。

【译文】

君主统治国家最紧要的事中,没有比了解贤才更迫切的了;了解贤才的捷径,没有比考核功绩更迫切的了。

夫剑不试则利钝暗,弓不试则劲挠诬,鹰不试则巧拙惑,马不试则良驽疑。

【译文】

剑不试用利与钝就说不清,弓不试拉强与弱就道不明,鹰不试飞巧与拙就会令人迷惑,马不试跑良与劣就会令人疑虑。

大人不考功,则子孙惰而家破穷;官长不考功,则吏怠傲而奸宄兴;帝王不考功,则直贤抑而诈伪胜。

【译文】

长辈不考核功绩,那么子孙就会懒惰懈怠而使家庭破败;上级官员不考核功绩,下属官吏就会怠慢骄傲而生出奸佞乱臣;君主不考核臣下的功绩,就会抑制真正的贤才而助长欺诈虚伪之人。

圣王之建百官也,皆以承天治地,牧养万民者也。

【译文】

圣明的帝王设立百官,都是为了顺承天命治理天下,管理教养百姓的。

富者乘其材力^①,贵者阻其势要^②,以钱多为贤,以刚强为上。

---

①乘:恃。意为依赖、依仗。材:汪《笺》认为当作"财"。其说是,译文从之。

②阻:仗恃。与上文"乘"义同。势要:权势,势力。

【译文】

富有的人凭借他们的财力,尊贵的人倚仗他们的权势,将财富丰足视为贤能,将权势显贵视为上等。

圣人之言，天之心也；贤者之所说，圣人之意也。

【译文】

圣人的言论，是上天的心意；贤人的解说，是圣人的意思。

思贤

国之所以存者治也，其所以亡者乱也。

【译文】

国家之所以能久存是因为安定，之所以灭亡是因为动乱。

人君莫不好治而恶乱，乐存而畏亡。

【译文】

君主没有不喜好安定而厌恶动乱的，喜欢久存而害怕亡国的。

夫与死人同病者，不可生也；与亡国同行者，不可存也。

【译文】

和死人一样病症的人，一定活不成；与败亡之国同道的国家，一定不能够长存。

尊贤任能，信忠纳谏，所以为安也。

【译文】

尊重贤人任用能人，信用忠臣接纳诤谏，这是安邦定国之道。

养寿之士，先病服药；养世之君，先乱任贤，是以身常安而国永永也①。

———

①国永永：汉魏本、四库本及《群书治要》引文皆作"国脉永"。俞樾认为当作"国永保"，与上文"身常安"相对。译文从之。

【译文】

养生保寿的人，在患病之前先服药预防；治理国家的君主，在国家败乱之前先任用贤才，因而身体可以长期安康而国家可以永葆太平。

上医医国①，其次下医医疾。

———

①医国：医治国家的弊病。张觉《校注》谓医治国君身上有害于国家的思想和行为，并引《国语·晋语八》韦昭注"止其淫惑，是谓医国"参证，亦通。

【译文】

最好的医生医治国家的弊病，一般的医生医治身体的疾病。

夫人治国，固治身之象①。疾者身之病，乱者国之病也。身之病待医而愈，国之乱待贤而治。

———

①夫人治国，固治身之象：《吕氏春秋·审分览》："夫治身与治国，一理之术也。"

【译文】

治理国家本来就像养护身体一样。疾痟是身体的病患，动乱是国家的弊病。身体的疾病有待于医生医治，国家的动乱则有待于贤者来医治。

夫治世不得真贤，譬犹治疾不得真药也。

【译文】

治理国家得不到真正的贤才，就像治病得不到真正的好药。

先主之制，官民必论其材①，论定而后爵之，位定然后禄之。

———

①官民：授官于民。论：考察。

【译文】

先王的制度，授人官职时一定要先考察他的才能，考察清楚之后才授予他官位，官职确定以后才给他俸禄。

本政

天心顺则阴阳和，天心逆则阴阳乖。

【译文】

顺遂上天的心意，阴阳就会和谐；背逆上天的心意，阴阳就会失和。

天以民为心，民安乐则天心顺，民愁苦则天心逆。

【译文】

上天把民情当作自己的心意，人民安泰快乐，上天的心意即会顺遂；人民悲愁痛苦，上天的心意就会背逆。

君以恤民为本，臣忠良则君政善，臣奸枉则君政恶。

【译文】

君主以得到贤臣为本，臣下忠诚良善，君主为政就会清明；臣下奸佞邪枉，君主为政就会庸败。

国家存亡之本，治乱之机，在于明选而已矣。

【译文】

国家存亡的根本，治乱的关键，就在于明慎的选举而已。

贤愚在心，不在贵贱；信欺在性，不在亲疏。

【译文】

贤良愚笨只存在于自己的心中，而不在于富贵贫贱；诚信欺诈只在于人的本性，而不在于亲近疏远。

苟得其人，不患贫贱；苟得其材，不嫌名迹。

【译文】

只要能得到贤人，就不必顾虑他贫贱与否；只要能得到才士，就不必嫌弃他的名声和经历。

衰世之士，志弥洁者身弥贱，佞弥巧者官弥尊也。

【译文】

衰亡之世的士人，志向越是高洁，自身就会越贫贱；奸佞之臣越是投巧，官位就会越尊显。

同明相见，同听相闻，惟圣知圣，惟贤知贤。

【译文】

同等的视野才会相互赏识,同等的听力才会相互听见,唯有圣人才能理解圣人,唯有贤人才能懂得贤人。

潜叹

夫国君之所以致治者,公也,公法行则轨乱绝。佞臣之所以便身者,私也,私术用则公法夺。

【译文】

国君所用来安治天下的,是公利,公众之法一旦实行,奸邪祸乱就会断绝。奸佞之臣所用来便利自身的,是私利,谋私之术一旦使用,公众之法就会丧失。

忠贵

世有莫盛之福,又有莫痛之祸。

【译文】

人世间有极为隆盛的福禄,又有极其惨痛的灾祸。

帝王之所尊敬^①,天之所甚爱者,民也。

———

①帝王之所尊敬:《后汉书》王符本传作"帝王之所尊敬者,天也",译文从之。

【译文】

帝王所尊崇敬重的是上天,上天所尤为珍爱的是民众。

君子任职则思利民,达上则思进贤。

【译文】

君子担任官职，就要想着让民众受益；知遇于君主，就要想着去推荐贤能。

德不称其任，其祸必酷；能不称其位，其殃必大。

【译文】

如果一个人的德行配不上他的职位，那他受的祸患也必将会很严重；才能配不上他的官位，那他受的灾殃也必将会很大。

宁见朽贯千万①，而不忍赐人一钱；宁积粟腐仓，而不忍贷人一斗。

——

①朽贯：指存放过久的钱财。贯，古代钱币中间有孔，以绳穿系，一千钱为一贯。

【译文】

宁肯看到朽坏的钱币千贯万贯，也不舍得赐给别人一枚；宁肯让堆积的粟米满仓腐朽，也不舍得借给别人一斗。

浮侈

王者以四海为一家，以兆民为通计①。

——

①兆民：黎民，众民。兆，极言众多。通计：全盘考虑，通盘计议。

【译文】

帝王把四海之内视作一家，将天下百姓通盘考虑。

一夫不耕，天下必受其饥者；一妇不织，天下必受其寒者。

【译文】

如果一个男子不耕作，天下就会有人因此而挨饿；如果一个妇女不纺织，天下就会有人因此而受冻。

夫贫生于富，弱生于强，乱生于治，危生于安。

【译文】

贫穷萌生于富贵，衰弱萌生于强盛，动乱萌生于太平，危难萌生于安定。

山林不能给野火，江海不能灌漏卮①。

———

①卮（zhī）：古代的一种酒器。

【译文】

山中森林树木虽多，但不能满足燃烧的野火；江河湖海中的水虽多，但无法灌满漏底的酒杯。

富者竞欲相过，贫者耻不逮及。

【译文】

富贵的争相攀比超越，贫穷的惭愧自己不能够赶上他们。

王者统世，观民设教①，乃能变风易俗，以致太平。

———

①观民设教：意谓观察民风以布设教化。语本《周易·观·象》："先

王以省方观民设教。"

【译文】

帝王要治理天下，必须先要体察民情、设立教化，然后才能移风易俗，实现太平。

慎微

积上不止，必致嵩山之高^①；积下不已，必极黄泉之深^②。

①嵩山：高山。嵩，指山高。

②黄泉：此处指地下泉水。

【译文】

向上不停地累积，必定会达到高山般的海拔；往下不停地陷落，必定会到达黄泉般的深处。

积正不倦，必生节义之志；积邪不止，必生暴弑之心。

【译文】

如果累积正义而不倦怠，必定会生发尚节尊义的志向；累积邪行不停止，必定会产生暴逆弑君的心思。

政教积德，必致安泰之福；举错数失，必致危亡之祸。

【译文】

政治教化累积恩德，必定会获得安宁康泰的福报；行动举措屡屡失误，必定会招致危难败亡的灾祸。

邪之与正,犹水与火不同原^①,不得并盛。

①原:同"源",源头,根源。

【译文】

奸邪与正直,就像水与火一样本源不同,不能够一起盛行。

夫积恶习非久,致死亡非一也。

【译文】

累积恶习为非作歹,时间久了一定会导致死丧败亡,这不是一朝一夕的事。

知己曰明,自胜曰强。

【译文】

能够认识自己就叫明智,能够战胜自己就叫强大。

德辀如毛^①,为仁由己。

①德辀(yóu)如毛:此处指践行道德本来轻而易举。辀,轻。

【译文】

德行像羽毛一样轻,践行仁德在于自己。

祸福无门,惟人所召。

【译文】

祸和福本无门可入,全在于人自己所招致。

天之所助者顺也,人之所尚者信也,履信思乎顺,又以尚贤,是以吉无不利也。

【译文】

上天所帮助的是顺应民心的国君,人民所崇尚的是恪守诚信的君主,践行诚信而想着顺应民心,又加上崇敬贤能,这样就会万事大吉而无往不利。

实贡

国以贤兴,以谄衰,君以忠安,以忌危①。

———

①忌:四库本、《后汉书》王符本传皆作"佞"。王宗炎认为当据本传改,汪《笺》从之。今译文亦取之。

【译文】

国家因贤能之人而兴盛,因谄媚之徒而衰亡,君主因忠直之臣而安稳,因奸佞之人而危险。

夫十步之间,必有茂草,十室之邑,必有俊士。

【译文】

十步的间距中,必定有茂盛的草木,十户的村邑里,必定有优秀的人才。

夫志道者少友,逐俗者多俦①。

———

①俦:朋类,同类。

【译文】

笃志于正道的人朋友少,逐流于世俗的人朋辈多。

夫高论而相欺,不若忠论而诚实。

【译文】

与其高谈阔论而互相欺骗,不如忠言实论而诚恳实在。

攻玉以石^①,治金以盐^②,濯锦以鱼^③,浣布以灰^④。夫物固有以贱治贵,以丑治好者矣。

————

①攻:加工,打磨。

②治金以盐:古代用盐水淬洗金器使之去污发亮。治,加工。

③濯锦以鱼:古代用鱼鳔浆洗织好的丝织品,使之挺括。

④浣(huàn)布以灰:古人洗涤衣物时在水里和以草木灰,方便去除污垢。浣,洗涤。

【译文】

打磨玉器要用石头,淬洗金器要用盐水,浆洗丝锦要用鱼鳔,浣洗布帛要用草木灰。事物本来就有用低廉的来加工昂贵的,用粗陋的来加工精美的。

班禄

天之立君,非私此人也,以役民,盖以诛暴除害利黎元也。

【译文】

上天设立君主来役使人民,并非偏私其人,而是让他来诛除强暴作恶之人来保护百姓。

官政专公^①，不虑私家。

———

①官政专公：指官长专务公事。政，通"正"，长。

【译文】

官吏们皆专心于公事，不用担心自家的生计。

述赦

为国者，必先知民之所苦，祸之所起，然后设之以禁，故奸可塞国可安矣。

【译文】

治理国家的人，一定要先了解百姓所痛苦的地方，祸乱兴起的原因，然后设立法度加以禁止，因此邪恶就可以杜绝，国家也就可以安定了。

今日贼良民之甚者^①，莫大于数赦^②。

———

①贼：残害。

②数赦：屡次赦免罪犯。

【译文】

如今残害善良百姓最严重的事，莫过于屡次赦免罪犯。

赦赎数，则恶人昌而善人伤矣^①。

———

①昌：通"猖"，猖獗，放肆。

【译文】

赦免和用钱赎罪太过频繁，就会使恶人愈加猖狂而善人愈受伤害。

孝子见仇而不得讨，亡主见物而不得取，痛莫甚焉。

【译文】

孝子见了杀亲仇人却不敢声讨，失主见了被盗财物而不能取回，没有比这更痛心的事了。

夫养稊稗者伤禾稼①，惠奸宄者贼良民②。

———

①稊（tí）稗（bài）：此指杂草。稊、稗，皆草名。形类禾谷。

②惠奸宄（guǐ）者贼良民：《韩非子·难二》："夫惜草茅者耗禾穗，惠盗贼者伤良民。今缓刑罚，行宽惠，是利奸邪而害善人也。"此用其意。奸宄，《国语·晋语六》："乱在内为宄，在外为奸。"

【译文】

爱护杂草就会伤害庄稼，惠及邪恶之人就会伤害善良之人。

天下本以民不能相治，故为立王者以统治之。

【译文】

上天本来因为百姓不能自相治理，所以设立君王来统治他们。

天子在于奉天威命，共行赏罚。

【译文】

天子的职责在于奉行上天的威严命令,恭敬地行赏施罚。

夫天道赏善而刑淫。

【译文】

上天的原则是奖赏善良之人而惩罚淫邪之人。

且夫国无常治,又无常乱。法令行则国治,法令弛则国乱。

【译文】

国家没有永久的安宁,也没有永久的动乱。法令畅行,国家就安宁太平;法令废弛,国家就动乱不安。

法无常行,亦无常弛。君敬法则法行,君慢法则法弛。

【译文】

法令不能永久畅行,也不能永久废弛。君主尊重法令,法令就能畅行;君主漠视法令,法令就会废弛。

三式

贤材任职,则上下蒙福,素餐委国,位无凶人。

【译文】

让贤才担任官职,那么上至君王下至臣民都会因此得福,舍弃空享俸禄的人不用,官位上就不再有奸恶之人。

牧守大臣者,诚盛衰之本原也,不可不选练也。

【译文】

州牧郡守这些重臣,的确是国家兴衰的根源,不能不精挑细选。

法令赏罚者,诚治乱之枢机也,不可不严行也。

【译文】

法令的赏罚,确实是国家治乱的关键,不能不严格执行。

夫积怠之俗,赏不隆则善不劝①,罚不重则恶不惩。

――――

①隆:重。劝:劝勉,勉励。

【译文】

怠慢之风积累已久,赏赐如果不丰厚,那么行善之风就鼓励不起来,惩罚如果不严厉,那么作恶之人就不会得到惩处。

凡欲变风改俗者,其行赏罚者也,必使足惊心破胆,民乃易视。

【译文】

凡是决心要移风易俗的君主,行赏施罚一定使它足以震慑人心、吓破人胆,只有这样百姓才会改变看法。

爱日

国之所以为国者,以有民也。

【译文】

国家之所以能成为国家，是因为有人民。

治国之日舒以长^①，故其民闲暇而力有余；乱国之日促以短，故其民困务而力不足^②。

①舒：舒适，安详。

②困务：困于所务。指繁重的赋役。

【译文】

在太平的国家里日子舒适又悠长，所以盛世的人民闲暇而力量有余；在混乱的国家里日子急迫而短暂，所以乱世的人民困于赋役而力量不足。

礼义生于富足，盗窃起于贫穷；富足生于宽暇，贫穷起于无日。

【译文】

礼义产生于富足，盗窃起源于贫困；富足产生于百姓有充裕的劳动时间，贫穷起源于百姓没时间从事生产劳动。

圣人深知，力者乃民之本也^①，而国之基，故务省役而为民爱日^②。

①力：劳动力。

②务：尽力。

【译文】

圣人深知劳动力是百姓的根本和国家的基础，所以尽量减少百姓的劳役负担，为他们珍惜时日。

正士怀冤结而不得信^①，猾吏崇奸宄而不痛坐^②。

———

①信：通"伸"，伸展，伸张。

②崇：助长。痛坐：被严厉治罪。痛，严厉。坐，定罪。

【译文】

正直的人含冤郁结而得不到申雪平反，豪民恶吏助长奸邪而不被严厉治罪。

民力不暇，谷何以生？百姓不足，君孰与足？

【译文】

百姓们没有时间从事生产，粮食怎么长得出来？百姓吃穿用度不足，君王又怎么会富足？

断讼

今奸宄虽众，然其原少；君事虽繁，然其守约。

【译文】

现在不法之徒尽管很多，然而导致其出现的根源却很少；帝王的事务尽管繁重，然而其持守的原则却简约。

知其原少奸易塞，见其守约政易持。

【译文】

明白动乱的根源不多，那么奸邪就容易杜绝了；看到持守的原则简约,那么国政也就易于管理了。

塞其原则奸宄绝,施其术则远近治。
【译文】

堵塞了动乱的根源,不法之徒就可以杜绝;治国的策略得以施行,那么举国之内上下远近就都可以治理好了。

一人伏正罪而万家蒙乎福者,圣主行之不疑。
【译文】

若是治罪一人而万家因此蒙受福祉的事,圣明的君主会果断不疑地去做。

小惩而大戒,此所以全小而济顽凶也①。

——

①此所以全小而济顽凶也:汪《笺》认为"小"下当脱"人"字。济,救助。

【译文】

出现小的过失即加以惩戒,使其受到教训而不致酿成大祸,这是为了保全小民而挽救顽劣作恶的人啊。

夫立法之大要,必令善人劝其德而乐其政,邪人痛其祸而悔其行。
【译文】

立法的要旨,是一定要让良善的人发扬美德而喜爱国家政令,让奸恶的人担忧其祸患从而悔恨自己的恶行。

衰制

法之所以顺行者,国有君也;君之所以位尊者,身有义也。

【译文】

法令之所以能顺利执行,是因为国家有君主;君主之所以地位尊贵,是因为其自身心怀道义。

义者君之政也,法者君之命也。

【译文】

道义就是君主的政治,法律就是君主的政令。

夫法令者,君之所以用其国也^①。

①用:此处指治理,管理。

【译文】

法令,是君主用来治理自己国家的工具。

且夫治世者若登丘矣,必先蹑其卑者^①,然后乃得履其高^②。

①蹑(niè):踩,踏。卑:指山的低处。

②履:践,踩。此指登上。高:指山的高处。

【译文】

治理国家犹如攀登山峰,一定先从它的低处起步,然后才能登上高峰。

己令无违，则法禁必行矣。

【译文】

君主自己的命令无人敢违背，那么法律禁令就一定能够实行。

政令必行，宪禁必从，而国不治者，未尝有也。

【译文】

政令必行，法禁必从，国家却还治理不好，那是从来没有过的。

劝将

先登陷阵，赴死严敌，民之祸也。

【译文】

率先登城陷阵，赴死于强敌之前，对于百姓来说是灾祸。

凡人所以肯赴死亡而不辞者，非为趋利，则因以避害也。

【译文】

大凡人之所以愿意奔赴死亡而不推辞的原因，不是为了追求利益，就是借以避免灾祸。

不利显名，则利厚赏也；不避耻辱，则避祸乱也。

【译文】

不是贪图显赫的名声，就是贪图丰厚的奖赏；不是为了避免耻辱，就是为了躲开祸乱。

义士且以徼其名，贪夫且以求其赏尔。

【译文】

节义之士想以此来求得美好的名声,而贪婪之人想以此来求得奖赏罢了。

折敌则能合变^①,众附爱则思力战,贤智集则英谋得,赏罚必则士尽力,勇气益则兵势自倍,威令一则惟将所使^②。

———

①合变:胡大浚《译注》谓指兵力的分散和集中根据客观情况的变化而变化。《孙子兵法·军争》:"以分合为变者也。"

②威令:威严的命令,指军令。一:统一。

【译文】

正确判断敌情,就能随机应变调度指挥;士卒亲附爱戴,就会想着全力作战;贤能智慧的人聚集,各种密谋计策就会随时可得;赏罚严格执行,士兵就会尽力效忠,士气增强,军威就会成倍增长;军令统一,士兵就会只听将帅指挥。

苟有土地,百姓可富也;苟有市列^①,商贾可来也^②;苟有士民,国家可强也;苟有法令,奸邪可禁也。

———

①市列:市场,店铺。

②来:招来。

【译文】

只要给他们土地,他们就能使百姓富足起来;只要给他们市场,他们就能招来商人;只要给他们士民百姓,他们就能使国家强盛起来;如果再施以法令,那么奸诈邪恶就可以禁绝了。

救边

圣王之政，普覆兼爱，不私近密，不忽疏远。

【译文】

圣王的为政之道，是将自己的恩德遍施天下，同等地爱护所有民众，不偏爱关系亲近的人，也不忽视关系疏远的人。

吉凶祸福，与民共之，哀乐之情，恕以及人。

【译文】

不管吉利、凶险、灾难、幸福，都与民众一起担当，无论心情难过还是快乐，都推己及人。

视民如赤子，救祸如引手烂。

【译文】

对待民众就像父母对待初生的婴儿一样慈爱，救治祸患的措施就像缩回烧伤的手一样迅速。

地不可无边，无边亡国。

【译文】

国家的疆土不能没有边境，没有边境就会亡国。

攻常不足，而守恒有余也。

【译文】

进攻一方的准备常常不够充分，而防守一方的力量却一直绰绰有余。

折冲安民^①,要在任贤,不在促境。

——

①折冲:使敌人的战车后撤,喻指击退来犯,克敌制胜。

【译文】

击退来犯之敌以安抚民众,最要紧的事情在于任用贤才,而不是收缩疆域。

唇亡齿寒,体伤心痛,必然之事,又何疑焉?

【译文】

没有了嘴唇,牙齿就会感觉到寒冷,身体受伤,心里就会痛苦,这是毫无疑问的事,还有什么可怀疑的呢?

谚曰:"痛不著身言忍之,钱不出家言与之。"

【译文】

谚语说:"疼痛不在自己身上就劝别人要忍耐,钱财不出于自己家里就劝别人要施舍。"

圣王养民,爱之如子,忧之如家,危者安之,亡者存之,救其灾患,除其祸乱。

【译文】

圣王养育民众,爱护他们如同爱护自己的孩子,担忧他们如同担忧自己的家庭,扶助落难之人,保全将死之人,救济他们的灾难,除去他们的灾祸。

凡民之所以奉事上者,怀义恩也。

【译文】

大凡民众之所以侍奉君主,是因为感念君主的道义恩德。

痛则无耻,祸则不仁。

【译文】

处于痛苦之中,人就会没有羞耻之心;处于灾祸之中,人就会没有仁义之心。

危者易倾,疑者易化。

【译文】

高处的东西容易倾覆,疑虑重重的人容易被改变。

边议

明于祸福之实者,不可以虚论惑也;察于治乱之情者,不可以华饰移也。

【译文】

洞明祸福真伪的人,就不会被虚假的言论所迷惑;洞察治乱实情的人,就不会被花言巧语所动摇。

不疑之事,圣人不谋;浮游之说,圣人不听。

【译文】

没有疑问的事,圣人是不会谋议的;没有根据的说法,圣人是不会听取的。

明君先尽人情，不独委夫良将，修己之备，无恃于人，故能攻必胜敌，而守必自全也。

【译文】

英明的君主准备打仗必先详尽了解敌情，不仅要委任那些优秀的将领，还要修缮自己的装备，不依赖敌人的失误，所以才可以做到进攻必可以取胜，防守必可以保全自己。

夫仁者恕己以及人，智者讲功而处事。

【译文】

仁爱之人懂得推己及人，智慧之人讲求功效来处理事情。

国以民为基，贵以贱为本。

【译文】

国家以民众为基础，贵人以贱民为根基。

物有盛衰，时有推移，事有激会，人有变化。

【译文】

万物有兴盛衰败，时世有发展推移，事物有相互激发的时机，人也有变化发展。

议者，明之所见也；辞者，心之所表也。

【译文】

议论，是眼光的显示；言辞，是心意的表达。

谚曰："何以服很①？莫若听之。"

———

①很：违逆，不听从。《说文》："很，不听从也。"

【译文】

谚语说："怎样去对付那些不服从的人呢？最好让他按照自己说的去办。"

边无患，中国乃得安宁。

【译文】

边疆没有祸患，内地就能安宁了。

实边

夫制国者，必照察远近之情伪①，预祸福之所从来，乃能尽群臣之筋力②，而保兴其邦家③。

———

①照察：明察。

②筋力：此指才力。

③邦家：国家。

【译文】

管理国家的人，一定要明察远近四方情况的真假，预见祸福的源头，这样才能充分发挥群臣的才力，从而维护和振兴自己的国家。

民之于徙，甚于伏法。

【译文】

百姓对于迁移的畏惧，超过被判死刑。

代马望北，狐死首丘。

【译文】

代地的骏马总是望向北方，狐狸死的时候头总是朝着自己洞穴的方向。

夫土地者，民之本也，诚不可久荒以开敌心。

【译文】

土地是百姓的根基，实在是不应该荒废太久以开启敌人侵略的野心。

先圣制法，亦务实边，盖以安中国也。

【译文】

古代的圣王制定法令的时候，致力于充实边境，也是为了安定内地。

内人奉其养，外人御其难，蛩蛩距虚①，更相恃仰②，乃俱安存。

---

①蛩蛩(qióng)距虚：又作邛邛距虚，传说中的一种兽，色青，状如马。与另外一种兽蹶互相配合，邛邛距虚其身前高后低，善于奔走却无法吃草，蹶身前低后高，善于吃草却无法奔走。所以蹶为邛邛距虚提供食物，遇到危险邛邛距虚背负蹶逃跑。见《尔雅·释地》。

②恃：依靠，凭借。

【译文】

里面的人供应给养，外面的人抵御灾难，就像蛩蛩距虚和蹶兽，互相依靠仰仗，才能都安全存活啊！

古之利其民，诱之以利，弗胁以刑。

【译文】

古代治理民众的方法，是用利益诱导他们，而不是用刑法威胁。

卜列

夫君子闻善则劝乐而进德，闻恶则循省而改尤，故安静而多福。

【译文】

君子听闻他人的善行就欢欣鼓舞去提高自己的品德，听闻恶行就省察自身改正错误，因此安宁平静多有福报。

圣王之立卜筮也，不违民以为吉，不专任以断事。

【译文】

圣明的帝王设立占筮之官，不会把违背民意当作吉利，不专用卜筮的结果来决定事情。

圣人甚重卜筮，然不疑之事，亦不问也。其敬祭祀，非礼之祈，亦不为也。

【译文】

圣人虽然很看重卜筮之事，但是不怀疑的事情，他们也是不会去占问的。他们虽然很尊崇祭祷，但是不合礼制的祈祷，他们也是不会去做的。

夫鱼处水而生，鸟据巢而卵。

【译文】

鱼在水里才能生存,鸟在树上作巢产卵。

移风易俗之本,乃在开其心而正其精。

【译文】

转变风俗习惯的根本,在于打开人的心扉并端正其精神。

巫列

凡人吉凶,以行为主,以命为决。

【译文】

人的吉凶祸福,是由自己的行为作为主宰,由自己的命运作为决断的。

行者,己之质也;命者,天之制也。

【译文】

行为,出于自己的秉性;命运,是上天的安排。

在于己者,固可为也;在于天者,不可知也。

【译文】

出于自身的,本来就可以由自己掌握;出于上天安排的,则是无法知道的。

德义无违,鬼神乃享;鬼神受享,福祚乃隆。

【译文】

平日不违背道德仁义,祭祀时鬼神就会享用他的祭品;鬼神享用祭品,他的福禄就会很丰隆。

夫妖不胜德,邪不伐正^①,天之经也。

——

①伐:伤害。

【译文】

妖孽战胜不了德行,邪恶伤害不了正义,这是天道的规律。

人不可多忌,多忌妄畏,实致妖祥^①。

——

①致:招来。妖祥:指显示灾异的凶兆。祥,吉凶的预兆。

【译文】

人不能有太多忌讳,忌讳太多就会盲目畏惧,这样就一定会招致妖邪作祟之兆。

人君身修正赏罚明者,国治而民安;民安乐者,天悦喜而增历数^①。

——

①历数:指帝王继承的次序。古人认为帝位相承和天象运行次序相应。

【译文】

君主能修身正行、赏罚分明的,国家必得大治且人民必得安居;人民安居乐业,上天就会欣慰,并且延长他的国运。

相列

十种之地，膏壤虽肥，弗耕不获；千里之马，骨法虽具，弗策不致。

【译文】

就像耕种多次的熟地，虽然土壤肥沃，但不去耕种也就毫无所获；日行千里的骏马，尽管骨相具备，但不去鞭策它，也是到不了目的地的。

夫觚而弗琢①，不成于器；士而弗仕，不成于位。

——

①觚：古代一种酒器，呈四棱形。

【译文】

觚不经过雕琢，就不会成为器皿；士不去任职做官，就不能成就其地位。

智者见祥，修善迎之，其有忧色，循行改尤。

【译文】

智慧的人看到祥兆，就修习善行去迎接它，如果有了忧虑的神色，就修养德行改正过错。

梦列

凡人道见瑞而修德者，福必成，见瑞而纵恣者①，福转为祸；见妖而骄侮者，祸必成，见妖而戒惧者，祸转为福。

①纵恣：放纵恣睢。

【译文】

大凡人世之道，见到祥瑞就修身养德，福报必定会来临，见到祥瑞就恣意放纵，福报也会转为灾难；看到凶兆而骄傲怠慢，灾祸一定会降临，看到凶兆就谨慎小心的，灾祸就会转化为福报。

释难

大鹏之动，非一羽之轻也①；骐骥之速，非一足之力也。

①轻：轻劲，指轻而有力。

【译文】

大鹏飞翔，并不只靠一片羽毛的轻劲；骏马疾驰，并不只靠一只马蹄的力量。

将而必诛①，王法公也。无偏无颇②，亲疏同也。大义灭亲，尊王之义也。

①将而必诛：语本《公羊传·昭公元年》："君亲无将，将而必诛焉。"指意欲谋害，必被诛杀。将，将欲，想要。

②无偏无颇：指无所偏私，无所偏袒。

【译文】

意欲谋害必将被诛灭，这是王法公道的体现。毫无偏颇，亲疏皆同。周公大义灭亲，这是尊奉君王的道义。

耕种,生之本也;学问,业之末也。

【译文】

耕种,是生存之本;学问,是事业之末。

贤人君子,推其仁义之心,爱之君犹父母也,爱居世之民犹子弟也。

【译文】

贤人君子,扩展其仁义之心,爱戴君主就像爱自己的父母一样,抚爱天下的百姓就像爱自己的晚辈一样。

一国尽乱,无有安身。

【译文】

一个国家大乱,人民就无处安身。

贤人君子,既忧民,亦为身作。夫盖满于上[①],沾溥在下[②];栋折榱崩[③],惧有厥患。

————

①盖:房顶。满:彭《校》:“满,读为‘漫’。《方言》十三:‘漫,败也。湿散为漫。’郭注:‘漫,谓水潦漫涝坏屋也。’或曰:‘满’当为‘漏’,字之误也。”四库本即作“漏”。译文从前说。

②沾溥:彭《校》:“‘溥’当为‘濡’。隶书‘濡’字或作‘溥’,因误为‘溥’。……屋漏于上,则人沾濡在下矣。”

③栋:房屋的正梁。榱(cuī):椽子。

【译文】

贤人君子,既忧虑人民,也为自己考虑。屋顶坏了,屋里必会漏雨潮湿;房屋的大梁折断了,椽子也倒塌了,恐怕就会有祸患。

交际

语曰:"人惟旧,器惟新^①。昆弟世疏^②,朋友世亲。"

———

①人惟旧,器惟新:语本《尚书·盘庚》:"人惟求旧,器非求旧,惟新。"

②昆弟:兄弟。

【译文】

常言道:"人要旧的好,物要新的好。兄弟之间隔代疏远,朋友之间却隔代相亲。"

多思远而忘近,背故而向新。

【译文】

人们大多思念远方的人却遗忘近旁的人,背离故友而奔向新的朋友。

富贵则人争附之,此势之常趣也;贫贱则人争去之,此理之固然也。

【译文】

富贵之时,人们争相去攀附,这就是形势固定的趋向;贫穷之时,人们又争相离去,这就是情理固有的规律。

夫与富贵交者,上有称举之用,下有货财之益。与贫贱交者,大有赈贷之费,小有假借之损。

【译文】

与富贵之人交往,从长远看有被称誉举荐的好处,从眼前看有金钱财货方面的好处。和贫穷卑贱的人交往,从大处看,有救济借钱方面的花费,从小处看,有借出物品的损失。

富贵易得宜,贫贱难得适。

【译文】

富贵的人行事最易得体,而贫贱的人行事却难以合宜。

夫交利相亲,交害相疏。

【译文】

相互有利就会亲近,相互妨害就会疏远。

长誓而废,必无用者也。交渐而亲,必有益者也。

【译文】

长久的誓言一旦废除,那一定是因为无法相互利用。交往渐趋亲近,必定是有利可图。

富贵虽新,其势日亲;贫贱虽旧,其势日疏。

【译文】

富贵的人虽然相识不久,但交往却渐趋亲近;贫贱的人虽然相识已久,但交往却渐趋疏远。

恩有所结,终身无解①;心有所矜②,贱而益笃③。

———

①解（xiè）：通"懈"，懈怠，松弛。

②矜：尊重。

③笃：坚定。

【译文】

有情义者恩情一旦结交，便永远不会松懈；尊重之情一旦生于心中，即便贫贱也会愈加坚定。

当其欢也，父子不能间；及其乖也，怨仇不能先。

【译文】

感情相好的时候，亲密如父子般不能被离间；关系不好的时候，即使是仇敌也没有他们之间的怨恨深。

圣人常慎微以敦其终。

【译文】

圣人经常谨慎于细微之处，勉励自己善始善终。

富贵未必可重，贫贱未必可轻。

【译文】

富贵未必值得尊重，贫贱也未必可以轻视。

人心不同好，度量相万亿。

【译文】

人心各有所爱，气度量识也相差甚远。

凡百君子,未可以富贵骄贫贱,谓贫贱之必我屈也。

【译文】

朝廷中的众多臣子,不可以凭借富贵来傲慢地对待贫贱的人,认为贫贱的人一定会屈从于自己。

夫恕者仁之本也,平者义之本也,恭者礼之本也,守者信之本也。

【译文】

恕是仁爱的根本,平是道义的根本,恭是礼仪的根本,守是诚信的根本。

善人之忧我也,故先劳人①;恶人之忘我也,故常念人。

———

①劳人:忧虑他人。

【译文】

喜欢别人为自己担忧,首先就要替别人忧虑;厌恶别人忘掉自己,所以要常常念想别人。

己无礼而责人敬,己无恩而责人爱。

【译文】

自己不讲礼貌却要别人尊敬自己,自己不曾有恩于他人却要他人来爱戴自己。

论士必定于志行,毁誉必参于效验。

【译文】

议论人时一定要根据他的志向品格,诽谤或赞誉一定要根据实际效果进行检验考察。

不随俗而雷同,不逐声而寄论。

【译文】

不随从世俗而同流,也不为了追逐别人而附和发论。

苟善所在,不讥贫贱,苟恶所错,不忌富贵。

【译文】

如果人身上有善行,那就不应该指责他的贫贱;如果人身上有恶行,也不要忌惮他的富贵。

不谄上而慢下,不厌故而敬新。

【译文】

既不阿谀奉上,也不怠慢辱下,既不厌弃旧朋友,也要敬重新朋友。

事富贵如奴仆,视贫贱如佣客。

【译文】

侍奉富贵之人的时候,就像奴仆一样;而对待穷人,就像对待雇佣的奴仆一样。

见贱如贵,视少如长。

【译文】

看待贫穷卑贱的人如同看待富贵的人一样,对待年少的人如同对待年老的人一样。

恩意无不答,礼敬无不报。

【译文】

对别人的恩情无不报答,对别人的尊敬无不回报。

事处其劳,居从其陋,位安其卑,养甘其薄。

【译文】

做事挑苦差事,居住挑简陋房,职位卑微也安心,俸禄微薄也甘愿。

见人谦让,因而嗤之^①,见人恭敬,因而傲之。

———

①嗤(chī):讥笑,嘲笑。

【译文】

看见别人谦让,便嗤笑,看见别人恭敬,便傲慢。

独立不惧,遁世无闷。

【译文】

特立独行而无所畏惧,隐世而不苦闷。

心坚金石,志轻四海。

【译文】

心比金石还要坚定,志向比四海还要广阔。

士贵有辞,亦憎多口。

【译文】

士人贵在能言善辩,也憎恨多嘴多舌。

明忠

人君之称,莫大于明;人臣之誉,莫美于忠。

【译文】

对于国君的称赞,没有比英明更伟大的了;对于臣子的称誉,没有比忠诚更美好的了。

徒悬重利,足以劝善;徒设严威,可以惩奸。

【译文】

只要重利悬赏,就足以劝人们向善了;只要设立威严的法令,就足以惩治奸恶了。

人君不开精诚以示贤忠,贤忠亦无以得达。

【译文】

君主倘若不能敞开精诚的胸怀以示天下忠贤之士,那么忠贤之士也就无法上达君主。

君不明,则大臣隐下而遏忠,又群司舍法而阿贵。

【译文】

君主如果昏暗愚昧,那么位高之权臣就会隐瞒下级官吏的情况而抑制忠良之士,群臣百官也就会抛弃法令而攀附于权贵。

夫忠言所以为安也,不贡必危;法禁所以为治也,不奉必乱。

【译文】

忠言是用以安定国家的,臣子不进献忠言,国家必定会危亡;法律禁令是用以治理社会的,臣子不奉行法律禁令,社会必定会混乱。

圣人求之于己,不以责下。

【译文】

圣人只向自身寻求,而不责求于下面的人。

善者求之于势,弗责于人。

【译文】

善于治理国家的人求的是国家大势,不会责求于人。

本训

天本诸阳,地本诸阴,人本中和。三才异务①,相待而成②,各循其道,和气乃臻,机衡乃平③。

———

①三才:指天、地、人。务:事务。

②相待而成:相互依恃而形成。待,依赖,依恃。

③机衡:即"玑衡",指天玑,玉衡,北斗七星中的第三星和第五星,也指代北斗星。比喻政权的枢要机关。

【译文】

天生发于阳气,地生发于阴气,人则源于天地之间的中和之气。天、地、人三者不同，但相互依恃而形成，各自遵循其规律，中和之气才会降临，北斗玑衡才会平正不斜。

天道曰施，地道曰化，人道曰为。
【译文】
天之道在施予，地之道在化育，人之道在作为。

道者气之根也，气者道之使也。必有其根，其气乃生；必有其使，变化乃成。
【译文】
道是气的根源，气是道的功用。必须有了道这个根源，气才会产生；必须要有气行使，万物的变化才能发生。

德化

人君之治，莫大于道，莫盛于德，莫美于教，莫神于化。
【译文】
君主治理百姓，最重大的莫过于道义，最隆盛的莫过于德行，最美好的莫过于教导，最神奇的莫过于化育。

末生于本，行起于心。
【译文】
末生于本，行为源于内心。

先其本而后其末，顺其心而理其行。

【译文】

先治其根本,再治其末节;先顺化百姓的内心,后治理他们的行为。

心精苟正,则奸匿无所生,邪意无所载矣。

【译文】

一旦心性情感秉正不阿,那么奸邪的行为也就无从产生,邪恶的意图也就无处发源了。

夫化变民心也,犹政变民体也。

【译文】

教化可以改变民众的心性,犹如政事可以改变他们的身体一样。

圣深知之,皆务正己以为表,明礼义以为教,和德气于未生之前,正表仪于咳笑之后①。

———

①咳笑:指小儿欢笑。

【译文】

　圣明的君主深知这个道理,都致力于端正自身以作表率,申明礼仪道义以示教化,在婴孩出生之前就形成仁德之气,在小孩会说笑之后就教他们端正仪表。

上圣不务治民事而务治民心。

【译文】

最圣明的君主不着力于治理民事而着力于治理民心。

民亲爱则无相害伤之意，动思义则无奸邪之心。

【译文】

人民相亲相爱就不会有伤害彼此的意图，做事时心怀道义就不会生出邪恶之心。

遭和气则秀茂而成实，遇水旱则枯槁而生孽①。

————

①枯槁：枯萎，枯竭。孽：《说文》："禽兽虫蝗之怪谓之孽。"

【译文】

遇到中和之气，种子就会长得秀丽茂盛并结出果实；遇到水旱之灾，种子就枯萎而生虫。

民蒙善化，则人有士君子之心；被恶政①，则人有怀奸乱之虑。

————

①被：蒙受，遭受。

【译文】

百姓受到良好的教化，就会人人都有士人君子之心；而受到恶政的迫害，就会人人都怀有奸邪的想法。

遭良吏则皆怀忠信而履仁厚，遇恶吏则皆怀奸邪而行浅薄。

【译文】

遇到好的官吏，百姓就会心怀忠信而恭行仁义厚德；遇到恶劣的官吏，百姓就会心怀奸邪而粗鄙浅薄。

忠厚积则致太平，奸薄积则致危亡①。

────

①奸薄：指奸邪粗鄙之事。薄，粗鄙，浅薄。

【译文】

积累忠厚之德，天下就会太平；积累奸恶邪行，天下就会危亡。

德者所以修己也，威者所以治人也。

【译文】

道德是修养自身的，威势是用来统治百姓的。

世之善否，俗之薄厚，皆在于君。

【译文】

社会的治乱，风俗的薄厚，全在于君主自己。

叙录

博学多识，疑则思问。

【译文】

博学多识，有疑惑便深思勤问。

大人不华①，君子务实②。

────

①大人：指德行高尚的人。华：虚美，浮华。

②君子务实：《论语·学而》："君子务本。"实，义与"本"近，实际，朴实。

【译文】

圣人不虚美,君子务于实际。

人皆智德,苦为利昏。

【译文】

人都有智慧德行,却常苦为利欲冲昏头脑。

将修德行,必慎其原。

【译文】

将要修养道德品行,就必须审慎地考察其源头。

积微伤行,怀安败名。

【译文】

微小的过错积累太多就会妨害德行,贪图安逸只会败坏名声。

微安召辱,终必有凶。

【译文】

贪念微小的安逸只会招致耻辱,最终必定凶灾临头。

民为国基,谷为民命。

【译文】

百姓是国家的根基,五谷则为百姓的命根。

弗修其行,福禄不臻。

【译文】

倘若人不去修养他的德行,福分和禄位就不会降临到他身上。

福从善来,祸由德痡^①,吉凶之应,与行相须。

———

①痡(pū):过度疲劳,疲倦。

【译文】

福佑从善行中来,祸患则多与德衰相关,吉凶祸福的应验,与人的行为相互依存。

正部论

《正部论》，东汉王逸撰。王逸，字叔齐，南郡宜城（今属湖北）人。东汉安帝时，举上计吏，为校书郎。顺帝时，为侍中。著作多已散佚，流传至今的有《楚辞章句》，为现存最早的完整的《楚辞》注本。其生平事迹见《后汉书·文苑列传》。

《正部论》一书，《后汉书》本传中未曾提及，《隋书·经籍志》记载"梁有《正部论》八卷，后汉侍中王逸撰"，并注明"亡"，两《唐书》亦未见著录，可见其书大约久已亡佚。唐马总《意林》录其文十三条，清马国翰据此及他书合辑为一卷，收入《玉函山房辑佚书》。

本书选文据中华书局《新编诸子集成续编·意林校释》。

君子之举,履德而荣光;小人之动,陷恶而伤刑^①。

——

①伤刑:妨害刑法。

【译文】

君子的行为,履行道德而光彩荣耀;小人的行为,陷于罪恶而触犯刑罚。

若不学,譬如无目而视,无胫而走^①,无翅而飞,无口而语,不可得也。

——

①走:奔跑。

【译文】

如果不学习,就好像没有眼睛却想看,没有小腿却想跑,没有翅膀却想飞,没有嘴巴却想说话,那是不可能的。

明刑审法,怜民惠下,生者不怨,死者不恨。

【译文】

刑罚严明,执法审慎,怜恤民众,施惠百姓,活着的人不会有怨气,死去的人也不会有遗恨。

申
鉴

　　《申鉴》，东汉荀悦撰。荀悦（148—209），字仲豫，颍川颍阴
（今河南许昌）人，东汉末年政论家、史学家，战国时儒门宗师荀子
的后代。

　　《申鉴》包括政事、时事、俗嫌、杂言上、杂言下五篇。申鉴，
即反复申述历史经验，以供皇帝借鉴之意。荀悦以"仁义"为本、
"五典"为辅入题，论及政事与时俗等内容，在治国之方、君臣之
道、修身等方面提出了许多建议和主张。希望汉献帝以前事为借
鉴，反复陈述不忘。儒家的"仁义"是《申鉴》的理论核心，显示了
荀悦拯救不堪时事的拳拳之心。《四库全书总目》评价《申鉴》"原
本儒术，故所言皆不诡于正也"。

　　本书选文据中华书局三全本《申鉴·中论》。

政体

夫道之本^①，仁义而已矣。

①道：此指为政之规律方法。本：根本或主体。

【译文】

为政之道的根本，就是仁义了。

凡政之大经^①，法教而已矣^②。教者，阳之化也；法者，阴之符也。仁也者，慈此者也^③；义也者，宜此者也；礼也者，履此者也；信也者，守此者也；智也者，知此者也。

①大经：常道。
②法：政刑法度。教：德礼教化。
③此：指上文的"法""教"。后四句"此"同指。

【译文】

一切为政的常道，就是法制与德教。德教，顺成于阳气化育；法制，应合于阴气肃杀。所谓"仁"，就是以爱惜慈和推行法、教；所谓"义"，就是使法、教合宜；所谓"礼"，就是履行法、教；所谓"信"，就是遵守法、教；所谓"智"，就是知晓法、教的方式方法。

惟先哲王之政^①，一曰承天，二曰正身，三曰任贤，四曰恤民，五曰明制，六曰立业。承天惟允^②，正身惟常^③，任贤惟固，恤民惟勤，明制惟典^④，立业惟敦^⑤，是谓政体也^⑥。

———

①先哲王：圣明的先王。

②允：诚信。

③正身：修身。常：恒常，恒守。

④典：常道常法。

⑤敦：勤勉。

⑥政体：为政之要领。体，大体，纲要。

【译文】

圣明的先王为政，一是承奉天命，二是修正己身，三是任用贤能，四是体恤百姓，五是修明制度，六是建立功业。承奉天命应当诚信，修正己身应当恒常不懈，任用贤能应当坚定不移，体恤百姓应当勤谨尽责，修明制度应当合于正道常法，建功立业应当勤勉不怠，这就是为政的要领。

俗乱则道荒，虽天地不得保其性矣①；法坏则世倾，虽人主不得守其度矣；轨越则礼亡，虽圣人不得全其道矣；制败则欲肆，虽四表不能充其求矣②，是谓四患。

———

①性：本质，本性。

②四表：四方极远之地，亦泛指天下。充：满足。

【译文】

风俗坏乱则道亦荒失，即使天地也不能保全道之本常；法度破坏则世道倾乱，即使人主也不能守护天下法度；僭越规制则礼教消亡，即使圣人也无法保全礼教施行；制度败坏则人欲肆纵，即使天下也不能满足欲望所求，这就叫"四患"。

兴农桑以养其生，审好恶以正其俗①，宣文教以章其化，立武备以秉其威②，明赏罚以统其法，是谓五政。

———

①审：审定。

②秉：执掌。

【译文】

兴农劝桑来养育国家的生民，审定人们所当好、所当恶来匡正国家的风俗，宣扬礼乐典章来彰明国家的教化，设立军备来掌握国家的威势，明确赏罚来统一法度，这就叫"五政"。

民不畏死，不可惧以罪；民不乐生，不可劝以善。

【译文】

百姓不畏惧死亡，便无法用刑罚来威吓他们；百姓不对生存感到快乐，便无法用褒扬来鼓励他们。

在上者，先丰民财，以定其志。

【译文】

身处上位的人，要先丰裕百姓的财货，来安定他们的情志。

善恶要于功罪①，毁誉效于准验②。

———

①要（yāo）：查核，核实。

②效：考核，核实。与上句"要"互文。准验：验证准信的事。

【译文】

善恶要核查功罪而定，称誉诋毁要考察已验证的事实。

听言责事^①,举名察实,无或诈伪以荡众心。

——

①责：求。

【译文】

听到某种言论会去诘责事实与言论是否相称，称举某种名称会去察验实质与名称是否相符，不以巧诈虚伪动摇人心。

荣辱者,赏罚之精华也。

【译文】

让人感到荣耀和耻辱，这是赏罚的精髓。

礼教荣辱以加君子,化其情也;桎梏鞭扑以加小人^①,化其形也。君子不犯辱,况于刑乎？ 小人不忌刑,况于辱乎？

——

①桎梏(zhì gù)：刑具，脚镣手铐，在手为"梏"，在足为"桎"。鞭扑：亦作"鞭朴"，用作刑具的鞭子和杖具，也指用鞭子或杖具抽打。

【译文】

晓君子以礼仪教化、荣誉耻辱，感化他们的性情；施小人以刑罚惩治，教他们身从力行。君子连感到羞耻的事都不会去做，更何况是触犯刑罚呢？ 小人连刑罚都不忌惮，更何况是羞耻呢？

教化之废,推中人而坠于小人之域^①;教化之行,引中人而纳于君子之涂^②,是谓章化。

——

①域：程度，境地。

②涂:同"途",道路。

【译文】

荒废教化,就会将普通人推坠到小人的境地;兴行教化,就会将普通人引入君子的道路,这就叫"彰明教化"。

在上者,必有武备以戒不虞①,以遏寇虐②,安居则寄之内政③,有事则用之军旅④,是谓秉威。

①武备:军备。指武装力量、军事装备等。虞:预料,料想。

②寇虐:残害,侵凌。

③内政:国家内部的政治事务。

④有事:指有变故、有紧急之事,如社会动乱等。军旅:军队。

【译文】

身处上位的人,一定要有军备来防范意料之外的事,来遏止侵凌残害的行为,国家安定时可以让它依附于政治事务,出现变故时军队就可以动用它,这就叫"掌持威力"。

赏罚,政之柄也①。

①柄:指根本。

【译文】

奖赏和惩罚,是为政的根本。

明赏必罚,审信慎令。

【译文】

奖赏明确、惩罚坚决，审慎于诚信、谨慎于命令。

人主不妄赏，非徒爱其财也^①，赏妄行则善不劝矣；不妄罚，非徒慎其刑也，罚妄行则恶不惩矣。

———

①徒：只，仅仅。爱：吝惜，舍不得。

【译文】

君主不随意奖赏，并非只是吝惜他的财物，奖赏随意实施，那么善行便无法得到勉励；君主不随意惩罚，并非只是谨慎地使用刑罚，惩罚随意施加，那么恶事便无法得到惩治。

在上者能不止下为善，不纵下为恶，则国治矣，是谓统法。

【译文】

身处上位的人能够不阻止臣民为善，不纵容臣民作恶，那么国家就大治了，这就叫"统一法度"。

惟修六则^①，以立道经^②。一曰中，二曰和，三曰正，四曰公，五曰诚，六曰通。以天道作中，以地道作和，以仁德作正，以事物作公，以身极作诚^③，以变数作通^④，是谓道实。

———

①惟：句首发语助词，无实义。修：遵循。

②道经：道之常则。这里指治国之常道。

③身极：身正。

④变数：指某些不合常规的现象。这里是指处理异于常道之事的适

宜权变。

【译文】

遵循六项原则,来确立常则。一是中庸无偏,二是和谐适宜,三是正直不阿,四是公正无私,五是真诚信实,六是通达情理。以天道作为"中",以地道作为"和",以仁德作为"正",以处理事务作为"公",以身正作为"诚",以权宜适变作为"通",这就是"常道的实质"。

惟恤十难①,以任贤能。一曰不知②,二曰不进③,三曰不任④,四曰不终,五曰以小怨弃大德,六曰以小过黜大功⑤,七曰以小失掩大美,八曰以奸讦伤忠正⑥,九曰以邪说乱正度⑦,十曰以谗嫉废贤能⑧,是谓十难。十难不除,则贤臣不用,用臣不贤,则国非其国也。

———

①恤:忧虑,顾念。

②知:辨别,认识。

③进:推举。

④任:委任,任用。

⑤黜(chù):贬损,摈弃。

⑥奸讦(jié):指诬谤。

⑦邪说:荒谬有害的言论。正度:正法,即公法、国法。

⑧谗嫉:亦作"谗疾",谗害嫉妒。

【译文】

要顾念十种危祸,而任用贤能之人。一是不能辨别贤能,二是辨别了贤能而不能推举,三是推举了贤能而不能任用,四是委用了贤能却半途废弃,五是因为很小的怨隙就掩弃他人高尚的德行,六是因为很小的过错就贬损他人很大的功劳,七是因为很小的过失就掩盖别人优异的才德,八是因为诬谤之言而伤害忠正之士,九是因为荒谬有害之言扰乱正法,十是因为他人的谗害嫉妒就废罢贤能之人,这就是"十难"。十种危祸不除,那么贤能的臣子便得不到任用,任用的臣子不贤能,那么国家也不会走上正道。

惟慎庶狱①,以昭人情②。

———

①庶狱:诸凡刑狱诉讼之事。庶,众。

②人情:民情。

【译文】

要审慎决断刑狱诉讼,使民情得以彰明。

不拒直辞,不耻下问。

【译文】

不排斥正直的言辞,不把向地位学问不如自己的人虚心请教当成耻辱。

万物之本在身,天下之本在家。

【译文】

万物的根本在于自身,天下的根本在于家庭。

有一言而可常行者,恕也;有一行而可常履者,正也。恕者,仁之术也;正者,义之要也。

【译文】

有一个字是可以日常奉行的,那就是推己及人的"恕";有一种德行是可以日常践行的，那就是正直。恕，是达到仁德的方法；正直，是实现道义的要领。

上足以备礼，下足以备乐①，夫是谓大道。

———

①备乐：指具备使百姓乐于生活的供给。

【译文】

上足以修备礼法制度，下足以供备百姓之需，这就是治国之道。

天下、国、家，一体也，君为元首①，臣为股肱②，民为手足。

———

①元首：元、首同义，皆为头的意思。

②股肱（gōng）：大腿和胳膊。

【译文】

天下、国、家是一个整体，君主是头，臣子是大腿和胳膊，百姓是手和脚。

下有忧民，则上不尽乐；下有饥民，则上不备膳；下有寒民，则上不具服。

【译文】

下有忧苦的百姓，那么身居上位的人就不要尽情欢乐；下有饥饿的百姓，那么身居上位的人就不要享用丰盛的佳肴；下有受冻的百姓，那么身居上位的人就不要制备多余的衣服。

足寒伤心，民寒伤国。

【译文】

脚受寒就会伤及心脏，百姓受冻挨饿国家就会受到损伤。

太平备物，非极欲也；物损礼阙^①，非谦约也^②。

——

①阙（quē）：缺误，疏失。

②谦约：谦慎俭约。

【译文】

天下太平丰足时储备财物，不是穷奢极欲；财物贫乏时礼仪缺疏，也不是谦慎约省。

私求则下烦而无度，是谓伤清；私费则官耗而无限，是谓伤制；私使则民挠扰而无节^①，是谓伤义；私惠则下虚望而无准，是谓伤正；私怨则下疑惧而不安，是谓伤德。

——

①挠扰：烦扰，骚扰。

【译文】

私自索求就会使百姓烦劳而无限度，这叫"伤害世道清明"；私下花费就会使公家财货损耗而无限制，这叫"破坏制度"；私自役使就会烦扰百姓而无节制，这叫"损害道义"；私自恩赏就会使臣民生出不切实际的妄想而无准则，这叫"破坏公正"；私生怨恨就会使臣民疑虑恐惧而不安，这叫"损伤仁德"。

善禁者，先禁其身而后人；不善禁者，先禁人而后身。善禁之至于不禁，令亦如之^①。

①令：法令，命令。

【译文】

善于设立禁戒的人，先禁戒己身然后延及他人；不善于设立禁戒的人，先禁戒他人然后才禁戒己身。善于禁戒以至于最后能达到不靠强行禁戒而自然禁戒的地步，施令也是这样。

自上御下，犹夫钓者焉，隐于手①，应于钩，则可以得鱼；自近御远，犹夫御马焉，和于手而调于衔②，则可以使马。

①隐：藏。这里是执竿的意思。

②衔：马嚼子，放在马口内用以勒马，控制它的行止。

【译文】

身居上位统治百姓，就如同钓鱼那样，手执钓竿，及时回应钓钩的动静，那么就能钓到鱼了；中枢统御地方，就如同驭马一般，手中协调缰绳而调动马衔，那么就能驱使马匹了。

不驱之驱，驱之至者也。

【译文】

不靠强行驱赶而达到驱赶的目的，是最高明的驱赶方式。

申天下之乐，故乐亦报之；屈天下之忧，故忧亦及之。

【译文】

伸展天下人的欢乐，所以也会得到快乐的回报；压抑天下人的忧愁，所以也会随之感到忧愁。

治世所贵乎位者三^①：一曰达道于天下，二曰达惠于民，三曰达德于身。衰世所贵乎位者三^②：一曰以贵高人^③，二曰以富奉身，三曰以报肆心^④。

———

①治世：太平盛世。贵：崇尚，重视。位：职位，官位。

②衰世：衰败、混乱的时代。

③高人：过人，居于人上。

④肆心：恣意。

【译文】

太平盛世崇尚官位有三个原因：一是能使大道正理通行于天下，二是能普施恩惠于百姓，三是能使美德贯彻于自身。衰败之世崇尚官位有三个原因：一是因为身份尊贵而居于人上，二是因为财货富裕能供养己身，三是因为能恩怨必报而恣意随心。

治世之臣，所贵乎顺者三：一曰心顺，二曰职顺，三曰道顺。衰世之臣，所贵乎顺者三：一曰体顺，二曰辞顺，三曰事顺。

【译文】

太平盛世的臣子，所重视的"顺"有三种：一是内心和顺，二是职事顺利，三是道义主张顺遂。衰乱之世的臣子，所重视的"顺"有三种：一是身体安顺，二是言辞和顺，三是事情顺畅。

贱求欲而崇克济^①，贵求己而荣华誉^②。

———

①克济：指能有所成就。

②荣:放弃。《列子·周穆王》:"荣汝之粮。"张湛注:"荣,弃也。"

【译文】

鄙夷追求贪欲就会崇尚成就功业,推重凡事都责求己身就会抛弃虚荣。

心与言,言与事,参相应也。

【译文】

内心与言语,言语与行为,都是相互呼应的。

时事

不求无益之物,不蓄难得之货,节华丽之饰,退利进之路①,则民俗清矣。

———

①退:使之退,即遏制。

【译文】

不追求毫无益处的东西,不蓄藏难得的货物,节制华丽的装饰,遏制图谋功利仕进的途径,那么百姓风习就会清明了。

以兹举者试其事,处斯职者考其绩。

【译文】

因为某事推荐了这个人,就考察这件事;处在某个职位上,就考察他的业绩。

有事考功,有言考用,动则考行,静则考守。

【译文】

有事务就考察其实效,有言论主张就考察其行动效用,有行动就考察其行为举止,平素静处时就考察其操守。

小能其职,以极登于大,故下位竞。大桡其任^①,以坠于下,故上位慎。

①桡(náo):屈,枉屈。这里指不称职。

【译文】

做小官胜任职位,能以功绩突出而升任高位,那么居于下位的官吏就会竞相勉力职事。做大官而不称职,因而被贬降到下位,那么居于高位的官吏就会谨慎任职了。

教初必简,刑始必略,事渐也。教化之隆,莫不兴行,然后责备^①。刑法之定,莫不避罪,然后求密。

①责备:要求完备。

【译文】

德教最开始一定很简明,刑罚最开始一定很粗略,这是事物逐渐发展的规律。道德教化的隆盛,没有不先兴行德教使百姓遵行,然后再追求完备的。刑法的制定,没有不先使百姓惧怕获罪从而避免获罪,然后再追求严密的。

权无制^①,制其义^②,不制其事,巽以行权^③。

———

①权：权宜，变通。

②制：从。

③巽（xùn）以行权：语出《周易·系辞下》。巽，顺。

【译文】

权宜的办法没有一定的制度，依从合于事宜的义理，而不依从于固定的事制定则，顺时合宜而行变通之令。

俗嫌

学必至圣，可以尽性；寿必用道，所以尽命。

【译文】

学习一定要学至高的道理，才可以完全发挥本性；长寿一定要明晓养生之道，才能全其天年。

喜怒、哀乐、思虑必得其中，所以养神也。寒暄、虚盈、消息必得其中①，所以养体也。

———

①寒暄：冷暖。虚盈：空虚和充实。寒暄是对于衣物而言，虚盈是对于饮食而言。消息：本指损益减增，这里指行动休息，即劳逸。

【译文】

喜悦愤怒、悲哀快乐、思索忧虑一定要合宜适度，这是用来涵养精神的方法。衣着厚薄、饮食多少、行动休息一定要合宜适度，这是用来保养身体的方法。

气宜宣而遏之,体宜调而矫之^①,神宜平而抑之,必有失和者矣。夫善养性者无常术,得其和而已矣。

———

①调:调和。这里指相对于"矫"而言的自然曲张。矫:使曲的变直。

【译文】

精气应被宣导却受阻遏,身体应当曲张而被绷直,精神应当平和而受到抑制,一定会违背自然中和之道。善于养生修性的人没有固定的方法,遵循中和之道就可以了。

在上者不受虚言,不听浮术,不采华名,不兴伪事,言必有用,术必有典,名必有实,事必有功。

【译文】

身居上位的人不受纳虚诞的言论,不听从浮夸的方法,不采用华而不实的名称,不提倡伪诈的事情,言论一定要有用处,方法一定合于法度,名称一定要有实质,行事一定有其功效。

杂言上

生而知之者寡矣,学而知之者众矣。

【译文】

生来就懂得道理与知识的人很少,通过学习而懂得道理与知识的人就很多了。

君子有三鉴^①,鉴乎前,鉴乎人,鉴乎镜。世人镜鉴。前惟顺^②,人惟贤,镜惟明。

————

①鉴：原指形似大盆而有耳的青铜器，用来盛水或盛冰，大的可用作浴盆，盛行于东周。上古时无镜，人们有时以鉴盛水做照影之用，战国以后制作青铜镜之风渐盛，镜即袭称为"鉴"。这里"鉴"是指能够映照己身，从中能有所省察借鉴的事物。

②顺：通"训"，教导，教训。

【译文】

君子有三种事物可以作为鉴照，鉴照于前事，鉴照于他人，鉴照于明镜。世人只将镜子作为鉴照之物。以前事为鉴在于汲取教训，以他人为鉴在于学习贤能，以镜为鉴在于明照己身。

非贤不可任，非智不可从。

【译文】

不是贤能的人不能委以重任，不是智慧的言论不能听从。

民存则社稷存①，民亡则社稷亡。

————

①社稷：古代帝王所祭的土神和谷神，代指国家。社，土神。稷，谷神。

【译文】

百姓存在那么国家就存在，百姓灭亡那么国家就灭亡了。

损益之符①，微而显也②。

————

①损益：减少、增加，或亏损、盈余。符：征兆。

②微：隐微，不明显。

【译文】

减亏增盈的征兆,由幽微而至显明。

有钳之钳,犹可解也;无钳之钳,难矣哉①。有塞之塞,犹可除也;无塞之塞,其甚矣夫!

①"有钳之钳"四句:有钳之钳,这里是指外在的东西强使人们不能言,而不是人不愿言,这样解除外在的钳制,那么人就可以言语。而"无钳之钳"则是指人因惧怕犯忌等原因,自缄其口而不愿言,如此就很难解决了。下文"有塞之塞""无塞之塞"意近。

【译文】

有形的钳具夹住了嘴巴,还可以解除;无形的钳具夹住了嘴巴,想要解除就很困难了。有形的东西堵住了耳朵,还可以除去;无形的东西堵住了耳朵,那问题就很严重了!

为世忧乐者,君子之志也;不为世忧乐者,小人之志也。

【译文】

为世事同忧虑共快乐,是君子的志向;不为世事同忧虑共快乐,是小人的心意。

匹夫匹妇,处畎亩之中①,必礼乐存焉尔。

①畎(quǎn)亩:田地,田野。

【译文】

即使是平民百姓,身处田间地边,也一定存在着礼和乐。

在上者,必察乎违顺,审乎所为,慎乎所安。

【译文】

身居上位的人,一定要明察臣下的违逆与顺从,详究他们所行的是为了谁,审察他们所安的是什么意。

善则祥,祥则福;否则眚①,眚则咎。

————

①眚(shěng):败,损坏。

【译文】

美善的事物则会有吉祥的感应出现,吉祥的感应出现就会带来福泽;不好的事物则会有坏损的感应出现,坏损的感应出现就会带来灾祸。

杂言下

衣裳爱焉,而不爱其容止,外矣;容止爱焉,而不爱其言行,末矣;言行爱焉,而不爱其明①,浅矣。

————

①明:明察,明辨。指心中对于事理人物等的明察。

【译文】

爱惜衣裳,却不爱惜自己的容仪举止,这是内外倒置了;爱惜自己的容仪举止,却不爱惜自己的言行,这是本末倒置了;爱惜自己的言行,却不爱惜自己心中对事理人物等的明察,这是流于表面了。

人之所以立德者三:一曰贞,二曰达,三曰志。贞以为质①,达以行之,志以成之,君子哉。

——

①质:主,主体。

【译文】

人们树立德行需要注意三个方面:一是坚贞,二是通达,三是立志。以坚贞纯一为主体,以通达事理来行事,以立志来成就德行,这样就能成为君子了。

人之所以立检者四①:诚其心,正其志,实其事,定其分。心诚则神明应之,况于万民乎? 志正则天地顺之,况于万物乎? 事实则功立,分定则不淫②。

——

①检:约束。

②淫:过度,恣肆。

【译文】

人们要约束自己需要注意四个方面:真诚内心,端正志向,务实行事,明定本分。心诚那么神明都会有所感应,又何况万民呢? 志向端正那么天地都会有所顺应,又何况万物呢? 做事务实那么事业就会有所成就,本分明定那么就不会恣肆过度。

若受谏不难,则进谏斯易矣①。

——

①斯:则,就。

【译文】

如果受谏不难的话,那么进谏也就容易了。

君子所恶乎异者三:好生事也,好生奇也,好变常也。好生事则多端而动众,好生奇则离道而惑俗,好变常则轻法而乱度。

【译文】

君子憎恶故意追求不同的有三种:喜欢制造事端,喜欢追求怪奇,喜欢改变常道。喜欢制造事端那么就会导致事情纷乱多绪而扰动众人,喜欢追求怪奇那么就会背离常道而迷惑民众,喜欢变更常道那么就会轻视法律而扰乱制度。

权为茂矣①,其几不若经②;辩为美矣,其理不若绌③;文为显矣,其中不若朴;博为盛矣,其正不若约。

———

①茂:盛。这里指显盛、显耀。下文"美""显""盛"意近。

②几:机要,关键。经:常法,常道。

③绌:不足,短缺。这里指相对于巧辩美言的朴实真直的言语。

【译文】

权变能显盛一时,但对行事的关键来说是不如常法的;巧辩让人觉得美善悦耳,但对道理的阐释不如朴实真切的言语;文饰显得光耀,但却不如质朴合宜更加允当;广博显得弘盛,但却不如精约更能得其正理。

莫不为言,要其至矣①;莫不为德,玄其奥矣②。

———

①要:精要。

②玄:幽远。奥:深。

【译文】

没有不著述发言的，而辞约意深才是为言的极致；没有不修德的，而德行幽远不显扬才是深厚的德行。

君子乐天知命，故不忧；审物明辨，故不惑；定心致公，故不惧。

【译文】

君子乐顺天道而知晓天命，所以不会忧愁；审察事物而明辨事理，所以不会迷惑；内心安定努力奉公，所以不会惧怕。

休斯承①，否斯守②。

———

①休：美善，福吉。

②否：困厄，阻塞。

【译文】

吉善通达就承顺，凶恶困阻就自守。

性虽善，待教而成；性虽恶，待法而消。

【译文】

本性即便是善的，也有待于教化而成就；本性即便是恶的，也有待于法制而消除。

君子审乎自耻①。

———

①审：察知，明晓。

【译文】

君子在自己的内心能知道羞愧。

不闻大论，则志不弘；不听至言，则心不固。

【译文】

不听正大的理论，那么志向就不会宏远广大；不听高明的言论，那么心意就不会坚固安定。

德比于上，故知耻；欲比于下，故知足。耻而知之，则圣贤其可几；知足而已，则固陋其可安也^①。

①固陋：困厄简陋。

【译文】

德行与品德高尚的人比较，因而能知道羞愧；欲望与不如自己的人比较，因而能懂得满足。羞愧而认识到自己的不足，那么圣贤的境界也有望达到；懂得知足而止，那么处于困厄简陋也能身心安乐。

魏
子

　　《魏子》，东汉魏朗撰。魏朗，字少英，会稽上虞（今属浙江）人。少为县吏，为报兄仇而杀人，亡命他乡。后到太学学五经，为李膺等名士敬仰。历任彭城令、九真都尉、议郎、尚书、河内太守等职，所任有政绩，为名士“八俊”之一。后受党锢之祸牵连，自杀身亡。其生平事迹见《后汉书·党锢列传》。

　　《魏子》一书，《后汉书》本传载“著书数篇，号《魏子》云”，《隋书·经籍志》儒家类著录《魏子》三卷”，两《唐书》同，《宋史》未见著录，疑其书亡于唐宋之际。唐马总《意林》著录“《魏子》十卷”，录文十二条，马国翰据此及他书辑为一卷，收入《玉函山房辑佚书》。

　　本书选文据中华书局《新编诸子集成续编·意林校释》。

源静则流清,本正则末茂,内修则外理,形端则影直。

【译文】

水源平静那么水流就清澈,根部端正那么树枝就繁茂,内里整饬那么外在就整齐,身体端正那么身影就挺直。

录人一善,则无弃人;采材一用,则无弃材。

【译文】

人有一个优点就录用,就没有被遗弃的人才;材料有一种用处就采用,就没有被废弃的材料。

谚曰:"己是而彼非,不当与非争;彼是而己非,不当与是争。"

【译文】

谚语说:"如果自己对而别人错了,就不应当跟错误的一方去争辩;如果别人对而自己错了,就不应当与正确的一方争辩。"

君子表不隐里,明暗同度。

【译文】

君子表里如一,无论明暗都坚持同样的法度。

苦躬,富贵之梯阶。

【译文】

自己刻苦努力,是通向富贵的阶梯。

典论

《典论》,魏文帝曹丕撰。曹丕(187—226),字子桓,沛国谯(今安徽亳州谯城区)人,曹操次子。220年,代汉称帝,定都洛阳。在位七年,卒谥文皇帝。曹丕爱好文学,为当时文坛领袖。诗文俱佳,《全上古三代秦汉三国六朝文》辑录其文五卷(含《典论》),《先秦汉魏晋南北朝诗》辑录其诗四十余首。

《典论》一书为曹丕所撰的综合论文集,约成书于建安末年。《隋书·经籍志》儒家类著录为五卷,两《唐书》同,宋以后史志书目多不见载,大约至宋全书已佚,今存《自叙》及《论文》为仅有完篇。唐马总《意林》录其文十四条。

本书选文据中华书局《新编诸子集成续编·意林校释》《全上古三代秦汉三国六朝文》。

酒诲

酒以成礼,过则败德。

【译文】

酒是用来完成礼仪的,过量饮用就会败坏德行。

论郗俭等事

人形性同于庶类①,劳则早毙,逸则晚死。

———

①形性:身体气性。庶类:众多的同类。

【译文】

人的身体气性类似于众多同类,过劳就会早亡,安逸就会晚死。

论文

夫文人相轻,自古而然。

【译文】

文人互相轻视,自古以来就是这样。

古人贱尺璧而重寸阴①,惧乎时之过已。

———

①古人贱尺璧而重寸阴:指古人看轻玉璧而看重时间。语出《淮南子·原道训》:"故圣人不贵尺之璧而重寸之阴,时难得而易失也。"贱,以之为贱,看轻。尺璧,直径一尺长的璧,极言大而且珍贵。寸阴,日光下

树影移动一寸的时间,形容时间很短。

【译文】

古人看轻一尺的玉璧而看重一寸的光阴,就是惧怕时间的快速流逝啊。

阙题

如彼登山,乃勤以求高;如彼浮海,乃勤以求远。惟心弗勤,时亦靡克①。

——

①靡:无,没有。克:能,做到。

【译文】

就像登山,只有勤奋才能登上高峰;就像渡海,只有勤奋才能航向远方。倘若不勤奋努力,什么时候都不能取得想要的结果。

主与民有三求①:求其为己劳,求其为己死,求其为己生。

——

①与:同"于",对于。

【译文】

君主对于百姓有三种要求:要求他们为自己劳作,要求他们为自己牺牲,要求他们为自己活着。

法者主之柄①,吏者民之命。法欲简而明,吏欲公而平。

——

①柄:根本。

【译文】

法令是君主的根本，官吏是百姓命运的主宰。法令应该简单明晰，官吏应该公平正直。

君子谨乎约己，弘乎接物。

【译文】

君子在约束自己时要谨慎小心，在待人接物时要宽宏大量。

中论

《中论》，东汉徐幹撰。徐幹（171—218），字伟长，北海剧县（今山东寿光）人，东汉时期著名文学家、哲学家、诗人，"建安七子"之一。徐幹融汇孔子、孟子、荀子中庸、中道思想的核心精华，著《中论》以明"大道之中"，欲"上求圣人之中，下救流俗之昏"。

《中论》是一部政论性著作，全书共二十二篇，涉及为学、修身、德艺、政治、处事、礼法、言语、天文等方面，以儒学为根本，以世情为对象，发言清透，条理畅通，以明正之理，斥偏颇之事。《中论》较为全面系统地阐述了徐幹的哲学思想，在中国思想史上占有一席之地。曹丕称赞此书"成一家之言，辞义典雅，足传于后"。

本书选文据中华书局三全本《申鉴·中论》。

治学

昔之君子成德立行①，身没而名不朽②，其故何哉？学也。学也者，所以疏神达思，怡情理性，圣人之上务也③。

——

①成德立行：建德修行。

②身没：死。名不朽：名声不磨灭，永存。

③上务：首要任务，头等大事。

【译文】

从前的君子能成就道德端立品行，即便身死但名声不会磨灭，原因在哪里呢？在于学习。学习可以疏通精神、畅达思想，怡冶情感、涵养品性，是圣人注重的首要大事。

学犹饰也①，器不饰则无以为美观，人不学则无以有懿德②。有懿德故可以经人伦③，为美观故可以供神明。

——

①饰：拭。《释名·释言语》："饰，拭也。物秽者，拭其上使明。由他物而后明，犹加文于质上也。"

②懿（yì）德：美德。

③经：治理，管理。

【译文】

学习就好像是装饰，器物不经过装饰就不会美观好看，人不经过学习就不会具有美好的德行。具备美好的德行才可以处理好人与人之间的关系，修饰得美观好看才可以供奉神灵。

学者如登山焉，动而益高；如寤寐焉[1]，久而愈足。顾所由来，则杳然其远，以其难而懈之，误且非矣。

———

[1]寤（wù）寐：睡梦，睡眠。寤，睡醒。寐，睡着。

【译文】

学习就像是登山，越登越高；就好像是睡眠，越久越充足。回看起始的地方，已经渺远难寻了，但因为学习困难就有所懈怠，这是错误且不应该的。

倚立而思远，不如速行之必至也；矫首而徇飞[1]，不如循雎之必获也[2]；孤居而愿智，不如务学之必达也。

———

[1]矫首而徇飞：抬头以巡视飞鸟。矫首，举首，抬头。

[2]循雌：清钱培名校本据《意林》改作"修翼"，与《太平御览》合。按，"循雌"或为"循雎"之误，"雎"指雎雉鸣叫之声。今译文从此。

【译文】

倚身站立而想要到远方去，不如马上疾步行走，这样一定会到达；抬头巡视天空的飞鸟想得到它们，不如循着雎雉的鸣叫去寻找，这样一定可以获得；孤身独居希望能得到智慧，不如勉力学习，这样一定能达到目的。

君子心不苟愿，必以求学；身不苟动，必以从师；言不苟出，必以博闻。是以情性合人，而德音相继也[1]。

———

[1]德音：好名声。

【译文】

君子心中不会随便发愿，发愿的一定是专务学习；不会随意有所行动，行动时一定会追随老师；不会随意发表言论，发表言论一定是为了广博见闻。因此，他的性情随和合群，而且好名声绵延不绝。

马虽有逸足①，而不闲舆②，则不为良骏；人虽有美质，而不习道，则不为君子。故学者求习道也。

————

①逸足：疾足。

②闲舆：熟习车驾之术。闲，借为"娴"，熟习。

【译文】

马即使有能快速奔行的四足，不熟习驾车的技术，就还算不上是好马；人即使有优秀的资质，不修习道理，就还称不上是君子。所以学习就是要追求学习道理。

日习则学不忘，自勉则身不堕①，亟闻天下之大言②，则志益广。

————

①堕：通"惰"，懈怠，懒散。

②亟(qì)：多次，屡次。大言：正大的言论或理论。

【译文】

每天复习，那么所学的东西便不会遗忘；常勉励自己，那么便不会懈怠；多听天下间正大深刻的言论，那么志向会越发广阔远大。

君子之于学也，其不懈，犹上天之动，犹日月之行，终身亹亹^①，没而后已。

———

①亹亹(wěi)：勤勉不倦的样子。

【译文】

君子对于学习，是一定不会懈怠的，就犹如上天的运转，犹如日月的运行，终身都勤勉不倦，直至身死方才停止。

虽有其才而无其志，亦不能兴其功也。志者，学之帅也；才者，学之徒也。学者不患才之不赡^①，而患志之不立。是以为之者亿兆，而成之者无几。故君子必立其志。

———

①赡：足够。

【译文】

虽然有才能却没有志向，也不能成就功业。志向，是统领学习的主帅；才能，是学习的弟子。求学之人不用担忧才能不足，而应担心志向没有确立。因此最开始学习的人众多，而最终有所成就的人极少。所以君子一定要确立起他的志向。

大乐之成^①，非取乎一音；嘉膳之和，非取乎一味；圣人之德，非取乎一道。故曰学者所以总群道也^②。

———

①大乐：古代典雅庄重的音乐，用于先王祭祀、朝贺、宴享等典礼。
②群道：各种学派和学说。

【译文】

典雅庄重的音乐，不是只用一个音符；美味菜肴的调和，不是只有一种味道;圣人的大德,不是只吸收一种道理。所以说学习可以汇聚了解各种学派的学说。

独思则滞而不通,独为则困而不就。

【译文】

独自思索,就会有凝滞不通的地方;独自行动,就会有困窘不成的情况。

法象

法象立①,所以为君子。

——

①法象:意指合乎礼仪规范的仪表、举止。

【译文】

树立起合乎礼仪规范的仪表、举止,便可以因之成为君子了。

夫容貌者,人之符表也①。符表正,故情性治;情性治,故仁义存;仁义存,故盛德著;盛德著,故可以为法象,斯谓之君子矣。

——

①符表:外表。

【译文】

仪表容貌,是人的外表。外表端正,本性才能安定;本性安定,仁义才能存身;仁义存身,高尚的德行才能显明;高尚的德行显明,才能因之树立法象,这就可以称为君子了。

人性之所简也^①,存乎幽微^②;人情之所忽也,存乎孤独^③。夫幽微者,显之原也;孤独者,见之端也,胡可简也? 胡可忽也? 是故君子敬孤独而慎幽微。

━━━

①简:轻忽怠慢。

②幽微:隐微,隐秘。

③孤独:此指只身独处,即他人所不知道的自己所独处的地方。

【译文】

人本性中所轻忽的,存在于隐微幽秘之处;人性情中所怠慢的,存在于孤身独处之时。隐微,是显明的起初;独处,是显露的开端,怎么能轻忽呢? 怎么能怠慢呢? 所以君子端敬于孤身独处之时,慎守于隐微幽秘之处。

君子口无戏谑之言^①,言必有防^②;身无戏谑之行,行必有检^③。

━━━

①戏谑:戏弄,嘲谑。

②防:戒止,禁防。

③检:约束,限制。

【译文】

君子口中没有戏弄嘲谑的话,所言一定有所戒止;没有玩笑取闹的行为,所为一定有所约束。

君子居身也谦,在敌也让,临下也庄,奉上也敬。四者备,而怨咎不作,福禄从之。

【译文】

君子立身处世要谦逊,对待同级的人谦让,管理下级庄严,侍奉上级恭敬。这四点具备了,怨愤责备就不会产生,福气与荣禄也就随之而来了。

君子之交人也,欢而不媒,和而不同^①,好而不佞诈^②,学而不虚行,易亲而难媚,多怨而寡非^③,故无绝交,无畔朋^④。

——

①和而不同:语本《论语·子路》:"君子和而不同,小人同而不和。"

②佞诈:谄媚而诡计多端。

③怨:疑当作"恕"。译文从"恕"。

④畔:通"叛",背叛。

【译文】

君子与人交往,愉悦而不亵慢,和衷相济而不苟同,和睦友善而不谄媚诡诈,互相学习而不行止虚伪,容易亲近却难以献媚逢迎,常宽谅待人而很少责难他人,所以没有断绝的交谊,也没有背叛的朋友。

夫礼也者,人之急也,可终身蹈,而不可须臾离忘也。须臾离,则慆慢之行臻焉^①;须臾忘,则慆慢之心生焉,况无礼而可以终始乎?

——

①慆(tāo)慢:怠慢,怠惰。臻(zhēn):到,至。

【译文】

礼法,是人所急需的,可以终身遵循,不可以有片刻的背离忘记。有片刻的背离,怠惰的行为就会出现;有片刻的忘记,怠惰的思想就会产生,更何况不循礼法哪能善始善终呢?

夫礼也者,敬之经也;敬也者,礼之情也。无敬无以行礼,无礼无以节敬,道不偏废,相须而行①。是故能尽敬以从礼者,谓之成人②。

———

①相须:互相依存,互相配合。

②成人:德才兼备的人,犹完人。

【译文】

礼,是恭敬的准则;恭敬,是礼的本质。没有恭敬就无从施行礼,没有礼就无从节制恭敬,道理原则不可取此而弃彼,要相互配合才能实行。所以能竭尽敬意以遵从礼的人,可以称为"成人"。

过则生乱,乱则灾及其身。

【译文】

过分就会出现变乱,变乱那么灾祸就会降到他的身上。

声气可范①,精神可爱,俯仰可宗②,揖让可贵③,述作有方④,动静有常,帅礼不荒⑤,故为万夫之望也⑥。

———

①声气:神情气概和声势。

②俯仰:此处指举动、举止。

③揖让:指宾主相见的礼仪。

④述作:述,传承。作,创新。《礼记·乐记》:"作者之谓圣,述者之谓明。明圣者,述作之谓也。"

⑤帅:遵循。

⑥万夫之望:意谓万众敬仰。语出《周易·系辞下》:"君子知微知

彰,知柔知刚,万夫之望。"

【译文】

声势气概可为模范,神情意态令人仰慕,举止行为值得推重效法,礼仪文德能被重视崇尚,传承与创新有道得法,行与止有原则规律,遵循礼法而不荒废,所以为万民所敬仰。

修本

君子之治之也,先务其本,故德建而怨寡;小人之治之也,先近其末,故功废而仇多。

【译文】

君子处理事情,首先致力于己身根本,所以好的德行得以建立而怨隙很少出现;小人处理事情,首先致力于外在非根本的,所以常做无用功而且引起很多仇怨。

见人而不自见者谓之矇①,闻人而不自闻者谓之聩②,虑人而不自虑者谓之瞀③。故明莫大乎自见,聪莫大乎自闻④,睿莫大乎自虑⑤。

————

①矇(méng):盲,有目而失明。

②聩(kuì):生而耳聋者。后泛指耳聋。

③瞀(mào):昏沉错乱,愚昧无知。

④聪:此指明察。

⑤睿:通达,明智。以上三句中"乎"字在《群书治要》中皆作"于"字。

【译文】

看得见他人却看不清自己的人称作"矇",听得到他人却听不清自己的人称为"聩",思虑他人而不虑省自己的人称作"督"。所以最好的眼力是能看见自己,最大的明察是能听到自我,最明达的思考是省虑自身。

知者举甚轻之事,以任天下之重;行甚迩之路,以穷天下之远。

【译文】

有智慧的人做十分容易的事情,就能以之承担起天下的重任;走很短的路,就能因之行尽天下间遥远的地方。

德弥高而基弥固①,胜弥众而爱弥广。

———

①弥:益,越,更加。

【译文】

德行越高尚根基就越稳固,承担的越多惠爱就越广。

君子之于己也,无事而不惧焉:我之有善,惧人之未吾好也;我之有不善,惧人之必吾恶也;见人之善,惧我之不能修也;见人之不善,惧我之必若彼也。

【译文】

君子对于自身,没有什么事是能不畏惧的:自己有善行美德,害怕别人不喜欢自己;自己有不好的德行,害怕别人厌憎自己;看见别人的善言善行,害怕自己不能学到;看见别人不好的德行,害怕自己也会像他一样。

君子不恤年之将衰^①，而忧志之有倦。

——

①恤：这里指忧虑、忧患。衰：《意林》作"暮"。

【译文】

君子不忧虑年纪的衰暮，而是担心心志有所倦怠。

夫行异乎言，言之错也，无周于智；言异乎行，行之错也，有伤于仁，是故君子务以行前言也。

【译文】

行为与言论不同，若是言论的过错，就显得智虑不周全；言论与行为有异，若是行为的过错，就会损害仁义，所以君子一定要践行说过的话。

民之过，在于哀死而不爱生，悔往而不慎来，喜语乎已然，好争乎遂事，堕于今日，而懈于后旬，如斯以及于老。故野人之事^①，不胜其悔，君子之悔，不胜其事。

——

①野人：庶人，俗士。

【译文】

人们的过失，在于哀惧死亡而不知爱惜生命，追悔以往却不知慎对未来，喜欢谈论已经发生的事，爱好争辩已经完成的事，懈怠于今日，又懒散于来时，就这样到老。所以庶人俗士做事情，总有太多追悔，而君子之悔，在于力不能胜任其事。

小人朝为而夕求其成，坐施而立望其反，行一日之善，而求终身之誉。誉不至，则曰善无益矣。遂疑圣人之言，背先王之教,存其旧术,顺其常好,是以身辱名贱,而不免为人役也。

【译文】

小人早上做了事晚上就贪求其能成功,坐着施予起身就图望回报,做一天的善事,却想贪求终身的美誉。美誉没得到,就说做善事没有好处。于是便怀疑圣人的言论,背离先王的教导,保留他原来的方式,顺从他素常的喜好,因此为人所辱而名声卑贱,且不免被人役使。

人有大惑而不能自知者,舍有而思无也,舍易而求难也。身之与家,我之有也,治之诚易,而不肯为也;人之与国,我所无也,治之诚难,而愿之也。

【译文】

有很大的迷惑却不能自我认识到的人,是因为他们舍弃自己所拥有的而殚思竭虑于自己所没有的,舍弃容易的而希求艰难的。自身与家庭,是自己拥有的,要管理起来实在是很容易,却不肯去做;他人和国家,是自己没有的,管理起来实在是很困难,却甘愿去做。

怀疾者,人不使为医,行秽者,人不使书法,以无验也。

【译文】

自己就有疾病的人,人们不会让他来行医,自己行止就很不好的人,人们不会让他来载录合于法度的事,因为在他们自己身上都没有效验。

能胜其心①,于胜人乎何有?不能胜其心,如胜人何?

————

①胜:克制,制服。

【译文】

能制服自己的心，对于制服他人又有何难呢？不能制服自己的心，又如何制服别人呢？

一尺之锦，足以见其巧，一仞之身^①，足以见其治，是以君子慎其寡也。

———

①仞：七尺曰"仞"。一说八尺曰"仞"。

【译文】

一尺的锦缎，足以看出其技艺的精致巧妙，一仞高的身躯，足以看出他是如何处理好事情，所以君子在孤身独处的时候要慎守己身。

琴瑟鸣，不为无听而失其调；仁义行，不为无人而灭其道。

【译文】

琴瑟奏鸣，不因为无人赏听而错乱音调；仁义施行，不因为没有志同者而灭弃其道。

路不险，则无以知马之良；任不重，则无以知人之德。

【译文】

道路不艰险，就无从知晓马的好坏；责任不重大，就无从知道人德行的优劣。

君子日强其所重，以取福；小人日安其所轻，以取祸。

【译文】

君子每天勤勉于实现自己所肩负的重任来迎福,小人每天安乐于自己短浅的贪求以得祸。

世之治也,行善者获福,为恶者得祸。及其乱也,行善者不获福,为恶者不得祸,变数也①。知者不以变数疑常道,故循福之所自来,防祸之所由至也。

———

①变数:这里指某些不合常规的现象。

【译文】

世道太平,行善的人能得福,作恶的人则得祸。到了世道混乱的时候,行善的人无法得福,作恶的人也不得祸,这是非常规的现象。有智慧的人不会因为非常规的特例而怀疑常规的道理,所以遵循福来的道理,防范祸至的途径。

遇不遇,非我也,其时也①。

———

①"遇不遇"三句:语本《荀子·宥坐》:"孔子曰:'遇不遇者,时也;死生者,命也。今有其人不遇其时,虽贤,其能行乎?苟遇其时,何难之有?故君子博学、深谋、修身、端行以俟其时。'"

【译文】

能不能得到机遇成就志向,这不是仅靠自己就能决定的,还要看时势机会。

人而好善,福虽未至,祸其远矣;人而不好善,祸虽未至,福其远矣。

【译文】

人要是好行善事,福即使还没到,祸却早已远离其身;人要是不好行善,祸即使还未到,福却早已远离其身了。

以岁之有凶穰而荒其稼穑者①,非良农也;以利之有盈缩而弃其资货者②,非良贾也③;以行之有祸福而改其善道者,非良士也。

——

①凶穰(ráng):歉岁与丰年。

②盈缩:此为盈亏得失。

③贾(gǔ):商人。

【译文】

因为年成有歉有丰而荒废耕作的,不是好农民;因为利益有盈有亏而抛弃资财货物的,不是好商人;因为行事有祸有福而更变行善为义的,不是好士人。

虚道

君子常虚其心志,恭其容貌,不以逸群之才①,加乎众人之上,视彼犹贤,自视犹不足也,故人愿告之而不厌,诲之而不倦。

——

①逸群之才:超群出众的才能。

【译文】

君子总是保持心志谦虚，容貌恭敬，不因为自己的才能超群出众，就凌驾于众人之上，他看别人都觉得很贤能，看自己总觉得很不足，所以人都愿意不厌其烦地告谕他，不惮疲倦地教导他。

君子之于善道也，大则大识之，小则小识之[①]，善无大小，咸载于心，然后举而行之。我之所有，既不可夺，而我之所无，又取于人。是以功常前人，而人后之也。

——

[①]大则大识之，小则小识之：语本《论语·子张》："子贡曰：'文、武之道，未坠于地，在人。贤者识其大者，不贤者识其小者，莫不有文、武之道焉。夫子焉不学，而亦何常师之有？'"

【译文】

君子对于善道，大的就记住大处，小的就记住小处，不论大小，皆谨记于心，然后遵行。自己已具备的，就不会失掉，而自己还没有的，又可以向他人学取。因此他的功业成就常常先于别人，而别人常落在他的后面。

才敏过人，未足贵也；博辩过人，未足贵也；勇决过人，未足贵也。君子之所贵者，迁善惧其不及，改恶恐其有余。

【译文】

才能聪敏超过他人，不值得推重；博学雄辩超过他人，不值得推重；勇敢果决超过他人，不值得推重。君子所当推重的，是担忧改过向善还不足以达到善，害怕改正缺恶仍留有余过未改。

夫恶犹疾也,攻之则益悛^①,不攻则日甚。故君子之相求也,非特兴善也,将以攻恶也。恶不废则善不兴,自然之道也。

────

①悛(quān):悔改,停止。

【译文】

恶行就像疾病,攻治它才会逐渐痊愈,不攻治就会日益恶化。所以君子所求的,不只是兴扬美德善道,还要攻治劣行恶举。恶行不能废止,善道就不能兴盛,这是自然的道理。

人之所难者二:乐攻其恶者难^①,以恶告人者难。夫惟君子,然后能为己之所难,能致人之所难^②。

────

①恶:指人的缺漏过错等不好的地方。
②致:至也。这里作使动,使之至。

【译文】

人有两件事难以做到:乐于自己修正自己不好的地方很难,能指出别人不好的地方使他自正也很难。只有成为君子,才能做好自己所难之事,才能使他人到达其自身难以到达的地方。

视不过垣墙之里,而见邦国之表;听不过阈闑之内^①,而闻千里之外,因人之耳目也。人之耳目尽为我用,则我之聪明,无敌于天下矣。

────

①阈(yù):门槛。闑(niè):通"槷",门橛(jué),门槛,即古代竖在大

门中间以为限隔的短木。

【译文】

目视虽然不过墙内,却能看见邦国之外;耳听虽然不出门内,却能闻知千里之外,这是借助他人的耳目而为己用。他人的耳目尽皆为我所用,那么我的耳目视听,天下就无有能及的了。

救寒莫如重裘,止谤莫如自修。

【译文】

抵御寒冷,没有比厚皮毛衣更好的了;制止责谤,没有比修治己身更好的了。

贵验

事莫贵乎有验,言莫弃乎无征①。

―――――

①事莫贵乎有验,言莫弃乎无征:"验""征"互文。验,效验,验证。征,证验。

【译文】

做事没有比其有所效验更可贵的,说话没有比无证验更应抛弃的。

欲人之信己也,则微言而笃行之①。笃行之则用日久,用日久则事著明,事著明则有目者莫不见也,有耳者莫不闻也,其可诬哉!

―――――

①微言:少言。笃行:切实践行。

【译文】

想让人相信自己,就少说话而切实专心地践行。切实践行需历时持久,历时持久那么事业便会彰明,事业彰明那么有眼睛的人就没有看不见的,有耳朵的人就没有听不到的,难道谁还能诬蔑歪曲吗!

根深而枝叶茂,行久而名誉远。

【译文】

根扎得深,枝叶才会繁茂;善行持久,声誉才会远传。

染不积则人不观其色,行不积则人不信其事。

【译文】

染料不累积人们就不能看到它的颜色,德行不累积人们就不会相信他所做的事。

事自名也,声自呼也,貌自眩也,物自处也,人自官也[①],无非自己者。

———

①官:即"管",管理。

【译文】

事自得其名,声自喧其音,貌自辉其容,物自居其处,人自理其身,没有不是因由自己的。

闻过而不改,谓之丧心[①];思过而不改,谓之失体[②]。失体丧心之人,祸乱之所及也。君子舍旃[③]。

———

①丧心:心理反常,丧失心智理性。

②失体:失礼,不合体统规矩。

③旃(zhān):"之焉"的合音字,可训之为"之",亦可训为"焉"。这里指上文"闻过不改""思过不改"的态度行为,为君子所不取。

【译文】

听到过失却不改正,叫"丧心";思省过失而不改正,叫"失体"。失体丧心的人,祸乱将降及其身。君子是不会这样的。

贵言

君子必贵其言,贵其言则尊其身,尊其身则重其道,重其道所以立其教。言费则身贱①,身贱则道轻,道轻则教废。

———

①言费:指说的话不被采纳或不能践行。贱:轻视。

【译文】

君子一定谨慎他的言论,谨慎他的言论那么别人就会敬重他这个人,敬重他这个人那么就会推重他的思想主张,推重他的思想主张那么教化就会因之而成。说的话不被采纳那么别人就会轻视这个人,轻视这个人那么就会轻贱他的思想主张,轻贱他的思想主张那么教化也就荒废不能推行了。

君子之与人言也,使辞足以达其知虑之所至,事足以合其性情之所安,弗过其任而强牵制也①。

———

①弗过其任而强牵制也：语本《礼记·学记》："君子之教喻也，道而弗牵，强而弗抑，开而弗达。"任，能力，才能。牵制，约束，强制。

【译文】

君子与人说话，使所用的言辞可以达到对方智虑能达到的地方，所说的事可以契合对方性情悦乐的地方，不会超过对方能力所及而强制他知晓。

君子将与人语大本之源①，而谈性义之极者②，必先度其心志③，本其器量④，视其锐气⑤，察其堕衰，然后唱焉以观其和⑥，导焉以观其随。

———

①大本：根本，事物的本源。

②性义：义理，道理。

③度（duó）：衡量，忖度。

④本：探究，推原。器量：才识，度量。

⑤锐气：锐进之气，进取之气。

⑥唱：发起，倡导。

【译文】

君子将要与人言说事物的根本，谈论极致的道理的时候，一定会先衡量他的心志，推究他的才识度量，观察他的锐进之气，考察他的怠惰之态，然后发起言说来看他的应和情况，以言语引导来看他的跟随情况。

艺纪

艺者德之枝叶也①，德者人之根干也。

———

①枝叶:这里指才艺是品德的辅佐,从属于品德。

【译文】

才艺是品德的枝叶,品德是做人的根本。

君子非仁不立,非义不行,非艺不治,非容不庄,四者无愆^①,而圣贤之器就矣。

———

①愆:违背,违失。

【译文】

君子无仁不能立身,无义不能行动,无才艺不能治事,无仪容不能庄雅,四者都没有违失,那么圣贤之才就完备了。

核辩

夫辩者,求服人心也,非屈人口也。

【译文】

辩论,追求的是折服人心,不是屈服他人的口舌。

智行

君子仁以博爱,义以除恶,信以立情^①,礼以自节,聪以自察,明以观色,谋以行权,智以辨物。

———

①情:诚,真实。

【译文】

君子以仁施行博爱,以义消除邪恶,以信树立真诚,以礼管制自我,以善听来自我审察,以善视来明察人意,以谋虑行使权变,以智明辨事理。

夫明哲之士者,威而不慑,困而能通,决嫌定疑,辨物居方①,禳祸于忽杪②,求福于未萌,见变事则达其机③,得经事则循其常,巧言不能推,令色不能移④,动作可观则⑤,出辞为师表⑥。

————

①辨物居方:辨别事物的性质、条件等因素,使之各得其所。《周易·未济·象》:"君子以慎辨物居方。"

②禳(ráng)祸:禳除灾祸。忽杪(miǎo):极细微。杪,原指树木末端、树梢,这里引申为细微。

③机:机要,关键,要领。

④巧言不能推,令色不能移:二句互文,即巧言令色都不能更易其心志。推,移,改变。

⑤则:效法。

⑥师表:表率,即可供人师法的标准模范。

【译文】

那些明智睿哲的人,面临威逼而不屈惧,身处困窘而能通达,决断嫌疑,分辨事物,使之各得其所,在灾患还处于极细微时便已除之,在福善还未萌发时便即求之,看到变化的就能通达其关键所在,遇到常见的事则能循行常法,巧言令色都不能改变他的心志,他的行为可以观摩效法,言辞可以为人表率。

爵禄

夫登高而建旌,则其所视者广矣;顺风而振铎,则其所闻者远矣。非旌色之益明,铎声之益远也,所托者然也[1]。

————

[1]"夫登高而建旌"七句:语仿《荀子·劝学》:"登高而招,臂非加长也,而见者远;顺风而呼,声非加疾也,而闻者彰……君子生非异也,善假于物也。"

【译文】

登上高处树立起旌旗,那么在很广阔的视域里都能看见它;顺着风向摇铃,那么很远的地方都能听见铃声。不是旌旗的颜色更加鲜明,大铃的声音更加远扬,是托于高处与顺着风向使它们这样。

考伪

求名有三:少而求多,迟而求速,无而求有。此三者不僻为幽昧,离乎正道,则不获也,固非君子之所能也。

【译文】

求名有三种:名少的求多,名来得迟的求来得快,没有名的求有名。这三种若不用不光彩的,偏离正道的方式,那么是没有办法迅速获得的,这本非君子能为。

君子者能成其心[1],心成则内定,内定则物不能乱,物不能乱则独乐其道,独乐其道则不闻为闻,不显为显。

①成：通"诚"。

【译文】

君子能专诚自己的内心，心诚那么就能心定，心定那么外物不能扰乱，外物不能扰乱那么就能独自乐行其道，独自乐行其道那么即使无名也会自成其名，即使不有意彰显也自会彰显。

谴交

使民劳而不至于困，逸而不至于荒。

【译文】

使百姓劳身但不至于疲乏，安逸但不至于怠惰。

古之交也近，今之交也远；古之交也寡，今之交也众；古之交也为求贤，今之交也为名利。

【译文】

古代的交游近，现在的交游远；古代的交游少，现在的交游多；古代的交游是为结交贤友，而现在的交游是为求取名利。

夭寿

君子爱其形体，故以成其德义也。

【译文】

君子爱惜他的身体，所以成就他的道德仁义。

务本

近物者易验,而远数者难效①。

———

①效:证明,验证。

【译文】

眼前事物容易检验,而长远的谋划难以立见成效。

道有本末,事有轻重,圣人之异乎人者无他焉,盖如此而已矣。

【译文】

有根本的道理也有无关紧要的道理,有主要的事情也有次要的事情,圣人与常人的不同不在别处,就在于能分清道理事情的本末轻重罢了。

审大臣

凡明君之用人也,未有不悟乎己心,而徒因众誉也。

【译文】

凡是贤明的君主任用人才,没有自己内心不明察而仅仅根据众人赞誉的。

非有独见之明,专任众人之誉,不以己察,不以事考,亦何由获大贤哉!

【译文】

没有见人所不能见的洞彻明察,用人时专信众人的赞誉,不经过自己观察,不考察他如何行事,又从何处来获得大贤之才呢!

亡国

君子者,行不媮合①,立不易方②,不以天下枉道③,不以乐生害仁,安可以禄诱哉?

———

①媮(tōu)合:偷合,苟且迎合。《群书治要》"媮"作"苟"。

②立不易方:语出《周易·恒·象》:"君子以立不易方。"方,道。

③枉道:违背正道。

【译文】

君子,行事不苟且迎合,立身不改易其道,不因天下好恶而违背正道,不因珍惜生命而损害仁义,哪里可以用爵禄来诱惑呢?

赏罚

赏罚者,不在乎必重,而在于必行。必行则虽不重而民肃,不行则虽重而民怠。

【译文】

奖赏与惩罚,不在于程度一定要很重,而在于一定要实施。赏罚必定实施那么即使程度不重民众也会恭敬谨肃,赏罚不实施那么即使程度很重民众也会懈怠轻慢。

当赏者不赏,则为善者失其本望①,而疑其所行;当罚者不罚,则为恶者轻其国法,而怙其所守②。

——

①本望:本来的愿望。

②怙(hù):依赖,仗恃。

【译文】

应当奖赏的却不奖赏,那么行善的人就失去了他原本的期望,而怀疑自己的善行;应当惩罚的却不惩罚,那么作恶的人就会轻忽国法,而继续仗恃自己的恶行。

圣人不敢以亲戚之恩而废刑罚①,不敢以怨仇之忿而留庆赏②。夫何故哉?将以有救也。

——

①圣人:这里是对帝王的尊称,指圣明有德的帝王。

②庆赏:赏赐。

【译文】

圣明的君主不敢因为亲属的恩情而废除刑罚,不敢因为对仇敌的怨恨而保留赏赐。这是什么原因呢?这是将用来救民于废善行恶的。

赏罚不可以疏,亦不可以数①。数则所及者多,疏则所漏者多。赏罚不可以重,亦不可以轻。赏轻则民不劝②,罚轻则民亡惧③;赏重则民徼倖④,罚重则民无聊⑤。

——

①数(cù):密集,稠密。

②劝:勉励,鼓励。

③亡:无,没有。

④徼倖(jiǎoxìng):同"侥幸",企求非分。

⑤无聊：此指窘困无依，无所依靠。

【译文】

赏罚不能太过稀疏，也不能太过密集。密集那么所涉及的人就很多，稀疏那么所遗漏的人就很多。赏罚不能太重，也不能太轻。奖赏太轻那么民众就不会得到鼓励，惩罚太轻那么民众就不会畏惧；奖赏太重那么民众就会生出非分的企求，惩罚太重那么民众就会窘困无依。

赏罚之于万民，犹辔策之于驷马也①，辔策不调，非徒迟速之分也，至于覆车而摧辕②。

①辔（pèi）策：御马的缰绳和马鞭。驷马：指驾一车之四马。

②辕：车前驾牲口用的直木，压在车轴上，伸出车舆的前端。

【译文】

赏罚对万民来说，就像是缰绳和马鞭对于拉车的四马一样，缰绳和马鞭不协调，不仅仅会有快慢的区别，更会到翻车折辕的地步。

民数

水有源，治有本。

【译文】

水流有源头，治国有根本。

周生烈子

　　《周生烈子》,三国魏周生烈撰。周生烈,复姓周生,名烈,字文逸,敦煌(今属甘肃)人。魏初张既为梁州刺史,礼聘之,历官博士、侍中。

　　《周生烈子》一书,《隋书·经籍志》儒家类《潜夫论》条下注云:"《周生子要论》一卷,录一卷,魏侍中周生烈撰,亡。"两《唐书》均著录《周生烈子》五卷,宋以后史志书目多已不载。唐马总《意林》录其文十条。今有清张澍《二酉堂丛书》本及《玉函山房辑佚书续编》本两种辑本。

　　本书选文据中华书局《新编诸子集成续编·意林校释》。

听讼不如使勿讼^①，善断不如使勿乱。

───

①听讼：审理诉讼案件。语出《论语·颜渊》："听讼，吾犹人也，必也使无讼乎。"

【译文】

善于审理诉讼案件不如不发生诉讼案件，善于断案不如不发生混乱。

临死修善，于计已晚；事迫乃归，于救已微。

【译文】

临死时做善事，作为对策来说已经晚了；事情急迫时才考虑结果，想要补救也作用不大了。

有阶者易成基^①，无因者难成时。

───

①阶：凭藉。

【译文】

有凭藉容易形成基础，没条件难以造就时机。

让一得百，争十失九。

【译文】

谦让一点，可以得到上百的益处；争夺十个，却可能会损失九个。

休论

　　《体论》,三国魏杜恕撰。杜恕(? —252),字务伯,京兆杜陵(今陕西西安)人。魏明帝太和中为散骑黄门侍郎,在朝八年,不结党羽,专心向公,多次上疏直言朝政得失,为时所重。后历任弘农太守、河东太守、幽州刺史等职,所在有政声。后因事被贬至章武郡,数年后去世。其生平事迹见《三国志·魏书》本传。

　　据《三国志》本传,杜恕"在章武,遂著《体论》八节",《隋书·经籍志》儒家类著录《体论》四卷,两《唐书》同。宋以来史志书目均不见载,疑亡佚于唐宋之际。清严可均据《群书治要》等辑出八篇,合为一卷,收入《全上古三代秦汉三国六朝文》,清马国翰《玉函山房辑佚书》亦有一卷辑本。

　　本书选文据《全上古三代秦汉三国六朝文》。

君

夫名,所以名善者也,善修而名自随之,非好之之所能得也。

【译文】

好的名声,是用来称道有善行的人的,修养了善行那么名声自会随之而来,不是喜欢好名声就能得到的。

人有厚德,无问小节;人有大誉①,无訾小故②。

———

①誉:声誉。

②訾(zī):指责。

【译文】

一个人有厚重的德行,就不要计较他的小节了;一个人有大的声誉,就不指责他的小过错了。

行

夫君子直道以耦世①,小人枉行以取容②;君子掩人之过以长善,小人毁人之善以为功;君子宽贤容众以为道,小人微讦怀诈以为智③;君子下学而无常师④,小人耻学而羞不能。

———

①耦世:适应世俗。

②取容:讨好他人以求容身。

③微讦(jiǎo jié):揭人阴私。怀诈:心存欺诈。

④下学：向比自己地位低的人学习，从身边附近的事物开始学习。

【译文】

君子正直行事以适应世俗，小人不行正道以求容身；君子掩盖别人的过错而发挥他的长处，小人诋毁别人的善行还自以为功；君子把宽厚贤能包容众人当做正道，小人把揭人隐私心存欺诈当做有智慧；君子善于向身边的人学习没有固定的老师，小人耻于向别人学习又为自己的无能羞愧。

君子心有所定，计有所守；智不务多，务行其所知；行不务多，务审其所由；安之若性，行之如不及。

【译文】

君子心中有一定的信念和目标，考虑事情有一定的原则；学识不求多，但求自己明白并付诸实践；做事不求多，但自己清楚做这些事的理由；专心踏实，不停地向前行进。

君子之养其心，莫善于诚。夫诚，君子所以怀万物也。天不言而人推高焉，地不言而人推厚焉，四时不言而人期焉，此以至诚者也。诚者，天地之大定，而君子之所守也。

【译文】

君子修养身心，没有比诚实更好的了。诚实，是君子胸怀万物的态度。天不说话但人人推崇它的高远，地不说话而人人推崇它的厚重，四时不说话而人人期待它们，这是因为它们是最诚实的。诚实有信，是天地之间最大的规律，也是君子应该遵守的。

政

为政者不可以不知民之情，知民然后民乃从令。

【译文】

掌握政权的人不可以不了解民情，熟知民情，然后百姓才能听从他的命令。

顾子新言

　　《顾子新言》，又名《顾子新语》，三国吴顾谭撰。顾谭（？—约246），字子默，吴郡（今江苏苏州）人，吴丞相顾雍之孙。曾任太常，后因受人谗害，被贬至交州，遂发愤著书，作《新言》二十篇。《隋书·经籍志》将其归入儒家类，两《唐书》亦录其目，宋代史志多不载，已佚。唐代马总《意林》录其文一条，清人严可均、马国翰等也有辑本。

　　本书选文据中华书局《新编诸子集成续编·意林校释》。

刑者小人之防^①,礼者君子之稔^②。

———

①小人:小民,普通百姓。防:提防,防范。

②稔(rěn):熟悉。

【译文】

刑罚是普通百姓应当防范的,礼节是君子应该熟知的。

刑者小人之防[1],礼者君子之稔[2]。

———

[1]小人:小民,普通百姓。防:提防,防范。

[2]稔(rěn):熟悉。

【译文】

刑罚是普通百姓应当防范的,礼节是君子应该熟知的。

通语

《通语》,三国吴殷基撰。殷基,以才学知名。《隋书·经籍志》儒家类《顾子新语》条下注云:"《通语》十卷,晋尚书左丞殷兴撰。"据清人周广业考证,《三国志》裴松之注多次引殷基《通语》,《三国志·吴书·顾邵传》亦称殷礼之子殷基"著《通语》数十篇"。清人黄以周认为,殷基或仅著八卷,殷兴续为十卷。

本书已佚,清人严可均辑其佚文一条,但不见于《意林》;马国翰据《三国志》裴注及《意林》辑录佚文一卷,并据《三国志》题为"吴殷基撰"。

本书选文据中华书局《新编诸子集成续编·意林校释》。

轮者,车之迹^①;楫者^②,舟之羽^③。身之须道,如此二物。

———

①迹:脚印。这里指脚。

②楫:船桨。

③羽:指翅膀。

【译文】

车轮是车的脚,船桨是船的翅膀。人身需要道义,就像车、船需要轮和桨一样。

才贵精,学贵讲。

【译文】

才能贵在专精,学问贵在研讨。

典语

　　《典语》，三国吴陆景撰。陆景(？—280)，字士仁，吴郡(今江苏苏州)人，三国时吴国将领，陆逊之孙，陆机之兄。以尚公主拜骑都尉，又拜偏将军、中夏督。晋军东下，与其兄一同遇害。《隋书·经籍志》儒家类《顾子新语》条下注有"《典语》十卷"，《旧唐书·经籍志》《新唐书·艺文志》作"《典训》"，实为一书。

　　本书已佚，唐马总《意林》录其文两条，清人严可均据《群书治要》等文献辑得佚文一卷，收入《全上古三代秦汉三国六朝文》，马国翰亦有辑本一卷，收于《玉函山房辑佚书》。

　　本书选文据中华书局《新编诸子集成续编·意林校释》《全上古三代秦汉三国六朝文》。

处其任者,必荷其责①;在其任者,必知所职。

———

①荷(hè):承担。

【译文】

在这个职位上,就一定要承担这个职位的责任;在这个职位上,就一定要知道这个职位的职责所在。

政有宜于古而不利于今,有长于彼而不行于此者。

【译文】

政策有适用于过往而不适用于当下的,有对那件事有利而对这件事不利的。

受金行秽①,非贞士之操②;背主事仇,非忠臣之节。

———

①行秽:品行污秽。

②贞士:志节坚定、操守方正的人。

【译文】

接受他人钱财品行污秽,不是正直之士的操守;背叛君主投靠仇敌,不是忠臣的气节。

谯子法训

　　《谯子法训》,三国蜀谯周撰。谯周(?—270),字允南,巴西西充国(今四川阆中)人。早孤好学,通经学,善书札,晓天文。历任益州劝学从事、典学从事,后为太子家令、中散大夫,迁光禄大夫,多次上疏进谏。邓艾兵临城下,谯周劝刘禅降魏,封阳城亭侯。入晋,任骑都尉、散骑常侍,以疾卒。著作有《古史考》《五经论》等。其生平事迹见《三国志·蜀书》本传。

　　《谯子法训》,《隋书》及两《唐书》均著录为八卷,宋以来史志书目均不见著录,疑亡佚于唐宋之际。唐马总《意林》录其文五条,清张澍、马国翰、严可均等均有辑本。

　　本书选文据中华书局《新编诸子集成续编·意林校释》《全上古三代秦汉三国六朝文》。

齐交

必得其人，千里同好，固于胶漆，坚于金石，穷达不阻其分^①，毁誉不疑其实。

————

①穷达不阻其分：无论处境困窘还是通达，都不会拒绝履行自己的本分，做到一个朋友该做的事。阻，拒绝。

【译文】

结交到真正的相知之人，即使远隔千里也会有相同的爱好，比胶漆还牢固，比金石都坚硬，无论困窘还是通达都不会拒绝履行自己的本分，无论诋毁还是赞誉都不怀疑对方的真实。

阙题

公人好人之公，私人好人之私。

【译文】

有公心的人，喜欢人公正无私；私心重的人，喜欢人徇私枉法。

念己之短，好人之长，近仁也。

【译文】

常常思虑自己的短处，称赞别人的长处，就能接近仁义了。

有财不济交，非有财也；有位不举能，非有位也。

【译文】

有了财富却不接济朋友，不算真正的有财富；有了职位不能举荐贤能,不算真正的有地位。

君子好闻过而无过,小人恶闻过而有过。

【译文】

君子喜欢听别人指出自己的过错,所以自己没有过错;小人厌恶听别人说自己有过错,所以常常会犯错。

好学以崇智①,故得广业;力行而卑体,故能崇德②。

———

①崇智:增长才智。

②崇德:发扬盛德。

【译文】

勤奋学习以增长才智,所以能扩展学业;努力践行而谦卑有礼,所以能发扬盛德。

利物诱人,犹飘风之加草也,惟直慎者,然后不回。

【译文】

用物质利益诱惑人,就像大风吹草,只有正直慎重的人不会走上邪路。

夫孝,百行之本,替本而求末者,未见有得之者也。

【译文】

孝,是各种品行的根本,舍掉根本而求其末端的人,没见过能有所收获的。

为国者不患学者之不农^①,患治民者之不学。

――――

①农：勤勉。

【译文】

治理国家的人,不担忧学者不勤勉,而担忧治理百姓的人没有学问。

物理论

　　《物理论》，晋杨泉撰。杨泉，字德渊，梁国（今河南商丘）人，吴国处士。入晋，征为侍中，不就。

　　《物理论》一书，《隋书·经籍志》儒家类夏侯湛《新论》下注云："梁有杨子《物理论》十六卷，杨子《大元经》十四卷，并晋征士杨泉撰。"但时已亡。两《唐书》均著录《物理论》十六卷，宋以来史志书目不见记载，疑亡佚于唐宋之际。唐马总《意林》录其文十六条，清人孙星衍辑有一卷，《丛书集成初编》有排印本。

　　本书选文据中华书局《新编诸子集成续编·意林校释》及《丛书集成初编》本。

人含气而生,精尽而死,死犹澌也[1],灭也,譬如火焉,薪尽而火灭,则无光矣。故灭火之余,无遗炎矣,人死之后,无遗魂矣。

———

[1] 澌:尽,消亡。

【译文】

人含气而出生,精气用完就死了,死就像消亡、灭亡,就像火,柴一烧光,火就灭了,就没有光亮了。所以火灭之后,就不再有热量留下来,人死之后,也没有魂魄留下来。

人之涉世,譬如奕棋[1],苟不尽道,谁无死地,但不幸耳。

———

[1] 奕:通"弈",下棋。

【译文】

人生于世,就像下棋,如果不合棋道,谁没有死地呢,只是幸运不幸运罢了。

使民主养民[1],如蚕母之养蚕,则其用岂徒丝蚕而已哉?

———

[1] 民主:人民之主,即君主。

【译文】

如果君主养育民众,能像蚕娘养蚕一样,那么其功用哪里只是会吐丝的蚕呢?

奸与天地俱生,自然之气也。人主以政御人,政宽则奸易禁,政急则奸难绝。

【译文】

奸邪是与天地共生的,是一种自然之气。君主通过政治统御人民,政治宽松那么奸邪就容易控制,政治苛急那么奸邪就难以杜绝。

欲定天下而任小人者,犹欲捕麛鹿而张兔罝^①,不可得也。

①麛:即獐子,状似鹿而小,无角。

②罝(jū):网。

【译文】

想要平定天下却任用小人的,就像想要捕捉麛鹿却张开了捕捉兔子的猎网,是不可能抓到的。

语曰:"黄金累千,不如一贤。"

【译文】

俗话说:"黄金积攒了一千,也不如一位大贤。"

雄声而雌视者,虚伪人也;气急而声重者,敦实人也。

【译文】

声音像男性而目光像女性的,是虚伪的人;气息急促而声音沉重的,是敦厚朴实的人。

凡病可治也,人不可治也。

【译文】

病是可以医治的,但人是难以医治的。

秉纲而目自张，执本而末自从^①。

——

①"秉纲"两句：亦见于《傅子》。秉，掌握。纲，提网的总绳，比喻事物的关键部分。目，网眼，比喻次要环节。

【译文】

掌握事物的关键部分，次要环节自然清晰显明；抓住事物的根本，细枝末节就可以随之处理。

太元经

《太元经》，晋杨泉撰。杨泉所撰《物理论》已见前。《太元经》，《隋书·经籍志》儒家类夏侯湛《新论》条下注有"杨子《大元经》十四卷"，当即此书。唐代史志仍录其目，宋史志已不载，或散佚于唐宋之际。唐马总《意林》录其文六条，清人马国翰辑录佚文一卷，收于《玉函山房辑佚书》，其序言称："此书仿扬子云《太玄》为之，亦拟《易》之类也。"

本书选文据中华书局《新编诸子集成续编·意林校释》。

怒如烈冬,喜如温春。

【译文】

人发怒时就像凛冽的寒冬,高兴时就像温暖的春季。

强梁者亡[①],掘强者折[②],大健者跋[③],大利者缺[④]。

———

①强梁者亡:语本《老子·四十二章》"强梁者不得其死"。强梁,强横,凶暴。

②掘:通"倔"。折:折毁,挫败。

③大(tài)健:特别健步,特别善于行走。健,擅长。跋:跌倒。

④大(tài)利:特别锋利。

【译文】

横暴的人会死掉,倔强的人会受挫折,特别善于行走的人会跌倒,特别锋利的刀会有缺口。

干子

　　《干子》,东晋干宝撰。干宝,字令升,新蔡(今属河南)人。少时勤学,博览书记。后以佐著作郎领修国史,著《晋纪》,有"良史"之称。又撰有《搜神记》,为魏晋南北朝志怪小说的代表。

　　《隋书·经籍志》儒家类《志林新书》条下注有《干子》十八卷,已佚,《旧唐书·经籍志》《新唐书·艺文志》著录干宝《正言》十卷、《立言》十卷,宋代史志多不载。清人丁国钧认为唐史志所载即为《干子》十八卷。唐马总《意林》录其文两条,清人马国翰辑得《干子》佚文一卷,收于《玉函山房辑佚书》。

　　本书选文据中华书局《新编诸子集成续编·意林校释》。

势弱于己,则虎步而凌之①;势强于己,则鼠行而事之②。此奸雄之才也③,亦且小人。

———

①虎步:像老虎一样步履威武矫健。形容举动威武。凌:侵犯,欺压。

②鼠行:像老鼠一样行走。形容做事小心翼翼。

③奸雄:指弄权欺世、窃取高位的人。

【译文】

势力比自己弱小的,就像老虎一样肆无忌惮地欺负他;势力比自己强大的,就像老鼠一样小心翼翼地事奉他。这是奸雄具有的才略,也就是小人。

义记

　　《义记》,《隋书·经籍志》作"《顾子》",《旧唐书·经籍志》《新唐书·艺文志》皆作"《顾子义训》",《意林》作"《义记》",当为一书。著者顾夷,《隋书·经籍志》只称"晋扬州主簿",其籍贯、生平皆不详。《义记》属儒家类著作,原有十卷,已佚。《意林》录其文五条,另有清人马国翰所辑佚文十余条,收于《玉函山房辑佚书》。

　　本书选文据中华书局《新编诸子集成续编·意林校释》。

衣暖而忘百姓之寒,食美而忘百姓之饥,非人也①。

————

①人:据《意林校释》卷六,"人"当作"仁"解,即仁爱。

【译文】

只顾自己穿得暖和却忘记了百姓的寒冷,只顾自己吃得美味却忘记了百姓的饥饿,这不是仁爱。

假天下之目以视①,则四海毫末可见②;借六合之耳以听③,则八表之音可闻④。

————

①假:借。

②毫末:毫毛末端。比喻极其细微。

③六合:天地与四方。这里指全天下的人。

④八表:八方之外。指极远的地方。表,外。

【译文】

借助全天下人的眼睛来看,那么四海之内极其微小的事物也能看得见;借助全天下人的耳朵来听,那么八方之外的声音也能听得到。

登高使人意远,临深使人志清。

【译文】

登上高山会使人心胸旷达,面临深涧会使人心灵清静。

颜氏家训

  《颜氏家训》,南北朝颜之推撰。颜之推,字介,出身琅琊颜氏世家,远祖为孔子的学生颜回。南北朝时文学家、教育家。颜之推历仕四朝,博学多才,被范文澜称为"当时南北两朝最通博最有思想的学者"。

  《颜氏家训》是一部系统完整的家庭教育教科书,是作者一生经验和心得的总结。全书共二十篇,涉及立身、治家、处事、为学等多个方面,一般先就论题概述,然后以事例论证,事例多涉南北朝风俗,可见历史;《书证》《音辞》篇则多涉训诂文章等学问,可供考证。《颜氏家训》在传统中国家庭教育史上影响巨大,享有"古今家训,以此为祖"的美誉。

  本书选文据中华书局三全本《颜氏家训》。

序致

夫圣贤之书，教人诚孝^①，慎言检迹^②，立身扬名^③，亦已备矣^④。

———

①诚孝：即忠孝，隋朝人为了避隋文帝父杨忠之讳而将"忠"改为"诚"。《隋书》所引当时名臣言论文章，"忠臣"例作"诚臣"。

②检迹：检点行为。是六朝时习用语，意思是行为自持，不放纵。

③立身扬名：立身，指处世、为人；扬名，使名声得以传播、宣扬。《孝经·开宗明义章》："立身行道，扬名于后世，以显父母，孝之终也。"

④备：完备。

【译文】

古代圣贤的著述，教诲人们要忠诚孝顺，说话谨慎，行为庄重，要建立高尚的人格并且宣扬美好的名声，这些道理，他们已经说得很完备了。

夫同言而信，信其所亲；同命而行，行其所服。

【译文】

同样一句话，有的人会信服，是因为说话者是他们所亲近的人；同样一个命令，有的人会执行，是因为下命令者是他们所敬服的人。

教子

上智不教而成^①，下愚虽教无益^②，中庸之人^③，不教不知也。

——

①上智：绝顶聪明。

②下愚：愚笨至极。

③中庸之人：智力平常的人。秦、汉以来，多以中庸指中材之人。此一用法与《礼记·中庸》篇之儒学范畴"中庸"有别。

【译文】

智力超群的人，不用教导也能成材；智力低下的人，虽受教导也于事无补；智力中等的人，不教导就不会懂得事理。

凡庶纵不能尔^①，当及婴稚^②，识人颜色，知人喜怒，便加教诲，使为则为，使止则止。

——

①凡庶：平民百姓。

②婴稚：指幼小时期。

【译文】

平民百姓纵然不能做到这样，也该在孩子已成幼儿，能看懂大人的脸色、知道大人的喜怒时，对他进行教育，做到大人允许他做才做，不允许他做就立刻停止。

父母威严而有慈，则子女畏慎而生孝矣。

【译文】

父母威严而又慈爱，子女就会敬畏谨慎，从而产生孝心。

孔子云"少成若天性，习惯如自然"是也。

【译文】

孔子所谓"少成若天性,习惯如自然"讲的正是这个道理。

俗谚曰:"教妇初来,教儿婴孩。"诚哉斯语^①!

————

①诚哉:确实如此。

【译文】

俗谚说:"教导媳妇要趁新到,教育儿子要及早。"这话说得很有道理!

父子之严,不可以狎^①;骨肉之爱,不可以简。简则慈孝不接,狎则怠慢生焉。

————

①狎(xiá):亲近而不庄重。

【译文】

父子之间的关系要严肃,不可以过分亲昵;骨肉之间的亲情之爱,不可以简慢不拘礼节。不拘礼节就不能做到父慈子孝,过分亲昵就会产生放肆不敬之心。

人之爱子,罕亦能均;自古及今,此弊多矣。贤俊者自可赏爱,顽鲁者亦当矜怜^①。

————

①矜:怜悯,同情。

【译文】

人们都喜爱自己的孩子,却少有能够一视同仁的;从古到今,这造成的弊病太多了。那聪慧俊秀的孩子当然值得赏识喜爱，那愚蠢迟钝的孩子也应该喜爱怜惜才是。

兄弟

夫有人民而后有夫妇，有夫妇而后有父子，有父子而后有兄弟：一家之亲，此三而已矣。

【译文】

有了人类以后才有夫妇，有了夫妇以后才有父子，有了父子以后才有兄弟：一个家庭中的亲人，就这三者而已。

兄弟者，分形连气之人也①。

———

①分形连气：形体各别，气息相通。

【译文】

兄弟，是外表不同而气息相通的人。

二亲既殁①，兄弟相顾，当如形之与影，声之与响；爱先人之遗体②，惜己身之分气③，非兄弟何念哉？

———

①殁（mò）：死。

②先人：指已死亡的父母。遗体：古人认为子女的身体为父母所生，因称子女的身体为父母的"遗体"。

③分气：分得的父母的血气。

【译文】

父母去世后，兄弟之间应当相互照顾，要如同形体与它的影子、声音与它的回声一样亲密；互相爱护先辈所给予的躯体，互相珍惜从父母那里分得的血气，不是兄弟的话，谁会这样互相爱怜呢？

人之事兄，不可同于事父，何怨爱弟不及爱子乎？是反照而不明也。

【译文】

人们不肯以对待父亲的态度敬事兄长，那何必埋怨兄长对弟弟不如对自家孩子疼爱呢？这是因为人们缺乏对自身的反省观照啊。

后娶

悲夫！自古奸臣佞妾，以一言陷人者众矣！

【译文】

可悲啊！自古以来的奸臣佞妾，以一句话就置人于死地的事太多了！

凡庸之性，后夫多宠前夫之孤，后妻必虐前妻之子；非唯妇人怀嫉妒之情，丈夫有沉惑之僻①，亦事势使之然也。

———

①沉惑：沉迷，迷惑之意。僻：通"癖"，癖好，不良嗜好。

【译文】

按照一般人的秉性，后夫大多宠爱前夫的孩子，后妻则必定会虐待前妻的子女；这不只是因为妇人天生嫉妒性情强，男子本性容易沉迷于诱惑,实际上这也是环境和事物发展的形势使得他们如此。

异姓宠则父母被怨[1],继亲虐则兄弟为仇[2],家有此者,皆门户之祸也。

――――

①异姓:前夫之子,因为子女跟从父姓,和继父不同姓,所以称"异姓"。

②继亲:后母。

【译文】

父母宠爱异姓孩子则会招致自己孩子的怨恨,继母虐待前妻的孩子则会使兄弟之间反目成仇,凡是家里存在这种问题的,都是家庭的灾祸啊。

治家

夫风化者[1],自上而行于下者也,自先而施于后者也[2]。是以父不慈则子不孝,兄不友则弟不恭,夫不义则妇不顺矣。

――――

①风化:风俗,教化。

②先:前人。后:后人。

【译文】

风化教育的事,是由上而下推行的,前人影响后人。因此,如果做父亲的不慈爱,子女就不会孝顺;做兄长的不友爱,弟弟就不会恭敬;丈夫不讲情义,妻子就不会温顺。

笞怒废于家,则竖子之过立见;刑罚不中,则民无所措手足。

【译文】

如果家中取消鞭笞一类的体罚,那么小孩的过错立马会出现;如果国家的刑罚施用不当,那么百姓就不知如何是好。

俭者,省约为礼之谓也;吝者,穷急不恤之谓也。

【译文】

节俭,是指合乎礼制的节省;吝啬,是指对穷困急难的人也不加救助。

生民之本,要当稼穑而食^①,桑麻以衣。

———

①要当:最重要的是。稼穑(sè):泛指农业生产。

【译文】

百姓生存的根本,是种植庄稼以解决吃饭的问题,种植桑麻以解决穿衣的问题。

借人典籍,皆须爱护,先有缺坏,就为补治,此亦士大夫百行之一也^①。

———

①百行:古代士大夫所订立身行己之道,共有百事,称之为百行。

【译文】

借别人的书籍,都应当爱护,借来时如有缺坏,就替别人修补好,这也是士大夫该做的善行之一啊。

风操

南人宾至不迎，相见捧手而不揖，送客下席而已；北人迎送并至门，相见则揖，皆古之道也，吾善其迎揖。

【译文】

南方人在宾客到来时不出迎，见面时只是拱手而不欠身，送客也仅仅起身离席而已；北方人迎送客人都要到门口，相见时作揖为礼，这些都是古代的遗风，我赞许他们这种待客之礼。

别易会难，古人所重；江南饯送，下泣言离。

【译文】

别时容易见时难，古人对离情特别重视；江南人在为人饯行时，谈到分离就掉眼泪。

北间风俗，不屑此事，歧路言离，欢笑分首[1]。然人性自有少涕泪者，肠虽欲绝，目犹烂然[2]；如此之人，不可强责。

————

[1]分首：犹分手。

[2]烂然：目光明亮、炯炯有神的样子。

【译文】

北方人的风俗，就不屑沉溺于离情别绪，走到岔路口的时候就各自说再见，然后欢笑着离去。当然，有的人天生就很少流泪，即使痛断肝肠，眼睛仍然炯炯有神；像这样的人，就不能过分责备他。

凡亲属名称，皆须粉墨[1]，不可滥也。

———

①粉墨:白与黑,此处指须像黑白一样明确区分。

【译文】

凡是亲属的名称,都必须分辨清楚,不可胡乱混用。

古者,名以正体,字以表德。

【译文】

古时候,名用来表明本身,字用来表示德行。

人有忧疾,则呼天地父母,自古而然。

【译文】

人有忧患疾病时,就会呼喊天地父母,自古以来都是这样。

兵凶战危,非安全之道。

【译文】

兵器是凶险的事物,战争是危险的事情,都不是安全之道。

四海之人,结为兄弟,亦何容易。必有志均义敌①,令终如始者②,方可议之。

———

①敌:相当。

②令终如始:即始终如一。

【译文】

四海之内的异姓之人,结拜为兄弟,并不是一件容易的事。必须得是志同道合而又始终如一的人,才能商讨此事。

门不停宾,古所贵也。

【译文】

不使宾客滞留在大门口,这是古人所看重的礼节。

慕贤

古人云:"千载一圣,犹旦暮也;五百年一贤,犹比髆也①。"言圣贤之难得,疏阔如此②。

———

①比髆(bó):并肩,挨得近。髆,肩胛。

②疏阔:间隔久远。

【译文】

古人说:"一千年出一位圣人,已经近得像从早到晚那么快了;五百年出一位贤人,已经密得像肩碰肩一样了。"这是说圣人贤人稀少难得,已经到这种地步了。

与善人居,如入芝兰之室,久而自芳也;与恶人居,如入鲍鱼之肆,久而自臭也。

【译文】

与善人相处,就像进入满是芝草兰花的屋子中一样,时间一长自己也变得芬芳起来;与恶人相处,就像进入满是鲍鱼的店铺一样,时间一长自己也变得腥臭起来。

世人多蔽,贵耳贱目,重遥轻近。

【译文】

世间的人大多见识不明,对传闻的人和事很看重,对亲眼所见的东西则很轻视;对远方的事物很感兴趣,对近处的事物则不放在心上。

用其言,弃其身,古人所耻。凡有一言一行,取于人者,皆显称之,不可窃人之美,以为己力;虽轻虽贱者,必归功焉。

【译文】

采用了别人的言论却嫌弃这个人,古人认为这种行为是可耻的。凡是一句话或一个举措,取自于他人的,都应该公开赞扬人家,不能窃取他人成果,当成自己的功劳;即使是地位低下的人,也要肯定他的功劳。

勉学

自古明王圣帝,犹须勤学,况凡庶乎!

【译文】

自古以来的那些圣明帝王,尚且须要勤奋学习,何况普通百姓呢!

有志尚者,遂能磨砺,以就素业①,无履立者②,自兹堕慢③,便为凡人。

———

①素业:清素之业,即士族所从事的儒业。

②履立:操行。

③堕慢:散漫。

【译文】

那些有志气的人,就能经受磨炼,成就其清白正大的事业,而那些没有操守的人，从此懒散懈怠起来，就成了平庸之辈。

人生在世，会当有业：农民则计量耕稼，商贾则讨论货贿，工巧则致精器用，伎艺则沉思法术，武夫则惯习弓马，文士则讲议经书。

【译文】

人生在世，应该有所专业：当农民的就要算计耕作，当商贩的就要商谈买卖，当工匠的就要努力制作各种精巧的用品，技艺之士就要深入研习各种技艺，武士就要熟悉骑马射箭，而文人则要讲论儒家经书。

谚曰："积财千万，不如薄伎在身。"伎之易习而可贵者①，无过读书也。世人不问愚智，皆欲识人之多，见事之广，而不肯读书，是犹求饱而懒营馔②，欲暖而惰裁衣也。

———

①伎：技艺，才能。

②馔（zhuàn）：食物。

【译文】

俗话说："积财千万，不如薄技在身。"各种技艺中最容易学会而又值得推崇的本事，无过于读书。世人不管愚蠢还是聪明，都希望认识的人多，见识的事广，但却又不肯读书，这就好比想要吃饱却懒得做饭，想要身体暖和却又懒于裁衣一样。

夫命之穷达，犹金玉木石也；修以学艺，犹磨莹雕刻也。

【译文】

一个人的命运是困厄还是显达，就好比金玉与木石；研习学问，就好比琢磨金、玉,雕刻木、石。

生而知之者上,学而知之者次。所以学者,欲其多知明达耳。

【译文】

生下来就明白事理的是天才,通过学习才明白事理的是次一等人。人之所以要学习,就是想使自己多明白些道理而已。

人见邻里亲戚有佳快者^①,使子弟慕而学之,不知使学古人,何其蔽也哉?

———

①佳快:优秀的意思。

【译文】

人们看乡邻亲戚中有优秀的人物,就让自己的子弟钦慕他们,向他们学习,却不知道让自己的子弟向古人学习,这是多么糊涂啊?

爰及农商工贾,厮役奴隶,钓鱼屠肉,饭牛牧羊,皆有先达,可为师表,博学求之,无不利于事也。

【译文】

推而广之,甚至那些农夫、商贾、工匠、厮役、僮仆、渔民、屠夫,喂牛的、放羊的,他们中间都有杰出之士,可以作为学习的榜样,广泛地向这些人学习,对事业是有好处的。

夫所以读书学问,本欲开心明目,利于行耳。

【译文】

人之所以要读书学习,本来是为了开发心智,提高认识力,以利于自己的行动。

学之所知,施无不达。

【译文】

从学习中所获取的知识,在哪里都可以运用。

夫学者所以求益耳。

【译文】

人们学习是为了有所收获有所提高。

古之学者为己,以补不足也;今之学者为人,但能说之也。古之学者为人,行道以利世也;今之学者为己,修身以求进也。

【译文】

古代求学的人是为了充实自己,以弥补自身的不足;现在求学的人是为了向别人炫耀,只能夸夸其谈。古代求学的人是为了别人,推行自己的主张以造福社会;现在求学的人是为了自身需要,提高知识水平以谋求官职。

夫学者犹种树也,春玩其华,秋登其实;讲论文章,春华也,修身利行①,秋实也。

———

①修身利行:涵养德性,以利于事。

【译文】

学习就像种树一样，春天可以观赏它的花朵，秋天可以摘取它的果实；讲论文章，这就好比赏玩春花，修身利行，这就好比摘取秋果。

人生小幼，精神专利①，长成已后，思虑散逸，固须早教，勿失机也。

────

①专利：专注集中。

【译文】

人在幼小的时候，精神专注敏锐，长大成人以后，思想容易分散，因此对孩子要及早教育，不可坐失良机。

然人有坎壈①，失于盛年，犹当晚学，不可自弃。

────

①坎壈(lǎn)：困顿，不得志。

【译文】

当然，人总有困厄的时候，即使在青少年时失去了求学的机会，也应在晚年时抓紧时间学习，不可自暴自弃。

幼而学者，如日出之光，老而学者，如秉烛夜行，犹贤乎瞑目而无见者也。

【译文】

从小就学习的人，就好像日出的光芒；到老年才开始学习的人，就好像手持蜡烛在夜间行走，但总比闭着眼睛什么都看不见的人强。

学之兴废,随世轻重。

【译文】

学习风气的兴盛或衰败,随社会风气变化而变化。

光阴可惜,譬诸逝水。当博览机要,以济功业;必能兼美,吾无间焉。

【译文】

光阴可惜,就像流水般一去不返。我们应当广泛阅读书中那些精要之处,以求对自己的事业有所助益;如果你们能把博览与专精结合起来,那我就十分满意,再无话可说了。

夫老、庄之书,盖全真养性①,不肯以物累己也②。

———

①全真:保持本性。

②以物累己:因为外物而损伤自己。

【译文】

老子、庄子的书,讲的是如何保持本真、修养品性,不肯以身外之物来损伤自己。

孝为百行之首,犹须学以修饰之,况余事乎!

【译文】

孝为百行之首,尚且须要通过学习去培养完善,何况其他的事呢!

子当以养为心,父当以学为教。

【译文】

当儿子的固然应当把供养双亲的责任放在心上，当父亲的更应当把督促子女学习当做教育他们成人的头等大事。

《书》曰："好问则裕。"《礼》云："独学而无友，则孤陋而寡闻。"盖须切磋相起明也①。

————

①起：启发，开导。

【译文】

《尚书》上说："喜欢提问则知识充足。"《礼记》上说："独自学习而没有朋友共同商讨，就会孤陋寡闻。"看来，学习要共同切磋，互相启发，才能更加明白。

谈说制文，援引古昔，必须眼学，勿信耳受。

【译文】

谈话写文章，援引古代的事例，必须是自己亲眼看到的，而不要相信听来的。

夫文字者，坟籍根本。

【译文】

文字是典籍的根本。

夫学者贵能博闻也。

【译文】

求学的人都以见闻广博为贵。

观天下书未遍，不得妄下雌黄①。

——

①雌黄：古人以黄纸写字，有误，则以雌黄涂之。

【译文】

如果没有读遍天下的书籍，就不能任意改动书籍中的文字。

文章

至于陶冶性灵，从容讽谏，入其滋味，亦乐事也。行有余力，则可习之。

【译文】

至于以文章来陶冶性情，或抒发自己的情感，或深入体会其含义，都是令人快乐的事情。若平时修行有余力，则可以学习这方面的事。

学问有利钝，文章有巧拙。

【译文】

做学问有聪明和迟钝之分，写文章有精巧和拙劣的区别。

但成学士，自足为人。

【译文】

其实只要成为饱学之士，就足以立身处世。

自见之谓明，此诚难也。

【译文】

自己能看清自己才叫明，这确实是不容易做到的。

凡为文章，犹人乘骐骥[1]，虽有逸气，当以衔勒制之，勿使流乱轨躅[2]，放意填坑岸也。

————

[1]骐骥(jì)：良马。

[2]轨躅(zhú)：本指车辙，引申为法度规范。

【译文】

作文章就好比是骑千里马，虽然马很骏逸奔放，也还是得用衔勒来控制它，不要让它乱了奔走的法度，纵意跃进那坑岸之下。

文章当以理致为心肾，气调为筋骨，事义为皮肤，华丽为冠冕。

【译文】

文章要以义理意致为心肾，气韵格调为筋骨，用典合宜为皮肤，华丽辞藻为冠冕。

沈隐侯曰[1]："文章当从三易：易见事，一也；易识字，二也；易读诵，三也。"

————

[1]沈隐侯：沈约。谥隐侯。沈约，字休文，南朝著名文学家，历仕宋、齐、梁三朝，入梁后地位日高，官至尚书令、太子少傅、侍中。《梁书》有传。

【译文】

沈约说："写文章应当遵从三易的原则：一是用典通俗易懂；二是文字容易认识；三是易于朗读背诵。"

名实

名之与实,犹形之与影也。德艺周厚,则名必善焉;容
色姝丽,则影必美焉。

①德艺:德行才艺。周厚:周洽笃厚。

【译文】

名与实的关系,就像形体与影子的关系一样。德才周全深厚的人,
他的名声必然是好的;容貌秀丽的人,他的影像也必然是美的。

上士忘名,中士立名,下士窃名。

【译文】

最上等的人忘却名声,中等的人树立名声,下等的人窃取名声。

吾见世人,清名登而金贝入,信誉显而然诺亏,不知后
之矛戟,毁前之干橹也。

①金贝:金钱,货币。

②干:抵御刀剑之类的小盾牌。橹:抵御矛戟的大盾牌。

【译文】

我看到世上的人,有了清廉的名声后就开始聚敛财富,有了显耀的
信誉后就开始说话不算数了,这些人不知道他们后来的行为,会把前面
辛辛苦苦建立的名声全毁掉。

人之虚实真伪在乎心,无不见乎迹,但察之未熟耳。一

为察之所鉴,巧伪不如拙诚,承之以羞大矣。

【译文】

人的虚假真实都发自内心,没有不在行动上表现出来的,只是别人观察得不仔细罢了。一旦被别人看出了真相,那么巧妙掩饰的虚假还不如笨拙不加掩饰的真实,接着招来的羞辱也够大的。

以一伪丧百诚者,乃贪名不已故也。

【译文】

像这样由于一件事情伪装造假,而毁掉了百件事情的真,全都是因为无休无止地追求名誉而造成的。

四海悠悠,皆慕名者,盖因其情而致其善耳。

【译文】

天地如此之大,人们无不仰慕美名,大概也是顺应人们追求美名的心态而引导他们修身行善吧。

夫修善立名者,亦犹筑室树果,生则获其利,死则遗其泽。

【译文】

多行善事,树立名誉,就如同造房和种树,在生时获得它的利益,去世后又能泽被后世。

涉务

士君子之处世,贵能有益于物耳,不徒高谈虚论,左琴右书,以费人君禄位也。

【译文】

士大夫处身立世,贵在能够做一些有益于人的事,不能光是高谈阔论,无事研习琴书,虚耗君主给他的俸禄官位。

古人欲知稼穑之艰难,斯盖贵谷务本之道也。夫食为民天,民非食不生矣,三日不粒,父子不能相存。

【译文】

古人亲自耕种是为了体验务农的艰辛,这是使人珍惜粮食、重视农业劳动的方法。民以食为天,没有食物人们就无法生存,三天不吃饭的话,父子之间也不能相互救助。

能走者夺其翼,善飞者减其指,有角者无上齿,丰后者无前足,盖天道不使物有兼焉也。

【译文】

善跑的上天不让它生翅膀,善飞的没有前爪,长了双角的缺掉上齿,后肢发达的前肢退化,大概是天道不让生物兼具各种长处吧。

古人云:"多为少善,不如执一;鼫鼠五能①,不成伎术。"

———

①鼫(shí)鼠:鼠名。也叫"石鼠""土鼠"。《尔雅·释兽》:"鼫鼠,形大如鼠,头似兔,尾有毛,青黄色,好在田中食粟豆,关西呼为鼩鼠。"五能:这里是说鼫鼠有五种技能。《说文·鼠部》:"鼫,五技鼠也,能飞不能过屋,能缘不能穷木,能游不能渡谷,能穴不能掩身,能走不能先人,此之谓五技。从鼠石声。"

【译文】

古人说:"做得多而做好的少,还不如专心做好一件;鼯鼠有五种本事,可都成不了技术。"

君子当守道崇德,蓄价待时,爵禄不登,信由天命。

【译文】

君子应当坚守正道,增强自身道德修养,蓄养身价名望,等待合适的机会,就算不能得到高官厚禄,那也是由上天安排。

凡不求而自得,求而不得者,焉可胜算乎!

【译文】

所有不索求而获得的人,索求而不获的人,多得数都数不清。

王子晋云:"佐饔得尝,佐斗得伤①。"此言为善则预,为恶则去,不欲党人非义之事也。凡损于物,皆无与焉。

①"王子晋云"三句:《国语·周语下》引王子晋之言:"佐饔者尝焉,佐斗者伤焉。"王子晋,周灵王太子,传说他死后成仙,即王子乔。佐饔(zuǒ yōng),协助制作菜肴。尝,吃。

【译文】

王子晋说:"协助别人做菜可以吃到佳肴,帮人打架会受到伤害。"这话是说别人做好事要参与,别人做坏事要避开,不要和人结伙做不正当的事。凡是损害别人利益的事都不参与。

止足

《礼》云："欲不可纵,志不可满。"宇宙可臻其极^①,情性不知其穷,唯在少欲知足,为立涯限尔^②。

———

①臻:到,达到。

②涯限:界限,限度。

【译文】

《礼记》中说:"欲望不可以放纵,志向不可以满足。"宇宙还可到达边缘,人的本性则没有个尽头,只有减少欲望,知道满足而止,给自己立个限度。

天地鬼神之道,皆恶满盈。谦虚冲损^①,可以免害。人生衣趣以覆寒露,食趣以塞饥乏耳^②。形骸之内^③,尚不得奢靡,己身之外,而欲穷骄泰邪^④?

———

①冲:淡泊,谦和。

②趣:通"取",仅仅。

③形骸:人的躯体。

④骄泰:骄恣放纵。

【译文】

天地鬼神之道,都厌恶满盈。谦虚自抑,可以减少祸患。人活着,穿衣服的目的不过是用它覆盖身体以免寒冷袒露,吃东西的目的也仅仅在填饱肚子以免饥饿乏力而已。自身躯体尚且不求奢侈浪费,自身之外,还要极尽骄奢舒泰吗?

诚兵

孔子力翘门关^①，不以力闻，此圣证也。

———

①翘：举。门关：出入必经的国门、关门。

【译文】

孔子的力气大到能举起沉重的关门，却不肯以力大闻名于世，这是圣人留下的榜样。

国之兴亡，兵之胜败，博学所至，幸讨论之。入帷幄之中，参庙堂之上，不能为主尽规以谋社稷，君子所耻也。

【译文】

国家的兴亡，战争的胜败这类问题，在学识够渊博的时候，是可以讨论的。在军队中运筹帷幄，在朝廷里参与议政，如果不能尽力为君主出谋献策以保全国家，这是君子引以为耻的事情。

习五兵^①，便乘骑，正可称武夫尔。今世士大夫，但不读书，即称武夫儿，乃饭囊酒瓮也。

———

①五兵：五种兵器。所指不一，后泛指各种兵器。

【译文】

熟练使用五种兵器，擅长骑马，这才可以称得上武夫。当今的士大夫，只要不肯读书，就称自己是武夫，实际上不过是酒囊饭袋罢了。

养生

人生居世,触途牵絷^①。

---

①牵絷(zhí):牵绊。

【译文】

人生在世,到处都有牵累羁绊。

若其爱养神明,调护气息,慎节起卧,均适寒暄^①,禁忌食饮,将饵药物^②,遂其所禀^③,不为夭折者,吾无间然^④。

---

①寒暄:寒暖。暄,暖。

②饵:服食,吃。

③禀:领受,承受。

④无间:没有闲话可说。

【译文】

如果是爱惜保养精神,调理护养气息,起居有规律,穿衣冷暖适当,饮食有所禁忌,吃些补药滋养,达到应尽之年,不致夭折,我也就没有什么可批评的了。

养生者先须虑祸,全身保性。有此生然后养之,勿徒养其无生也。

【译文】

养生的人首先应该考虑避免祸患,先要保住自身性命。有了生命,然后才得以保养它;如果命都没了,养生也就没用了。

夫生不可不惜,不可苟惜^①。涉险畏之途,干祸难之事,贪欲以伤生,谗慝而致死^②,此君子之所惜哉;行诚孝而见贼,履仁义而得罪,丧身以全家,泯躯而济国^③,君子不咎也。

①苟惜:以不正当手段爱惜。

②谗慝(tè):邪恶奸佞,这里指为奸作恶。

③泯躯:捐躯。济国:利国。谓对国家做出有益的贡献。

【译文】

生命不能不珍惜,也不能以不正当手段来爱惜。走上邪恶危险的道路,卷入招致祸难的事情,追求欲望的满足而丧生,为奸作恶而致死,在这些方面,君子应该珍惜生命;做忠孝的事而被害,做仁义的事而获罪,舍弃自己的生命而保全家族,捐躯救国,在这些事情上舍弃生命,君子是不会怪罪的。

归心

今人所知,莫若天地。天为积气,地为积块,日为阳精,月为阴精,星为万物之精,儒家所安也。

【译文】

现在人们所熟悉的事物,没有什么能够比得上天和地的。天由云气聚结而成,地由土石聚积而成,太阳是阳气的精华凝聚,月亮是阴气的精华凝聚,星辰是万物的精华凝聚,这是儒家所信奉的理论。

凡人之信,唯耳与目;耳目之外,咸致疑焉。

【译文】

一般人所相信的,都是自己亲耳听到亲眼见到的事;凡是耳闻目睹之外的事,都会加以怀疑。

山中人不信有鱼大如木,海上人不信有木大如鱼。

【译文】

生活在山里的人不相信有树那样大的鱼,生活在海边的人不相信有鱼那样大的树。

善恶之行,祸福所归。

【译文】

一个人是行善还是行恶,注定了他是招致灾祸还是获得福报。

学者之不勤,岂教者之为过?

【译文】

接受教育的人不勤勉,难道是教育者的过错?

夫有子孙,自是天地间一苍生耳,何预身事? 而乃爱护,遗其基址①,况于己之神爽②,顿欲弃之哉?

①基址:建筑物的地基、基础,比喻事业的根基、根本。

②神爽:指神魂、心神。

【译文】

至于人有子孙,也只不过是天地间一个普通人而已,跟我自身有什么相干? 尚且对其尽心加以爱护,将家业留给他们,何况对于自己的灵魂,怎能舍弃不顾呢?

君子处世,贵能克己复礼,济时益物。
【译文】
君子活在这个世界上,最重要的是要约束自我,使自己的言行合乎礼制,能够济世救人,对社会有用。

人生难得,无虚过也。
【译文】
人生在世很难再得,不要白白度过。

含生之徒,莫不爱命;去杀之事,必勉行之。
【译文】
一切生灵,没有不爱惜自己生命的;必须尽力使自己避开杀生之事。

音辞

夫九州之人,言语不同,生民已来,固常然矣。
【译文】
九州范围内的百姓,说话互不相同,从人类诞生以来,就一向如此。

南方水土和柔,其音清举而切诣①,失在浮浅,其辞多鄙俗。北方山川深厚,其音沉浊而钝②,得其质直,其辞多古语。

———
①清举:声音清脆而悠扬。切诣(yì):发音迅急。

②钝：浑厚，不尖锐。

【译文】

南方地区水土柔和，语音清亮悠扬而发音急切，不足之处在发音浅而浮，言辞大多鄙陋粗俗。北方地区山高水深，语音低沉浊重而浑厚，长处是质朴平实，言辞中保留着很多古语。

古今言语，时俗不同；著述之人，楚、夏各异①。

——

①夏：华夏，指中原国家。楚在南方，与中原华夏之国文化有异。

【译文】

古今的语言，因为时俗习惯的差异而有所不同；撰述文章的人，也是南楚北夏各不相同。

夫物体自有精粗，精粗谓之好恶①；人心有所去取，去取谓之好恶②。

——

①好恶(è)：好坏。

②好恶(wù)：喜好与嫌恶。

【译文】

物体本身有精良、粗劣的分别，精粗也就是好恶；人的心意对事物有舍弃或保留，这种舍弃或保留的心理就是好恶。

古人云："膏粱难整①。以其为骄奢自足，不能克励也②。"

——

①膏粱：指富贵人家及其后嗣。整：正。《国语·晋语七》："夫膏粱

之性难正也。"

②克励：刻苦自励。

【译文】

古人说过："整天享用精美食物的人，他们的品行很少有端正的。这是因为他们自满骄横奢侈的生活，而不能克制勉励自己。"

杂艺

真草书迹①，微须留意。江南谚云："尺牍书疏，千里面目也。"

①真草：书体名。真书和草书。真书，即楷书。

【译文】

楷书、草书等书法技艺，是要稍加留意的。江南的谚语说："一封短信，就是千里之外给人看的面目。"

画绘之工，亦为妙矣；自古名士，多或能之。

【译文】

擅长绘画，也是件好事；自古以来的名人，很多人擅长绘画。

弧矢之利①，以威天下，先王所以观德择贤，亦济身之急务也。

①弧矢：弓箭。

【译文】

弓箭的锋利,可以威震天下,古代的帝王以射箭来考察人的德行,选择贤能,同时操弓射箭也是保全自己性命的紧要事情。

凡射奇偶①,自然半收,何足赖也。

①射:猜度。

【译文】

但凡是猜测奇偶正负,自然会有一半猜中的机会,这样的结果怎么值得信赖呢?

算术亦是六艺要事,自古儒士论天道,定律历者,皆学通之。

【译文】

算术也是六艺中重要的一项,自古以来的读书人中能谈论天文,推定律历的人,都精通算术。

《礼》曰:"君子无故不彻琴瑟①。"古来名士,多所爱好。

①彻:撤除,撤去。《礼记·曲礼下》:"大夫无故不彻县(古称悬挂的乐器,如钟磬),士无故不彻琴瑟。"

【译文】

《礼记》里说:"君子无故不撤去琴瑟。"自古以来的名士,大多爱好弹琴。

弹棋亦近世雅戏,消愁释愦,时可为之。

【译文】

弹棋也是近代的一种高雅游戏,能够消愁解闷,偶尔可以玩一玩。

终制

死者,人之常分,不可免也。

【译文】

死亡,这是人生注定的事,不可避免。

古人云:"五十不为夭。"吾已六十余,故心坦然,不以残年为念。

【译文】

古人说:"活到五十岁就不算短命了。"我已经六十多岁了,所以面对死亡心里非常坦然,不因剩下的年月无多而挂怀。

四时祭祀,周、孔所教,欲人勿死其亲,不忘孝道也。

【译文】

四季的祭祀,是周公、孔子所教化的事,目的是使人不要忘记死去的亲人,不要忘记奉行孝道。

中
说

　　《中说》是记述隋代大儒王通言行的著作。王通(584—617),字仲淹,河东龙门(今山西万荣)人。少年早慧,十八岁秀才高第,后赴长安见隋文帝,上《太平十二策》,不用而退。大业元年(605)乡居潜心著述,历时九年,修成《王氏六经》(又称《续经》《续六经》),同时也收徒讲学。后病逝于家,门人私谥为"文中子"。

　　《中说》,又名《文中子》,本为王通门人所记,后经整理编为十卷,大约于唐初成书。近人谢无量说:"文中子学说,以执中为要,故其书曰《中说》。"《中说》系统阐述了王通在王道、教化、圣贤、经学等方面的儒学思想,在文句上多有模仿《论语》之处。

　　本书选文据中华书局三全本《中说》。

王道篇

小人不激不励^①,不见利不劝^②。

——

①励:勉励,用功。

②劝:劝勉,勉力。

【译文】

寻常之人不受到激励,是不会用功的;不见到利益,是不会努力的。

易乐者必多哀,轻施者必好夺。

【译文】

容易快乐的人一定会遭遇很多哀伤,轻易施予的人一定喜好争夺。

无赦之国^①,其刑必平;多敛之国,其财必削。

——

①赦:赦免,免除或减轻刑罚。

【译文】

　没有赦免的国家,它的刑罚一定是公平的;赋税繁多的国家,它的财富一定会减少的。

廉者常乐无求^①,贪者常忧不足。

——

①无求:无所求。此处指没有过多的欲望。

【译文】

清廉的人常常快乐是因为无所求,贪婪的人常常忧虑是因为不知足。

天地篇

智者乐,其存物之所为乎①! 仁者寿,其忘我之所为乎!

———

①存物:胸怀万物。物,此处指天下万物。

【译文】

智慧的人快乐,是因为他胸怀万物。仁爱的人长寿,是因为他忘记自我。

君子之学进于道,小人之学进于利。

【译文】

君子学习是为了钻研大道,小人学习是为了追逐利益。

过而不文①,犯而不校,有功而不伐②,君子人哉!

———

①文:掩饰。

②伐:夸耀。

【译文】

犯了错误却不掩饰,遭受冒犯却不计较,有了功劳却不夸耀,这才是君子啊!

事君篇

古之为政者,先德而后刑①,故其人悦以恕;今之为政者,任刑而弃德,故其人怨以诈。

——

①先：根本的，重要的。

【译文】

古人治理天下，以德化为本而以刑罚为末，因此百姓心中喜悦而为人宽厚；今人治理天下，专任刑罚而抛弃德化，因此百姓心怀怨恨而奸诈狡猾。

古之从仕者养人，今之从仕者养己。

【译文】

古人为官是为了养活百姓，今人为官是为了养活自己。

古之仕也以行其道，今之仕也以逞其欲①。

——

①逞其欲：满足自己的欲望。逞，满足，实现。

【译文】

古人为官是为了推行王道，今人为官是为了满足私欲。

周公篇

通其变①，天下无弊法；执其方②，天下无善教。

——

①通其变：懂得适时变通。
②执其方：固守一端，不思改变。

【译文】

懂得适时变通，天下就没有不好的制度；如果固守不变，天下就没有好的政教。

好成者,败之本也;愿广者,狭之道也①。

————

①狭:小,少。

【译文】

急于求成,往往是造成失败的根本原因;愿望广泛,往往是导致成就微小的道路。

自知者英,自胜者雄。

【译文】

有自知之明的是英,能够战胜自己的是雄。

问易篇

广仁益智,莫善于问①。

————

①问:阮逸注云:"《续书》有问。"

【译文】

宣扬仁德,增进智慧,没有什么比"问"更好的了。

处贫贱而不慑①,可以富贵矣;僮仆称其恩,可以从政矣②;交游称其信③,可以立功矣。

————

①慑:丧气。

②僮仆：奴仆。

③交游：相互交往的朋友。

【译文】

地位贫贱时不丧失志气，这样的人就可以变得富贵；奴仆都称颂他的恩德，这样的人就可以为官从政；朋友都称赞他的信义，这样的人就可以建功立业。

好动者多难。小不忍，致大灾。

【译文】

妄动之人多危难。小事不忍耐，会招致大灾祸。

多言，德之贼也①；多事，生之仇也。

———

①贼：损害。

【译文】

多言会损害德行，多事会危及性命。

礼乐篇

以势交者，势倾则绝；以利交者，利穷则散。故君子不与也。

【译文】

以权势相交，势败则交往断绝；以利益相交，利尽则朋友离散。因此君子不会这样做。

君子不受虚誉，不祈妄福^①，不避死义^②。

———

①妄福：非分的福祉。

②死义：即为义而死。

【译文】

君子不接受虚空的赞誉，不祈求非分的福祉，不逃避为大义而死。

知之者不如行之者，行之者不如安之者。

【译文】

了解道理的人不如能践行道理的人，践行道理的人不如遵循道理才安心的人。

述史篇

天下未有不劳而成者也。

【译文】

天下没有不付出辛苦就能成功的事情。

魏相篇

多言不可与远谋，多动不可与久处。

【译文】

人多妄言，不可与之共谋长远大计；人多妄动，不可与之长久相处。

君子不责人所不及，不强人所不能，不苦人所不好。

【译文】

君子不会要求别人做能力所不及的事,不会强迫别人做不该去做的事,不会逼迫别人做不喜欢的事。

关朗篇

罪莫大于好进,祸莫大于多言,痛莫大于不闻过,辱莫大于不知耻。

【译文】

罪莫大于争强好胜,祸莫大于多嘴多舌,痛莫大于不听批评,辱莫大于不知羞耻。

不勤不俭,无以为人上也①。

———

①人上:此处指君主。

【译文】

不勤不俭,不可为君。